ユーキャンの

あそびなんでも大百科

第2版

CONTENTS

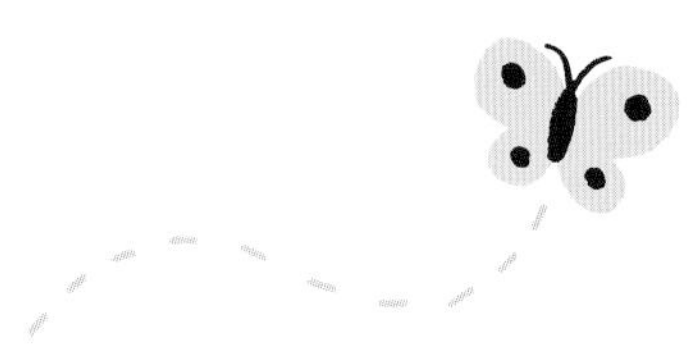

第1章 造形あそび

第2章 導入あそび

第3章
行事あそび

第4章
行事製作

第5章
室内あそび

第6章
手あそび歌あそび

第7章
屋外あそび

第8章
季節あそび

本書の使い方

本書では、304のあそびを8のジャンルに分けて紹介しています。
ページの見方を参考に、いろいろなシーンや年齢に応じて
あそびを選び、子どもたちと思い切り楽しみましょう。

本書の特長

あそびをたっぷり紹介

園生活のさまざまなシーンに合わせた８ジャンルのあそびを**たっぷり 304 本**掲載。

保育参観の親子あそび、外で体を動かすあそび、季節を感じるあそびなど、**いろいろな種類を網羅**しています。

情報が盛りだくさん！

あそびを始めるときの保育者の「ことばかけ」、あそびの「ねらい」や「ポイント」、「用意するもの」など、**あそびのヒントとなる情報**が満載！

アレンジのアイデアも充実

「年齢のアレンジ」または「あそびにプラス」として、あそびが広がる **227 のアレンジのアイデア**も掲載しています。

あそびが探しやすい

カテゴリーや１～５歳児に分かれた対象年齢を参考に、クラスに合わせたあそびがすぐに探せます。

巻末の**「年齢別あそびインデックス」**を見れば、ひと目で対象年齢がわかります。

よくあるあそびの「困った」を解説

「みんなとあそばずひとりであそぶ」、「チーム対抗の勝ち負けでもめる」など、**あそびにまつわるＱ＆Ａ**をコラムで紹介しています。

ページの見方

カテゴリー

「ゲーム（勝敗を競う）」「ふれあい（スキンシップを楽しむ）」など、あそびの種類を示しています。同じカテゴリーでは、対象年齢の順に掲載しています。

ことばかけ

あそびの前に、子どもの興味を引き出したりルールを伝えたりすることばを紹介しています。

年齢

あそびの対象年齢の目安を表しています。

- ■メインの年齢
- ■サブの年齢
- ■アレンジの年齢

ねらい

あそびを通して、子どもが感じたり経験したりしたい事柄です。

人数

あそびに必要な子どもの人数の目安です。

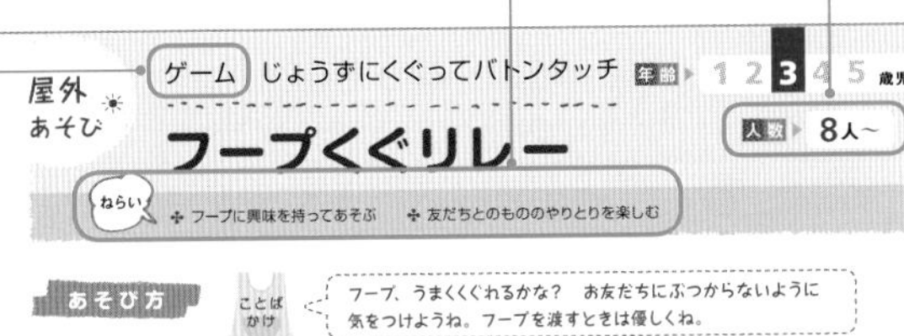

屋外あそび

ゲーム　じょうずにくぐってバトンタッチ　年齢 1 2 3 4 5 歳児

フープくぐりリレー

人数 8人〜

ねらい　✣ フープに興味を持ってあそぶ　✣ 友だちとのもののやりとりを楽しむ

あそび方

ことばかけ　フープ、うまくくぐれるかな？　お友だちにぶつからないように気をつけようね。フープを渡すときは優しくね。

1 フープを持つ
2チームに分かれ、フープが当たらないくらいの間隔をあけて並び、向かい合って立ちます。各チームの端の子がフープを持ちます。

2 合図でフープをかぶる
保育者の「用意、スタート」の合図で、フープを頭からかぶり、ストンと地面に落とします。

3 フープでバトンタッチ
落としたらフープの外に出てフープを隣の子に渡します。フープを受け取った子も同様にして、順にフープを渡します。先に全員がフープをくぐったチームの勝ちです。

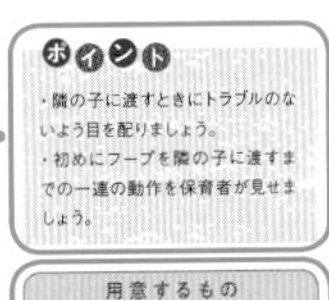

ポイント
・隣の子に渡すときにトラブルのないよう目を配りましょう。
・初めにフープを隣の子に渡すまでの一連の動作を保育者が見せましょう。

用意するもの
・フープ（チーム数）

あそびにプラス

ふたりでくぐって
チームの中でふたり一組になります。ふたりでフープを頭からかぶり、外へ出て隣のふたりにフープをバトンタッチしていきます。

252

屋外あそび

ゲーム：息を合わせて卵を運べ　年齢 1 2 3 4 5 歳児

カニたま競争

人数 12人〜

ねらい　✣ 友だちと協力して運ぶことを体験する　✣ ルールを守って楽しくあそぶ

あそび方

ことばかけ　ボールはカニさんの卵だから優しく運んでね。落とさないでゴールできるかな？

1 ペアで体の間にボールを挟む
チームに分かれ、チームの中でペアを作ります。先頭のふたりが体と体の間にボールを挟み、両手をつないでスタートラインに立ちます。

2 カニ歩きでゴールを目指す
保育者の合図でスタートし、ボールを落とさないようにしながらカニ歩きでゴールに向かって進みます。ゴールしたら次のペアがスタートします。途中でボールを落ししたら、その場から再スタートします。

第7章 ＊ 屋外あそび

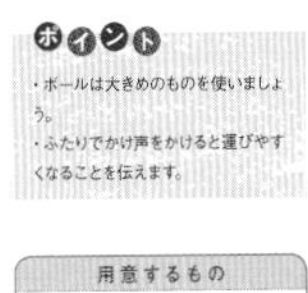

ポイント
・ボールは大きめのものを使いましょう。
・ふたりでかけ声をかけると運びやすくなることを伝えます。

用意するもの
・大きめのボール（ペア数）

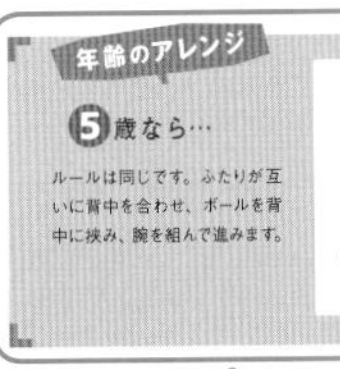

年齢のアレンジ

5歳なら…
ルールは同じです。ふたりが互いに背中を合わせ、ボールを背中に挟み、腕を組んで進みます。

253

ポイント

子どもが取り組みやすい準備、あそびが盛り上がるヒント、注意点などを取り上げています。
※６章の「手あそび 歌あそび」は、タイトル下に掲載しています。

あそびにプラス

さらにあそびが広がるバリエーションのアイデアです。

用意するもの

あそびに必要な道具を示しています。

年齢のアレンジ

小さい子向けにシンプルにしたり、大きい子向けにルールを複雑にしたり、アレンジのあそびを紹介しています。

年齢別 あそびのポイント

1～5歳児のあそびのポイントを発達の目安と合わせて紹介します。「人とのかかわり」と「身体の育ち」、それぞれの発達を意識してあそびにつなげましょう。

1歳児

人とのかかわり

保育者とのやりとりが盛んになる

身体の育ち

歩行が安定する

スキンシップをたくさんとる

保育者とのスキンシップで、園生活により安心感がもてるようになります。

季節を感じて散歩を楽しむ

歩ける距離が長くなり、さまざまな発見をしながら、散歩を楽しみます。

2歳児

人とのかかわり

周囲の人の行動に興味をもち、まねをする

身体の育ち

手指の使い方がスムーズになる

保育者の仲立ちで、ごっこあそびをする

保育者が子どものイメージの橋渡しをすると、友だちとやりとりできます。

さまざまな素材の感触を楽しむ

紙や水、土などいろいろな感触のものに触り、手指の感覚を豊かにします。

3歳児

人とのかかわり

集団活動ができる

友だちと同じことをしてあそぶ

まねをしてあそんだり、踊ったりなど、友だちと同じことをするのを楽しみます。

身体の育ち

さまざまな動きがスムーズになる

身体の動きをコントロールする

スピードや力加減を調整したり、バランスを取ったりしながら動きを楽しみます。

4歳児

人とのかかわり

集団で活動することを楽しむ

友だちと力を合わせて取り組む

友だちといっしょに作品を作るなど、力を合わせて取り組めるようになります。

身体の育ち

頭の中のイメージを表現する力がつく

思いを込めて表現し、形にする

手指の動きがより巧みになり、描いたり切ったりして表現できるようになります。

5歳児

人とのかかわり

集団であそび、心を通わせる

チームの一員としての役割を意識する

チームのために力を発揮したり応援したり、力を合わせて達成感を味わいます。

身体の育ち

ことばや数への理解が深まる

ことばあそびを楽しむ

ことばや文字への関心が高まり、あそびを通して理解を深めます。

就学へ

あそびの中にみる「10の姿」

普段のあそびや生活の中で、子どもは確実に育っています。保育者は「10の姿」で子どもの育ちの芽を見守り、次の育ちへの援助を心がけましょう。

就学後の“あと伸びする力”につながる、主体的・対話的な学びを見つめる視点

「10の姿」は「就学までにここまで育てなければいけない」というものではなく、保育者が子どもの育ちを見ていく際の「視点」だと捉えましょう。一人ひとり違う子どもの個性や発達を、「こんな見方もできる」「この子はこの部分が伸びている」と立体的に見るために役立てることができます。そうすることで、その子のよい点や課題、興味・関心を理解し、肯定的に子どもの可能性を伸ばすことができます。子どもは普段の生活やあそびの中で大いに成長しています。ここでは、その育ちの捉え方を「10の姿」を使って紹介します。

幼児期の終わりまでに育ってほしい「10の姿」

- **健康な心と体**（おもな領域）健康
- **自立心**（おもな領域）人間関係
- **協同性**（おもな領域）人間関係
- **道徳性・規範意識の芽生え**（おもな領域）人間関係
- **社会生活との関わり**（おもな領域）人間関係、環境
- **思考力の芽生え**（おもな領域）環境
- **自然との関わり・生命尊重**（おもな領域）環境
- **数量や図形、標識や文字などへの関心・感覚**（おもな領域）環境
- **言葉による伝え合い**（おもな領域）言葉
- **豊かな感性と表現**（おもな領域）表現

シーン 1

この本に掲載しているあそびプランを例に、子どもの育ちを「10の姿」で見てみましょう。なにげないつぶやき、友だちとの関わりなどの中にも育ちの芽はいっぱいです。

★「人間すごろく」（76ページ）より

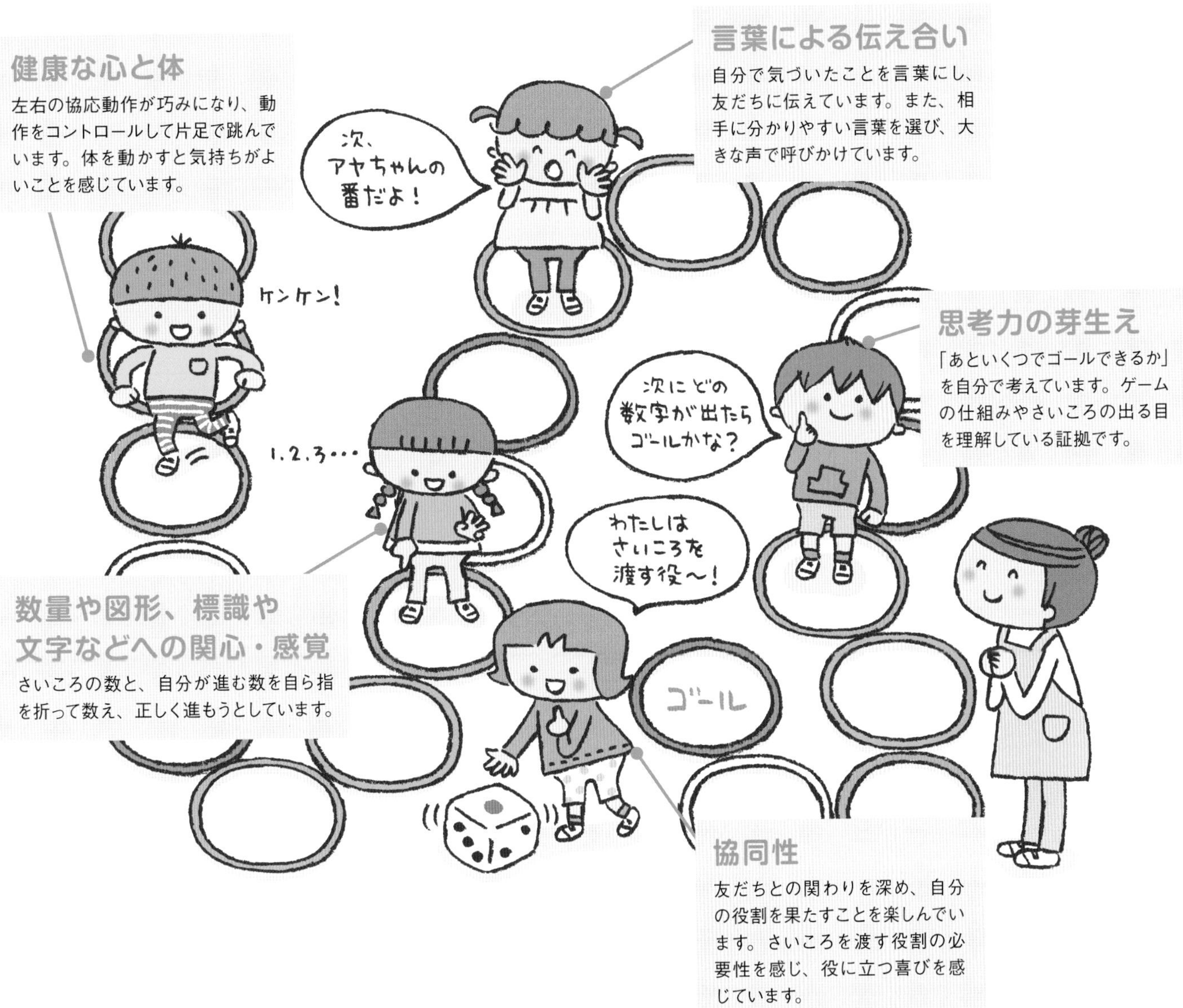

健康な心と体
左右の協応動作が巧みになり、動作をコントロールして片足で跳んでいます。体を動かすと気持ちがよいことを感じています。
次、アヤちゃんの番だよ！
言葉による伝え合い
自分で気づいたことを言葉にし、友だちに伝えています。また、相手に分かりやすい言葉を選び、大きな声で呼びかけています。
ケンケン！
思考力の芽生え
「あといくつでゴールできるか」を自分で考えています。ゲームの仕組みやさいころの出る目を理解している証拠です。
次にどの数字が出たらゴールかな？
1.2.3…
わたしはさいころを渡す役～！
数量や図形、標識や文字などへの関心・感覚
さいころの数と、自分が進む数を自ら指を折って数え、正しく進もうとしています。
ゴール
協同性
友だちとの関わりを深め、自分の役割を果たすことを楽しんでいます。さいころを渡す役割の必要性を感じ、役に立つ喜びを感じています。

「10の姿」の芽を見つめるヒント

あそびや生活の中で子どもの育ちを捉える際、身体を動かす屋外あそびでは「健康な心と体」、造形あそびは「豊かな感性と表現」といった単一の視点をあてはめがちです。

そうではなく、「この活動全体で、どのような力が育ったか」を「10の姿」にあてはめて考えることで、子ども一人ひとりのさまざまな育ちが見えてくるはずです。子どもの育ちを多面的に捉えることで保育は深まります。また、それは子どもの次の育ちに必ずつながります。幅広い視点を意識して、子どもを見守りましょう。

シーン 2

あそびに寄り添う際は、子ども一人ひとりに目を配り、耳を傾け、遊びの中にあらわれる「10の姿」の芽を見つけて、育ちを読み取りましょう。

★「落ち葉で大きな絵」(308ページ)より

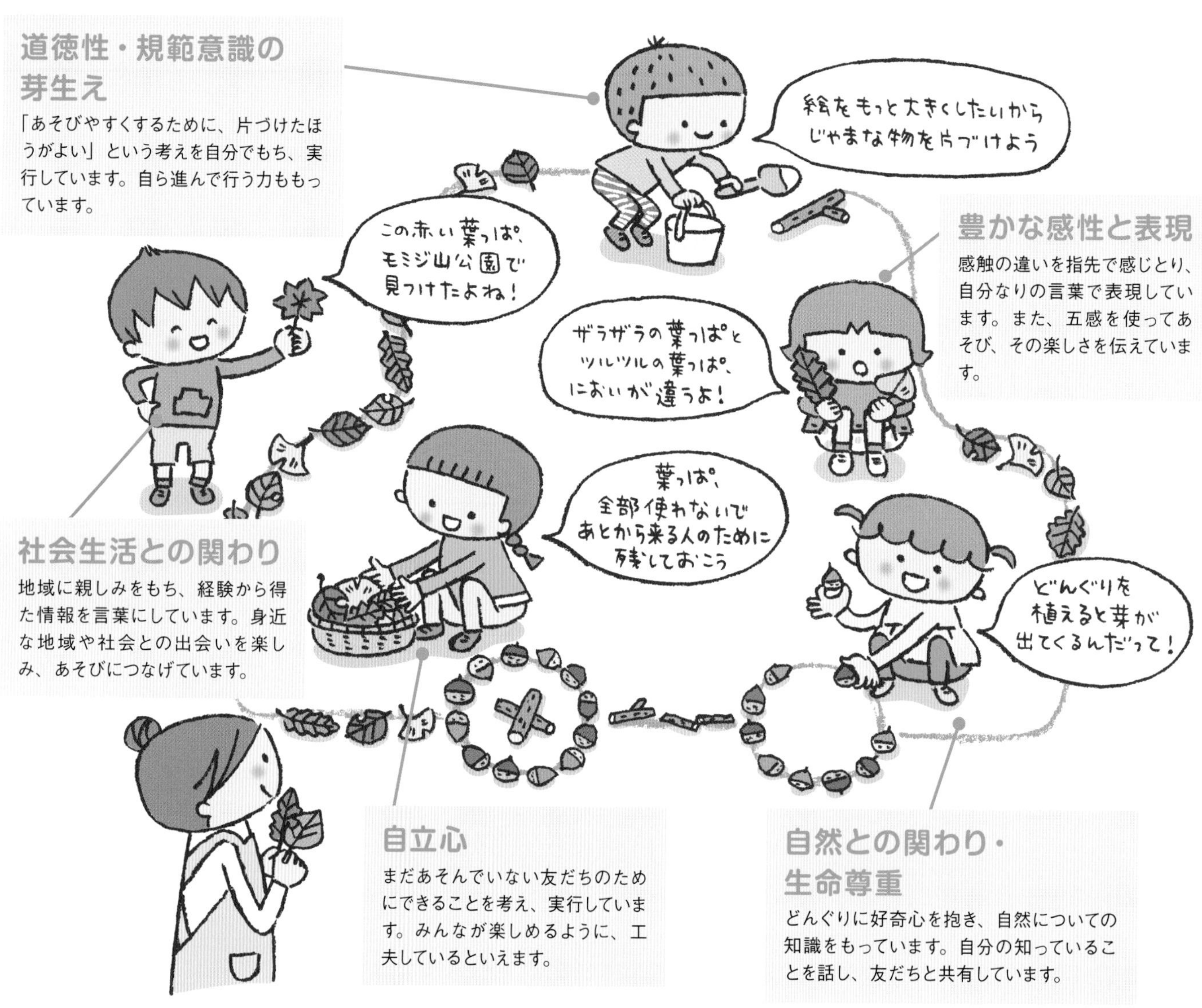

道徳性・規範意識の芽生え

「あそびやすくするために、片づけたほうがよい」という考えを自分でもち、実行しています。自ら進んで行う力ももっています。

豊かな感性と表現

感触の違いを指先で感じとり、自分なりの言葉で表現しています。また、五感を使ってあそび、その楽しさを伝えています。

社会生活との関わり

地域に親しみをもち、経験から得た情報を言葉にしています。身近な地域や社会との出会いを楽しみ、あそびにつなげています。

自立心

まだあそんでいない友だちのためにできることを考え、実行しています。みんなが楽しめるように、工夫しているといえます。

自然との関わり・生命尊重

どんぐりに好奇心を抱き、自然についての知識をもっています。自分の知っていることを話し、友だちと共有しています。

「10の姿」の芽を見つめるヒント

「10の姿」が育つあそびの場では、アクティブラーニング、つまり主体的・対話的で深い学びが求められます。そのためには、子どもがそのあそびに興味・関心をもっているか、自分からやろうとするか、満足感を味わっているかをよくみます。また、友だちと「自分はこう思う」「きみは、どうしたい?」といった対話があるか、さらに「どうしてだろう」「わかった!」と試行錯誤したり、納得したりというプロセスを経ているかを意識し、そうした経験を促す援助を心がけましょう。

第1章

造形あそび

はじき絵や吹き絵、染め紙や紙版画など、
さまざまな技法の作品を紹介しています。
子どものイメージが広がりやすく
取り組みやすいアイデアばかりです。

造形あそび

ポンポン押すのが楽しい！

年齢 1 2 3 4 5 歳児

たんぽでおしゃれな魚

ねらい ✣ 絵の具に親しむ　✣ たんぽによる形の表現を楽しむ

あそび方

ことばかけ

（保育者がたんぽで押すところを見せてから）
お魚さんにきれいな模様をつけてあげようね。

1 魚の形に切った画用紙を子どもに渡します。

綿などをガーゼで包み片段ボールの筒に輪ゴムでとめる

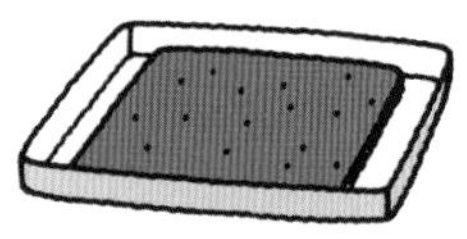

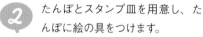

トレーに絵の具をつけた薄いスポンジを置く

2 たんぽとスタンプ皿を用意し、たんぽに絵の具をつけます。

3 たんぽでポンポンとうろこの模様をつけます。

4 色画用紙の目をつけて完成。目は丸シールでつけてもいいです。

☆ 作品例 ☆

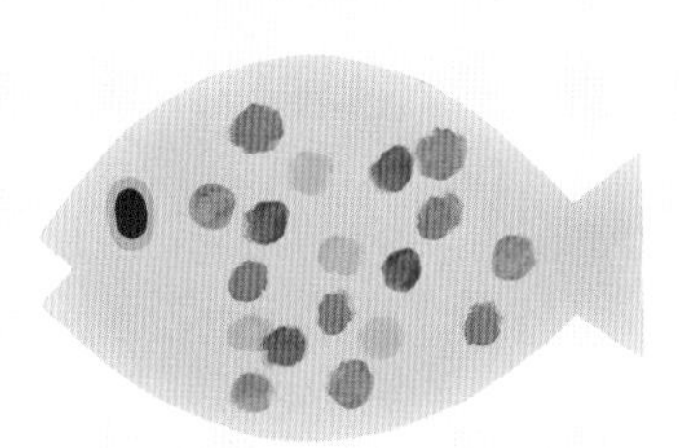

楽しく模様がつけられて、小さい子が取り組みやすい作品です。

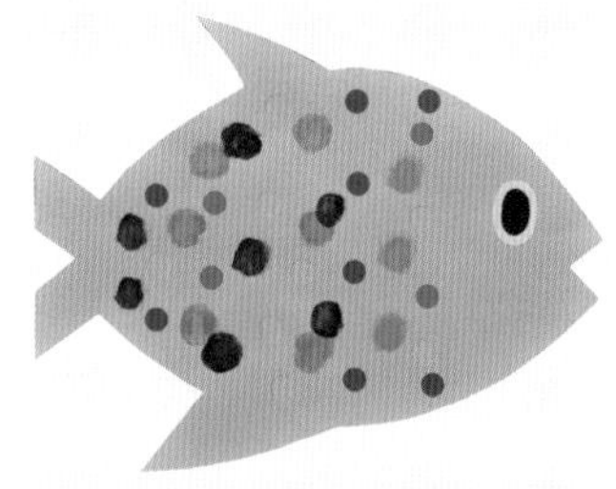

たんぽを押してから丸シールを加えると、カラフルなしあがりに。

ポイント

・たんぽの持ち手は、年齢に合わせて握りやすい太さにしましょう。
・スタンプ皿を用意すると、たんぽに絵の具が均一につきます。

用意するもの

・魚の形の画用紙　・スタンプ皿
・たんぽ　・色画用紙の目

年齢のアレンジ

5歳なら…

二つ折りにした厚めの紙を切り取って型を作り、型の上からたんぽを押します。ステンシルのように型押しできて、連続する模様が楽しめます。

造形あそび 

クレヨンに親しもう

年齢 1 2 3 4 5 歳児

ぐるぐる描きロケット

ねらい
- 想像して描く
- いろいろな色の線の重なりを楽しむ

あそび方

ことばかけ
3、2、1、ブーン！　ロケットが大空に出発だよ！
いろんな色のロケットを飛ばしてみようね。

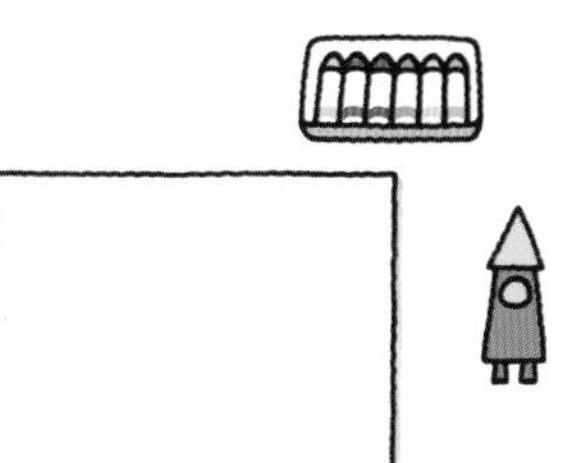

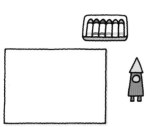

1 クレヨンを準備し、画用紙とロケット形の折り紙を配ります。

2 ロケットが飛ぶのをイメージします。

3 いろいろな色のクレヨンでぐるぐる描きます。

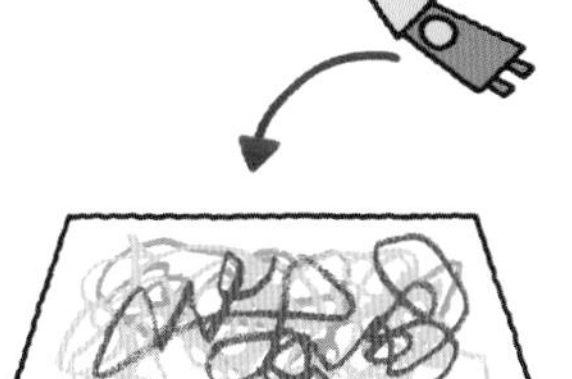

4 ロケットをはります。のりづけは保育者が手助けしましょう。

☆ 作品例 ☆

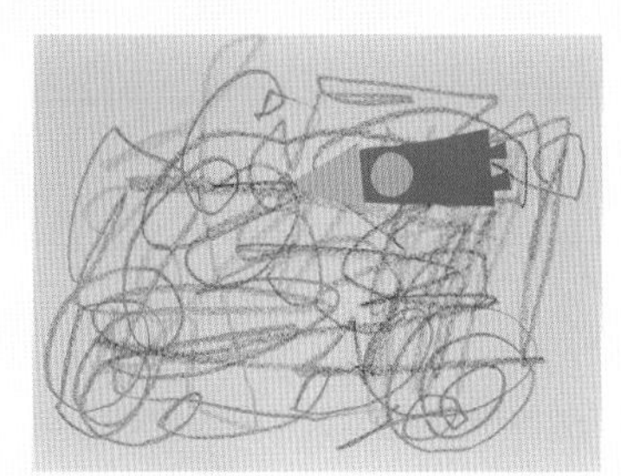

イメージを広げ、クレヨンでのびのび描いて楽しみましょう。

最初に画用紙に家をはっておき、ぐるぐる描きを煙に見たてます。

ポイント

・画用紙は八つ切りぐらいの大きさが取り組みやすいです。
・途中でクレヨンの色をかえるよう、声かけをしましょう。

用意するもの

・画用紙　・ロケット形の折り紙
・クレヨン　・のり

年齢のアレンジ

4歳なら…

両手にクレヨンを持ち左右対称になるように描きます。最初に「鏡に映るとどうなるかな？」と保育者が描いて見せるとイメージしやすくなります。

造形あそび

紙を破ったり丸めたり…

年齢 1 2 3 4 5 歳児

紙のお花が咲いたよ

ねらい ✣ 紙という素材に親しむ ✣ 破る、丸める動きを楽しむ

あそび方

ことばかけ きょうは、紙をビリビリ、くしゃくしゃしてお花を作るよ。きれいなお花を咲かせてね！

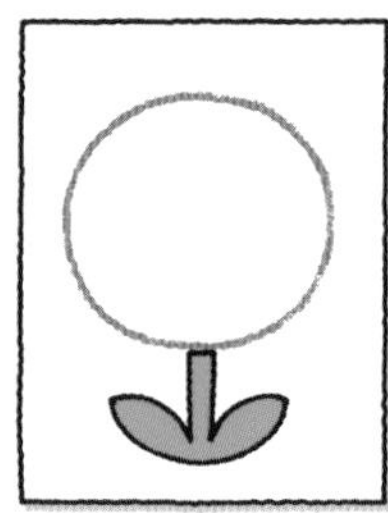

1 画用紙にクレヨンで円を描き、色画用紙の葉をはっておきます。

2 円の中にのりを多めに伸ばしておきます。

3 お花紙を破ったり、丸めたりします。

4 お花紙を円の中に置いていき、くっつけます。

☆ 作品例 ☆

お花紙の色や配置に個性が出ます。大きい子は自分でのりづけを。

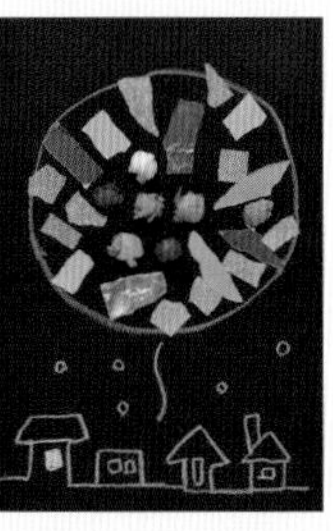

ホログラム折り紙などキラキラ光る素材を混ぜて、打ち上げ花火に。

ポイント

・お花紙は何色か用意し、子どもが色を選べるようにしましょう。
・お花紙は半分に切っておくと、子どもの手で扱いやすくなります。

用意するもの

・画用紙　・色画用紙の葉
・お花紙　・クレヨン　・のり

年齢のアレンジ

4歳なら…

子どもが自分で色画用紙の葉を切ったり、のりづけしたりして作ります。鉛筆にぐるぐる巻いた紙テープをプラスすると立体感あふれるゴージャスなお花に。

身近なものがスタンプに変身！

年齢 ▶ 1 2 3 4 5 歳児

スタンプのエプロン

ねらい
✣ 身近なものの形を知る　✣ 連続する模様を楽しむ

あそび方

ことばかけ
好きなものを選んで、ポンポン押してみてね。
たくさんスタンプしておしゃれなエプロンにしよう！

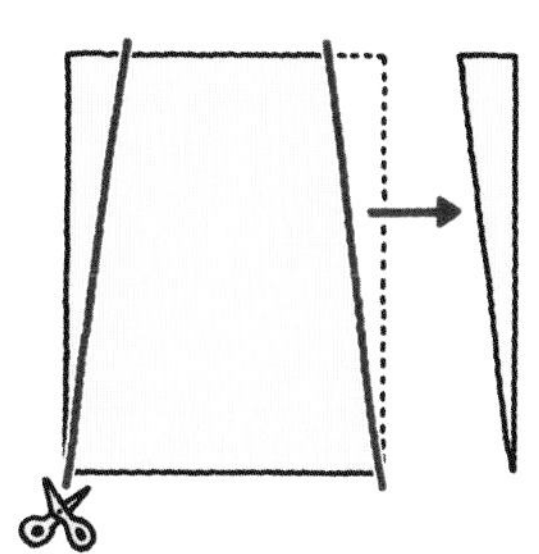

1 色画用紙を台形になるように切っておきます。

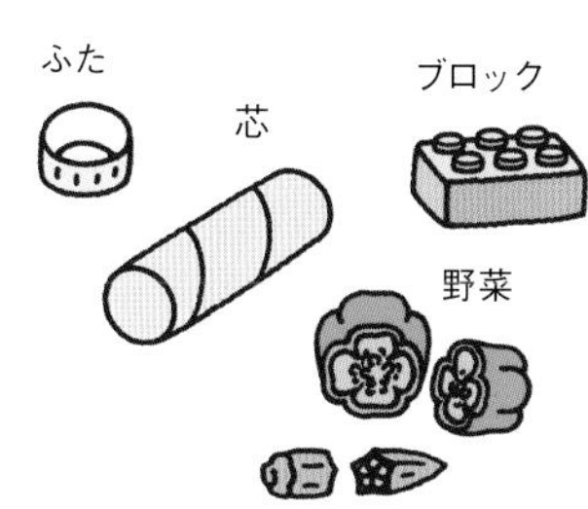

2 ふたや芯、野菜の輪切りなどスタンプにするものを用意します。

3 好きなものを選んで色画用紙にスタンプを押します。

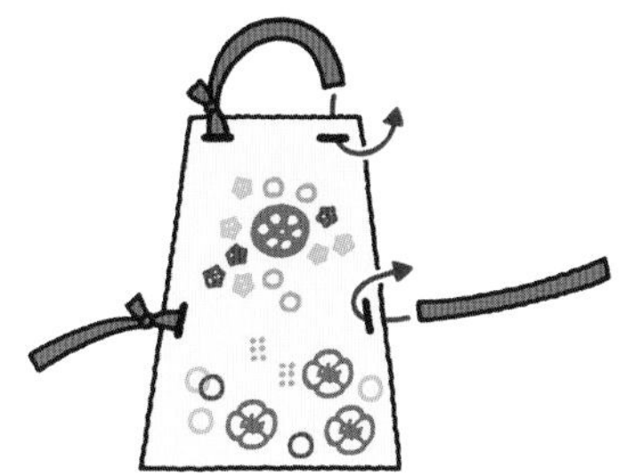

4 切り込みを入れスズランテープを通して結び、エプロンを作ります。

☆ 作品例 ☆

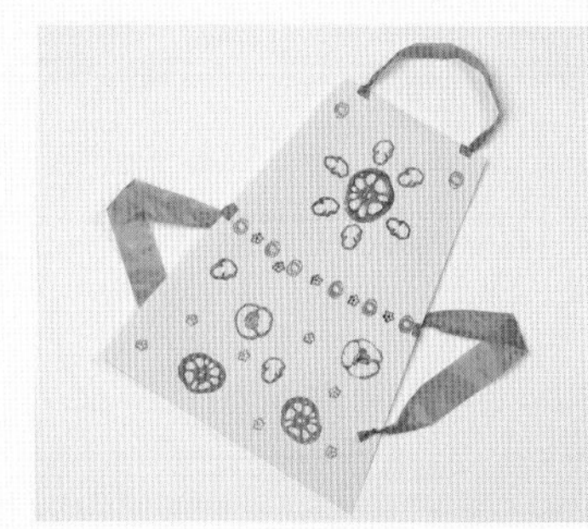

身につけられるのが楽しい作品です。

二つ折りにした画用紙の両端をとめリボンをつけて、かばんに。

ポイント

・食品トレーなど浅い容器に絵の具をふくませたスポンジや布を入れて、スタンプ皿を用意しましょう。

用意するもの

・色画用紙　・スズランテープ
・スタンプにするもの
・スタンプ皿

年齢のアレンジ

5歳なら…

段ボールに輪ゴムをはったり、片段ボールを丸めたり、スチロールに穴を開けたり…。いろいろな素材を組み合わせてオリジナルスタンプを作りましょう。

造形あそび

背景との組み合わせがポイント

年齢 ▶ 1 2 3 4 5 歳児

ビニールに描いてみよう

ねらい
✣ 異素材に描く体験をする　✣ 重ねたときの絵を想像して作る

あそび方

ことばかけ
きょうの画用紙は、透明のビニールに変身だよ！
ビニールの中に色画用紙を入れると、どうなるかな？

1 油性ペンと透明なビニールバッグを用意します。

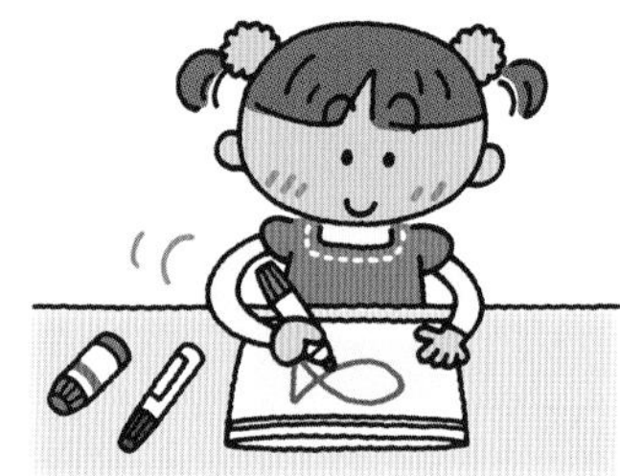

2 ビニールバッグに油性ペンで絵を描きます。

3 背景をイメージして、重ねる色画用紙を選びます。

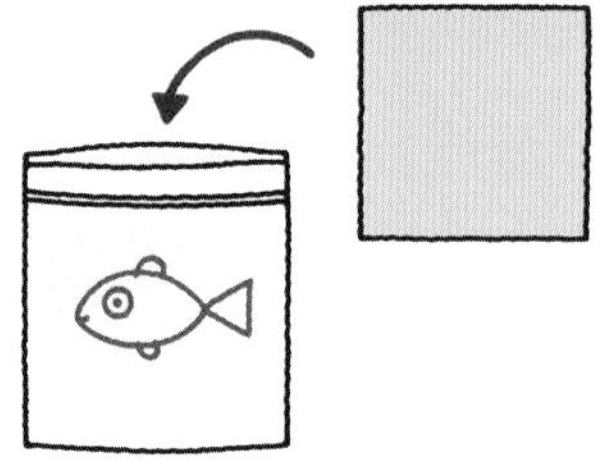

4 ビニールバッグの中に色画用紙を入れます。

☆ 作品例 ☆

いつもと違って、紙以外のビニール素材に描くのが楽しい作品です。

中に入れる紙にクレヨンで背景を描くと、絵の重なりが楽しめます。

ポイント

・ビニールバッグは厚めのほうがペンで描きやすいです。
・いろいろな色の色画用紙を用意しましょう。

用意するもの

・ビニールバッグ　・色画用紙
・油性ペン

年齢のアレンジ

5歳なら…

丸い台紙をアルミホイルで包み、ホイル折り紙などで飾ります。ビニールを巻いてはり、油性ペンで色を塗ります。安全ピンをつけたらキラキラバッジに。

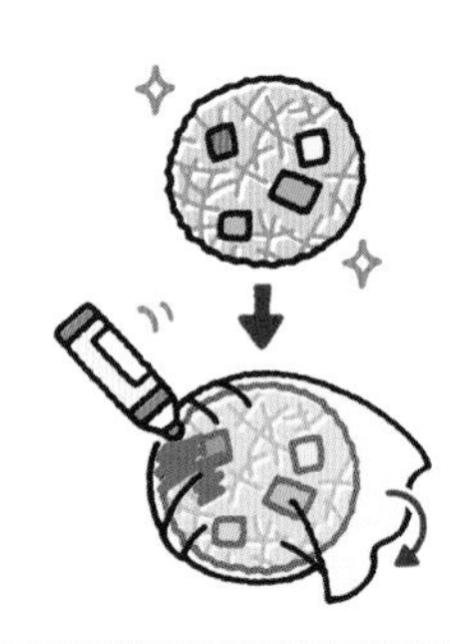

造形あそび

どんな模様ができるかな？

年齢 1 2 3 4 5 歳児

デカルコマニーのチョウチョウ

ねらい ✣偶然できる形を楽しむ　✣絵の具の色の変化に気づく

あそび方

ことばかけ
絵の具を紙でぺったんって挟んでみるよ。
そーっと広げると、さあ、どんなふうにかわるかな？

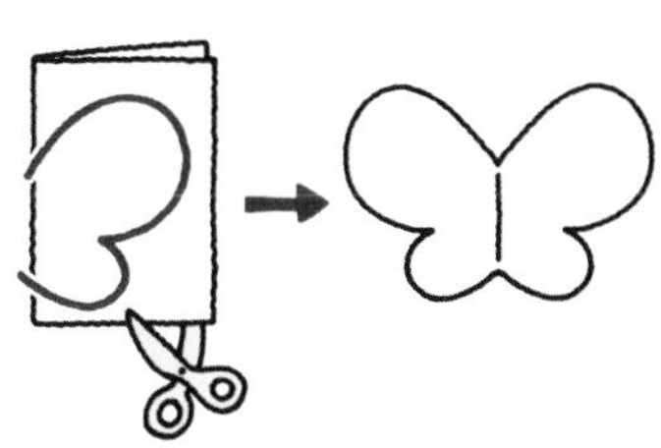

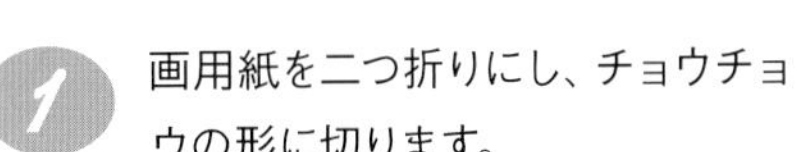

1 画用紙を二つ折りにし、チョウチョウの形に切ります。

2 折った線から片側半分に筆で絵の具を置きます。

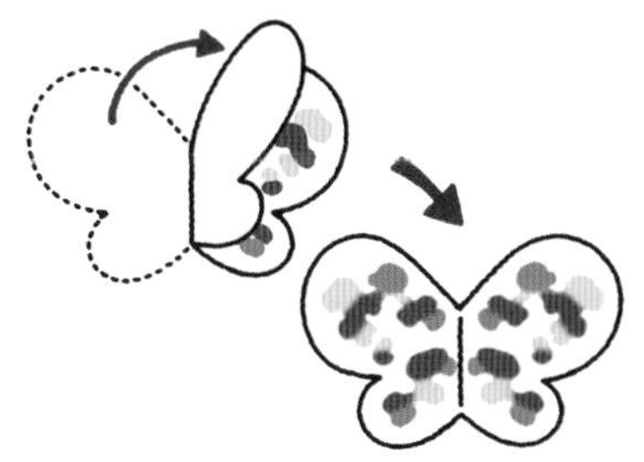

3 絵の具が乾かないうちに、もう一度二つ折りにして広げます。

4 色画用紙で顔を作り、はります。2歳児は保育者が顔の用意を。

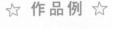

☆ 作品例 ☆

絵の具の色の組み合わせをかえて、バリエーションを楽しみましょう。

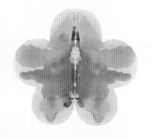

台紙の形をかえて、二つ折りにして作る花もおすすめです。

ポイント

・事前に保育者が試し、絵の具の濃度を調整しましょう。
・繰り返し作れるよう、画用紙を多めに用意します。

用意するもの

・画用紙　・色画用紙　・はさみ
・絵の具　・筆　・のり

あそびにプラス

ユニークなお面に

四角い紙で作った合わせ絵を四等分にじゃばら折りにします。目の部分を切り抜き、両端に穴を開けて耳にかけるゴムをつければ、お面のでき上がり。

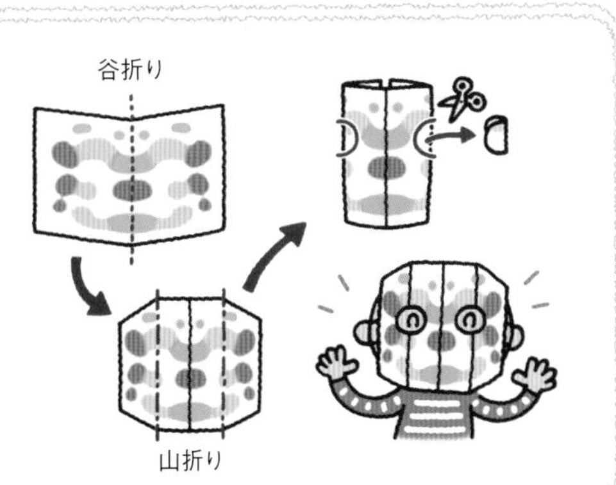

造形あそび

大きな紙でダイナミックに

年齢 1 2 3 4 5 歳児

みんなでフィンガーペイント

ねらい ✣ 絵の具への興味を引き出す ✣ ぬるぬるした絵の具の感触を味わう

あそび方

ことばかけ 大きな紙に手で描いてみましょう。とろとろ絵の具で思い切りあそぼうね！

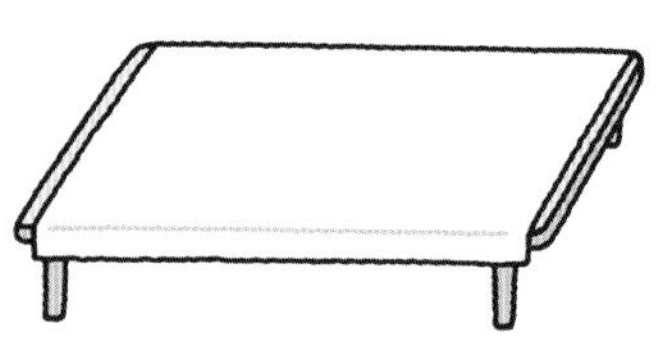

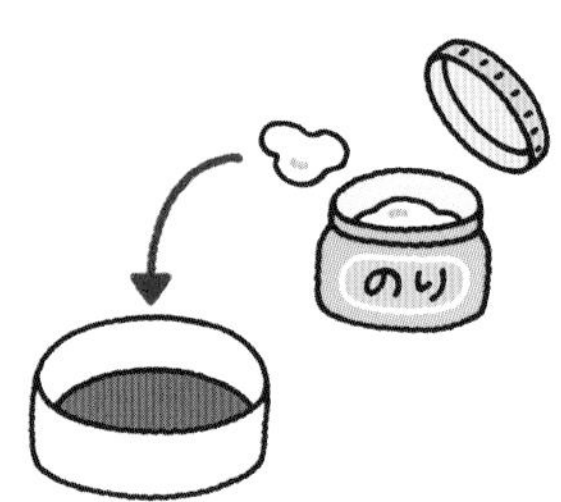

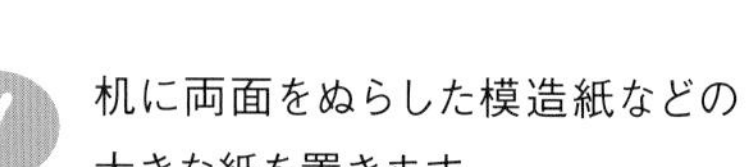

1 机に両面をぬらした模造紙などの大きな紙を置きます。

2 水で溶いた絵の具にでんぷんのりを加え、とろとろにします。

3 絵の具を子どもたちの前に少しずつたらしていきます。

4 指で描いたり手形を押したり、自由に描きます。

☆ 作品例 ☆

指で点々をつけたり線を描いたり、手形を押したりします。
色を混ぜすぎると濁ってしまうので、2色で作りましょう。

ポイント

・紙をぬらしておくと、机にくっついて紙が滑らず、絵の具のつきもよくなります。
・汚れてもよい服で行いましょう。

用意するもの

・模造紙などの大きな紙
・絵の具 ・でんぷんのり

あそびにプラス

カラフルな折り紙に

フィンガーペイントを楽しんだ大きな紙を乾かし、折り紙サイズに切り分けます。いろいろな色が混じったオリジナルの折り紙ができます。

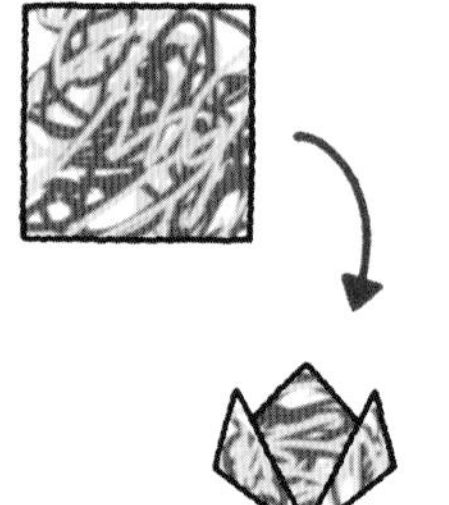

オリジナル粘土を作ろう

年齢 1 2 3 4 5 歳児

カラフル粘土あそび

ねらい ✤粘土の感触を味わう ✤微妙な色の変化を楽しむ

あそび方

ことばかけ

白い粘土を好きな色に変身させまーす！
どんな色の粘土になるのかな？

1 粘土を丸めて中央にくぼみを作ります。

2 粘土のくぼみに好きな色の絵の具を入れます。

3 絵の具が全体に広がるよう、粘土をもみこみます。

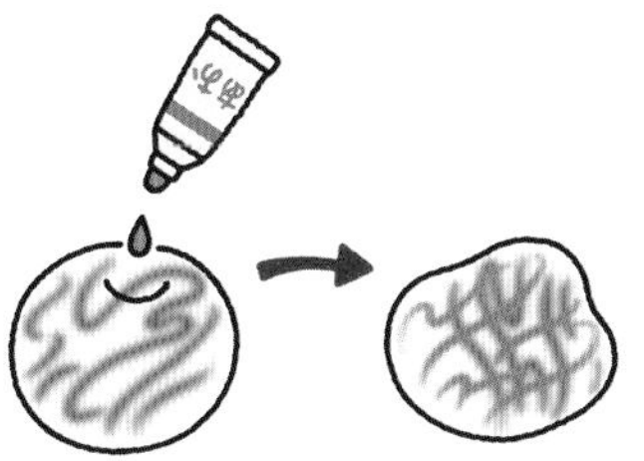

4 何色か絵の具を混ぜて作ると、マーブル模様になります。

☆ 作品例 ☆

丸めた粘土に磁石を埋め込めば、カラフルなマグネットができます。

マーブル模様の粘土に定規などで溝をつけてカードスタンドに。

ポイント

・軽量タイプの粘土を使うと、手にくっつきにくく、子どもが扱いやすいです。
・粘土の量は、子どもの両手でもめる程度にしましょう。

用意するもの

・粘土　・絵の具

あそびにプラス

ブレスレットに

カラフル粘土を小さく丸めて穴を開けます。ゴムを通し輪にすれば、ブレスレットの完成。家族や卒園児などへのプレゼントにもぴったりの作品です。

身近なもので作ってみよう

年齢 ▶ 1 2 3 4 5 歳児

クレヨンでこすり出し

ねらい
✣ 浮き出てくるようすを楽しむ　✣ 身の回りのものの形に注目する

あそび方

ことばかけ
紙を上から置くと、何にも見えないけれど
クレヨンの魔法で何が出てくるかな？

1 こすり出すもの（あまり厚みがなく凸凹したもの）を用意します。

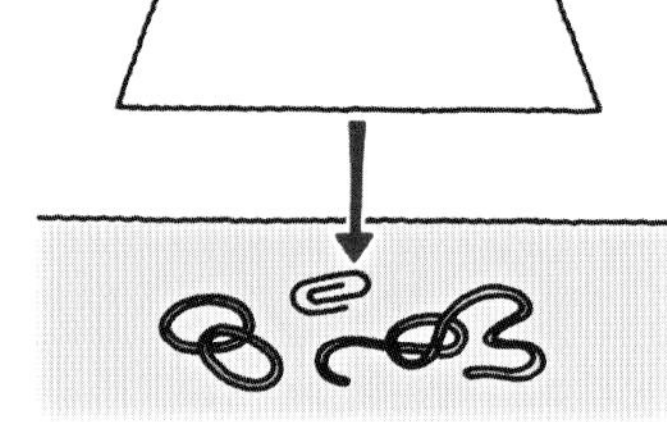

2 こすり出すものの上から薄い紙を置きます。

3 寝かせて持ったクレヨンで塗り、形をこすり出します。

4 教室や園庭でこすり出せる場所を探しても楽しめます。

☆ 作品例 ☆

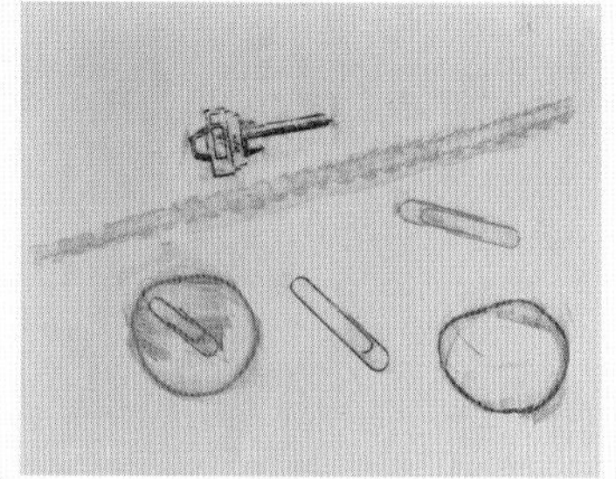

輪ゴムやクリップ、鍵など身近なものを組み合わせています。

壁や床、ベンチの凸凹など、こすり出すものを探すのも楽しい作品です。

ポイント

・形が出やすいよう、コピー用紙など薄い紙を用いましょう。
・クレヨンを寝かせて持つと、きれいに形が出ます。

用意するもの

・薄い紙　・クレヨン
・こすり出すもの

あそびにプラス

ごっこあそびのお金に

おもちゃのお金をこすり出した紙を丸く切り取り、お金を作ります。お店やさんごっこなど、たくさんお金を使うあそびに活用できます。

造形あそび

ストローで吹いて描こう

年齢 1 2 3 4 5 歳児

吹き絵で作る小鳥の巣

ねらい

✣ 息で絵の具が広がるようすを楽しむ　✣ 絵の具に興味を持つ

あそび方

ことばかけ

きょうはストローで絵を描いてみるよ。
絵の具をフーッと吹き飛ばしてみよう！

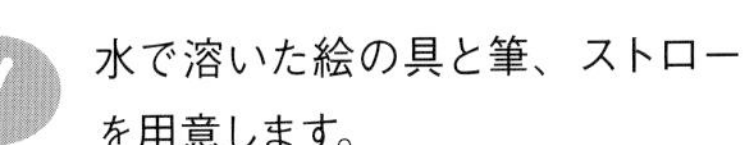

1 水で溶いた絵の具と筆、ストローを用意します。

2 筆で絵の具を画用紙にポタポタと落とします。

3 ストローで息を吹きかけて絵の具を伸ばします。

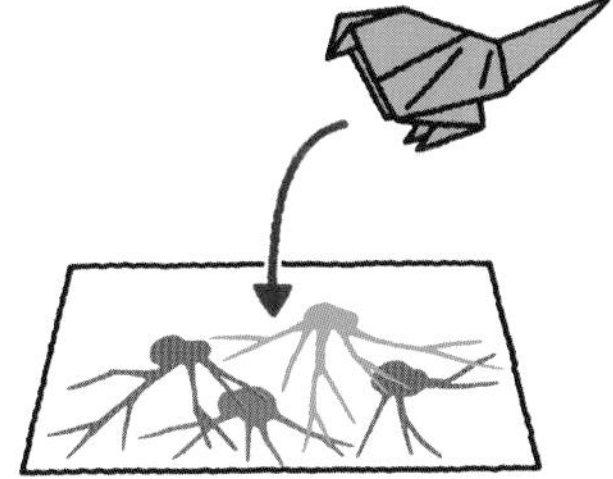

4 折り紙で小鳥を折り、画用紙にはります。

☆ 作品例 ☆

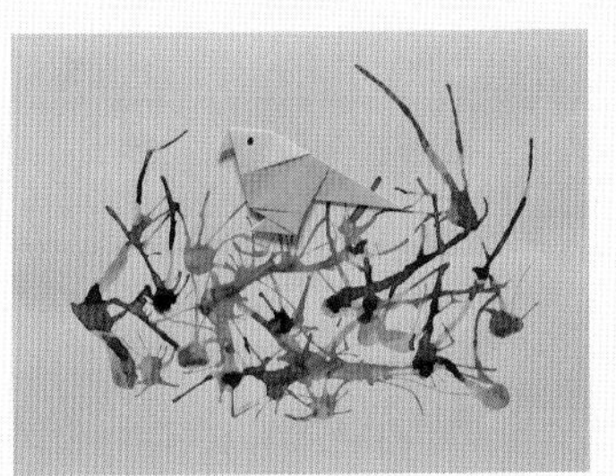

いろいろな方向から息を吹きかけると、変化がつきます。

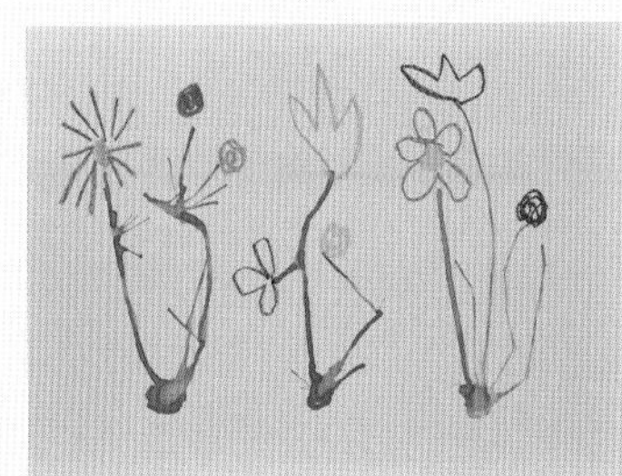

手前から向こう側へと吹いた絵の具の茎にクレヨンで花を描き足します。

ポイント

・子どもが吹きやすいよう、ストローの太さ・長さを調整しましょう。
・絵の具の濃さを確かめておきましょう。

用意するもの

・画用紙　・折り紙　・絵の具
・筆　・ストロー　・のり

年齢のアレンジ

5歳なら…

画用紙の両端に違う色の絵の具を落とします。ふたりで両端からストローで絵の具を吹いて伸ばします。真ん中で絵の具がつながったらおしまいです。

第1章 造形あそび

造形あそび

浮かび上がる絵にびっくり!

年齢 1 2 3 4 5 歳児

ろうそくではじき絵

ねらい ✣ ろうそくが絵の具をはじくことを知る ✣ ろうそくで描くことを味わう

あそび方

ことばかけ (ろうそくで描いて見せて) うどんを描いてみました。あれれ、何も見えないね。どうなるかな?

1 画用紙にクレヨンでどんぶりの形を描きます。

2 どんぶりの中に、ろうそくでうどんを描きます。

3 ろうそくで描いた上から薄く溶いた絵の具を筆で塗ります。

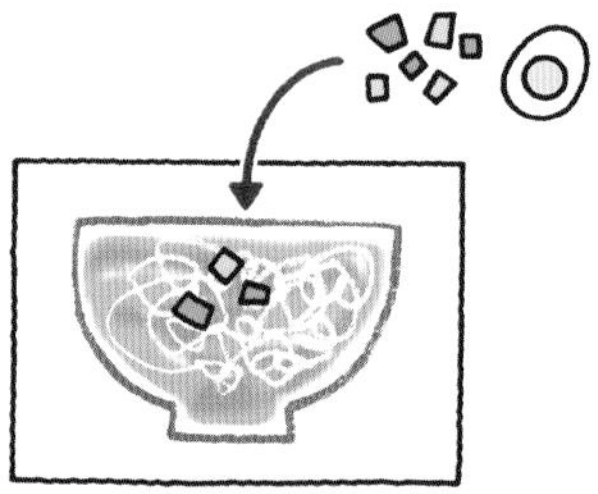

4 折り紙を切って具材を作り、はります。

☆ 作品例 ☆

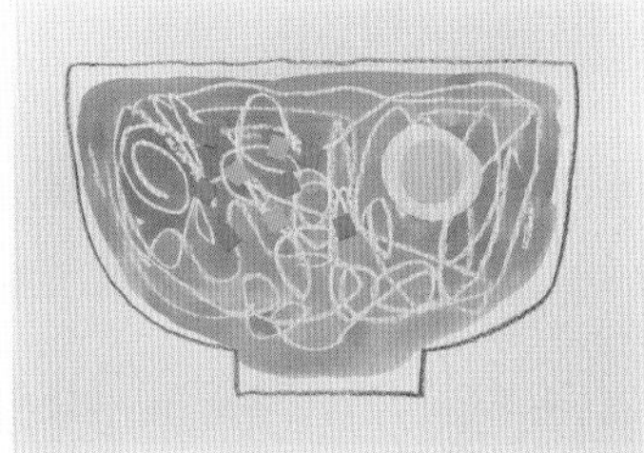

見えなかった透明の線が浮かび上がってくるのが楽しい作品です。

クレヨンで描いたシャツにろうそくで模様を描き、絵の具を塗り分けます。

ポイント

・ろうそくをよくはじくよう、絵の具は薄く溶いておきましょう。
・うどんは白いクレヨンで描いても。

用意するもの

・画用紙 ・折り紙 ・クレヨン
・ろうそく ・絵の具 ・筆
・はさみ ・のり

年齢のアレンジ

2歳なら…

白いクレヨンで自由にぐるぐる描いたものをはじき絵にしてみましょう。薄く溶いた濃い色の絵の具を塗ると、白いラインがはっきり出ます。

造形
あそび

色の組み合わせがポイント

年齢 ▶ 1 2 3 4 5 歳児

スクラッチでお絵描き

ねらい ✣ ひっかくという表現方法を体験する　✣ 色の対比や強弱を意識する

あそび方

ことばかけ
クレヨンを使って、いつもと違う線を作るよ。
黒い色に隠れる色はどんな色がいいかな？

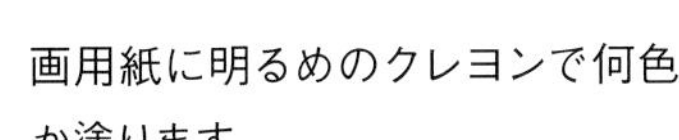

1 画用紙に明るめのクレヨンで何色か塗ります。

2 上から黒いクレヨンで全面に塗り重ねます。

3 つまようじなど、先のとがったものでひっかいて描きます。

4 割りばしのような太さのあるものを混ぜても変化がつきます。

☆ 作品例 ☆

いろいろな色を塗っておくと、ひっかいて出る模様をより楽しめます。

片段ボールにはり、ひもをつけて飾ります。作品展での展示もおすすめ。

ポイント

・黒く塗り重ねるのは大変なので、紙は小さめにしましょう。
・先に塗る色を明るい色にすると、黒との対比が映えます。

用意するもの

・画用紙　・クレヨン
・つまようじ　・割りばし

年齢のアレンジ

5歳なら…

スクラッチの作品を切り取り、台紙とリボンをつけてペンダントに。ブックコートフィルムをはれば、補強できてクレヨンがつかなくなります。

造形あそび

はさみの扱いに慣れよう

年齢 1 2 3 4 5 歳児

ちょっきんスパゲッティ

ねらい ✣ はさみをていねいに扱う ✣ のりづけによる形の変化を楽しむ

あそび方

ことばかけ
みんな、スパゲッティは好きかな？
はさみを使って、スパゲッティを作ってみようね。

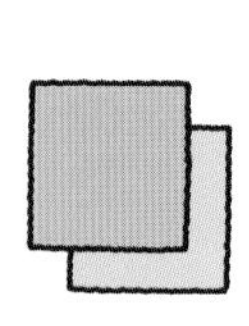

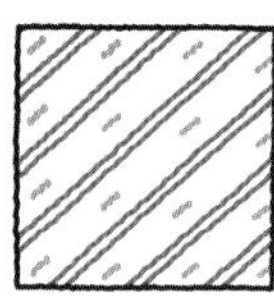

1 折り紙、広告紙、包装紙など、いろいろな紙を用意します。

2 好きな紙を選んで、はさみで細く切ります。

3 画用紙にクレヨンでお皿を描きます。

4 切った紙を画用紙のお皿にのりではります。

☆ 作品例 ☆

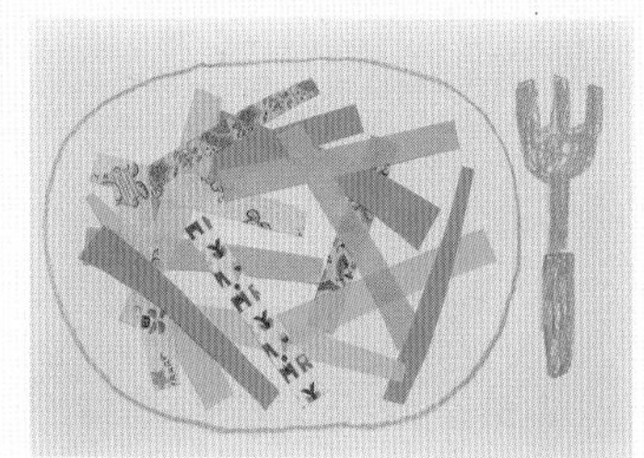

楽しんで細長く切ることで、はさみの扱いもじょうずになってきます。

クレヨンで描いた顔に、切った紙を髪の毛にしてはります。

ポイント

・たくさんの味をイメージできるよう、いろいろな色や柄の紙を用意しましょう。

用意するもの

・折り紙、広告紙、包装紙など
・画用紙　・はさみ　・クレヨン
・のり

年齢のアレンジ

2歳なら…

紙テープをはさみで切って作ります。みんなで大きな紙にはれば、ダイナミックな作品に。紙テープは子どもが扱いやすい長さにしておきましょう。

きれいな形や色が楽しめる

障子紙を染めよう

ねらい
- 染まるようすを観察する
- 紙をていねいに折る経験をする

あそび方

ことばかけ
白い紙を絵の具で染めて、きれいな模様の紙を作ります。いろんな色で作って、染め物やさんになろう！

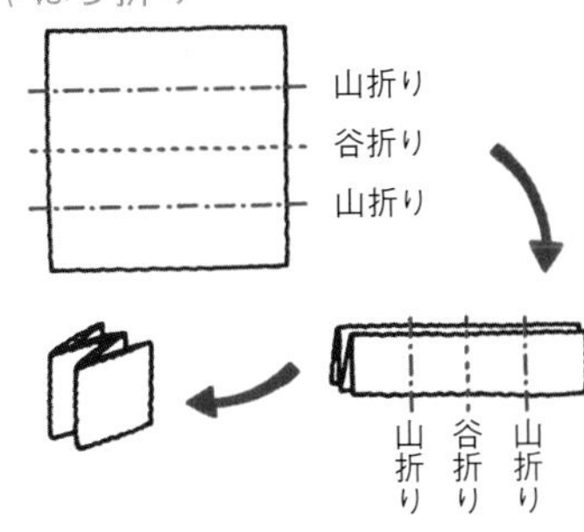

1 障子紙を四等分にじゃばら折りにし、さらにじゃばらに折ります。

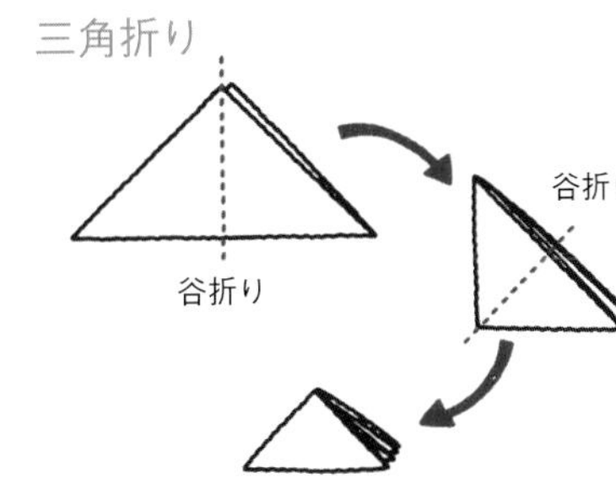

2 障子紙を三角に折り、さらに２回半分に折ります。

3 折った障子紙の角を、水で溶いた絵の具に浸します。

4 ゆっくりとていねいに障子紙を広げます。

☆ 作品例 ☆

左が1、右が2の折り方です。色の組み合わせを楽しみましょう。

牛乳パックの回りに染めた紙をはれば、ペン立てのでき上がり。

ポイント

・障子紙の折り方や絵の具に浸す時間をていねいに伝えましょう。
・染めた紙を広げて乾かすスペースを用意しておきます。

用意するもの

・正方形に切った障子紙　・絵の具

年齢のアレンジ

2歳なら…

大きめのコーヒーフィルターを染め、裏にストローをはるとジュースに。絵の具は何色かあると、「何のジュースにしよう」とイメージが広がります。

造形あそび

線を重ねて模様を作る

年齢 1 2 3 4 5 歳児

ビー玉転がしで虫捕り

ねらい
✣ 体全体を動かして造形活動をする　✣ 線の重なりに興味を持つ

あそび方

ことばかけ
ビー玉をコロコロ転がして、虫捕りあみを作ろう！
ビー玉が箱から飛び出さないように気をつけてね。

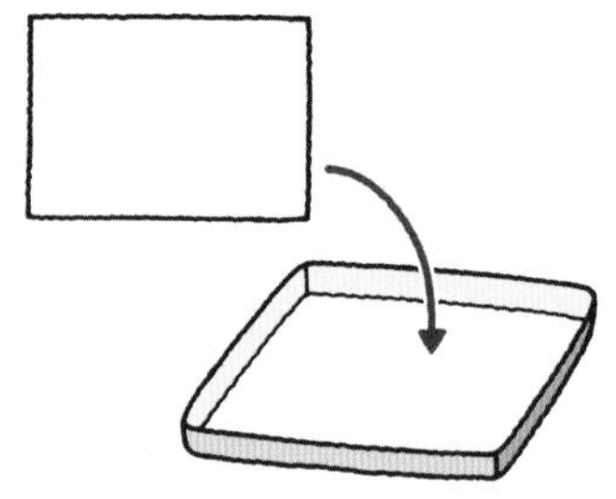

1 お菓子などの空き箱の底に画用紙を敷きます。

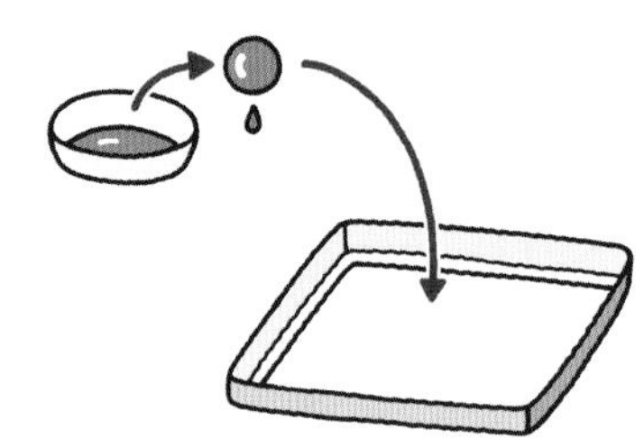

2 箱に絵の具をつけたビー玉を入れます。

3 箱を傾けてビー玉を転がし、違う色のビー玉と入れ替えます。

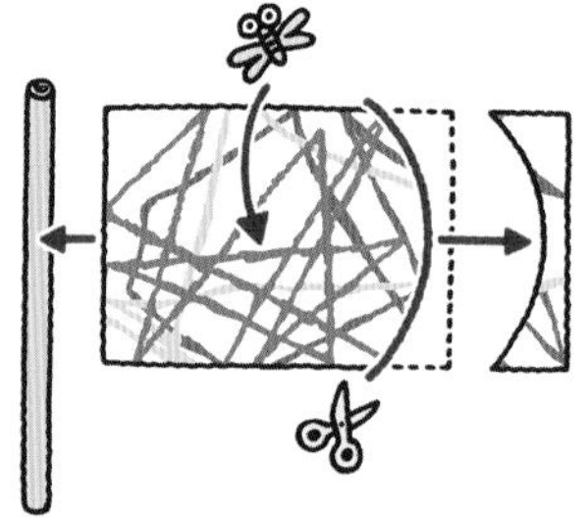

4 端を丸く切り、色画用紙の筒と色画用紙で作った虫をはります。

☆ 作品例 ☆

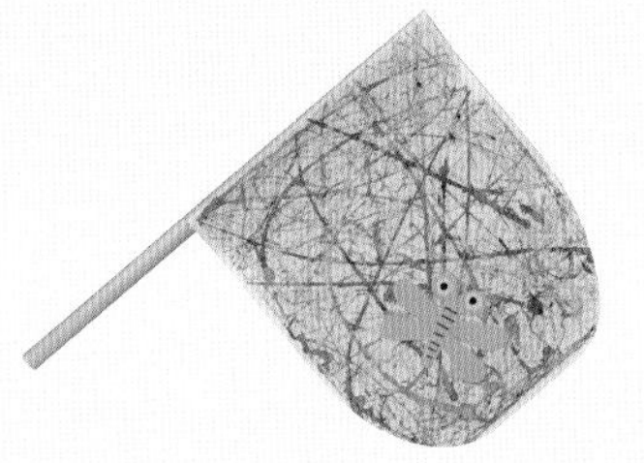

ビー玉転がしを虫捕りに見たてたユニークな作品です。

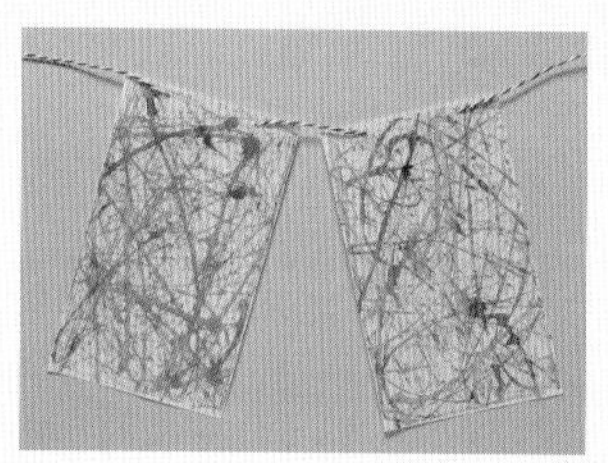

作品に穴を開け、ひもを通します。運動会の飾りつけにもぴったり。

ポイント
・絵の具にビー玉を何個か入れておくと、大勢でもスムーズに作れます。

用意するもの
・画用紙　・お菓子などの空き箱
・色画用紙　・絵の具　・ビー玉
・はさみ　・のり

年齢のアレンジ

2歳なら…

ティッシュ箱のように小さくて深い箱にすると、小さい子にも扱いやすくなります。車輪をはって電車に。みんなの作品をつなげて飾るのもおすすめです。

イメージしやすい形で作ろう

画用紙で作る版画

ねらい
- 版画の仕組みを知る
- 形の組み合わせをくふうする

あそび方

ことばかけ
ローラーでていねいにインクをのせようね。
ギューッとこすると、どんなふうになるかなぁ？

1 でき上がりをイメージして画用紙でパーツを作ります。

2 別の画用紙の上に並べて、のりで重ねてはります。

3 新聞紙を敷いて、ローラーで版画用インクをのせます。

4 その上に刷り紙を重ねてバレンでこすり、そっとはがします。

☆ 作品例 ☆

紙全体を均等にこすると、形がはっきり出てきれいにしあがります。

片段ボールやレースペーパーで作れば、バリエーションが広がります。

ポイント

・動物など子どもたちがパーツを考えやすい題材にしましょう。
・新聞紙は多めに用意します。

用意するもの

・画用紙　・刷り紙　・新聞紙
・はさみ　・のり　・版画用インク
・ローラー　・バレン

年齢のアレンジ

3歳なら…

片段ボールやレースペーパーなどの凸凹がある素材で版を作り、版画そのものを楽しみましょう。あらかじめ保育者が台紙に両面テープをはっておきます。

造形あそび

一つの形を使って 何に変身するかな？

年齢 1 2 3 4 5 歳児

ねらい ✣ 形から想像を広げる ✣ 紙の組み合わせを楽しむ

あそび方

ことばかけ
（切り取ったティッシュ箱を見せながら）
この形、な～んだ？　何に見えるかな？

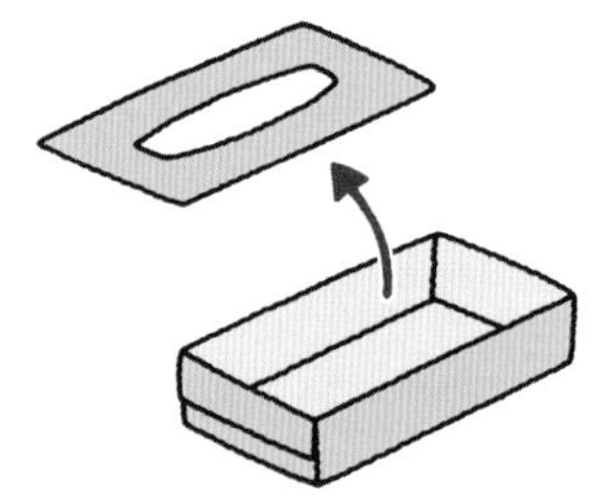

1 ティッシュ箱の取り出し口部分を切り取ります。

2 ❶を裏返して画用紙にはり、何に見えるかイメージします。

3 折り紙や包装紙などを切って、はります。

4 ペンで描きます。

☆ 作品例 ☆

形を見たてるのと、コラージュするのと両方が楽しめます。

ティッシュ箱は模様がついている面を使ってもいいです。

ポイント

・取り出し口の形からイメージしやすいよう「口」「窓」など、ヒントを伝えてもいいでしょう。

用意するもの

・ティッシュ箱　・画用紙
・折り紙や包装紙　・はさみ
・のり　・ペン

年齢のアレンジ

3歳なら…

ティッシュ箱の取り出し口部分を半分に切ります。家をテーマに色画用紙の屋根をつけ、模様を描きます。みんなの作品を並べて飾っても。

第2章

導入あそび

♥

食事や着替えなどの生活習慣や
あそびの前の順番決めやチーム分けなど、
園生活のいろいろな場面で
楽しく過ごせるあそびアイデアです。

導入あそび

登園：朝のあいさつを元気よく

年齢 1 2 3 4 5 歳児

タッチでおはよう

人数 1人～

ねらい

- 入園、進級時に保育者と仲よくなる
- あいさつを楽しみ、朝の緊張をほぐす

あそび方

ことばかけ

おはよう、めいちゃん。お手て届くかな？　タッチ！
（タッチをしたら）いい音が出たね。

1 向かい合ってタッチ

保育者が「おはよう」と言いながら、手を子どもの手の届く位置に出します。子どもと保育者が「タッチ」と言いながら手を合わせます。

2 いろいろなタッチ

今度は、子どもがかがんだり、ジャンプをしないと手が届かない位置に、手の位置をかえながら連続してタッチします。

3 互いに決めポーズ

タッチの後に、親指を立てて「イエーイ！グー！」と言い合います。

ポイント

・連続のタッチは、新しいクラスに慣れたころに行いましょう。
・子どものペースに合わせてタッチをするとよいでしょう。

年齢のアレンジ

3歳なら…

横っ飛びタッチなど、タッチを難しくしましょう。また、友だちどうしでタッチし合ったり、クラスでいろいろなタッチを考えても楽しいです。

登園：いつもと違う朝の会で楽しく

年齢 1 2 3 4 5 歳児

変身あいさつ

人数 2人〜

ねらい
- いろいろなあいさつを知る
- 友だちとかかわることを楽しむ

あそび方

ことばかけ
いつもじょうずに朝のあいさつができるよね。
きょうは、いろいろな人に変身してあいさつをしてみましょう。

1 演歌風にあいさつ

演歌を歌うように、こぶしを利かせてあいさつをします。

2 きれいな声であいさつ

歌手になった気分で、両手を前に組み、頭から発声するつもりであいさつをします。

3 侍気分であいさつ

侍になったつもりで「おはようでござる」とあいさつをします。

4 外国のことばであいさつ

外国人になったつもりであいさつをします。英語で「グッドモーニング」中国語で「ニーハオ」など、いろいろなことばを楽しみましょう。

ポイント

- じょうずにできなくてもあいさつできたことを十分認めましょう。
- オーバーアクションであいさつすると盛り上がります。

年齢のアレンジ

3歳なら…

いろいろな動物をイメージしてあいさつしましょう。ゾウなら大きな声で、カメならゆっくりと、ウサギなら跳ねながら元気よく言いましょう。

導入あそび

手洗い：歌いながら楽しく身につけよう　年齢 1 2 3 4 5 歳児

指の間もキュッキュッキュッ

人数 1人〜

ねらい
- 手の洗い方を楽しく確認する
- 指の間の菌も意識して洗う

あそび方

ことばかけ
さあ、じょうずな手の洗い方、できるかどうかやってみよう！
（手を洗いながら）ばい菌をやっつけようね。

1 唱えながら手洗いを覚える

手洗い場で、保育者といっしょに、唱えながら手を動かし洗います。

①（手のひらをこすり合わせて）
手のひら　ゴシゴシ　ゴーシゴシ
②（手の甲をこすって）
手の甲　ゴシゴシ　ゴーシゴシ
③（左右の手を入れ替えて）
もひとつ　ゴシゴシ　ゴーシゴシ
④（左右の手の指を組んで）
指の間も　キュッキュッキュッ
⑤（片手でもう一方の手首をこすって）
手首の周り　キュッキュッキュッ
（左右の手を入れ替えて）
もひとつの手首　キュッキュッキュッ

2 きれいになったことをアピール

⑥（両手を前に出し、キラキラさせながら）
きれいになったよ　ピッカピカ
ばい菌いないよ　ピッカピカ

ポイント

- 保育者が大きな声と動作で、ゆっくり手本を見せましょう。
- じょうずな子を褒め、みんなの前で見せる場を作りましょう。

あそびにプラス

爪の中も洗う

上記のあそびの⑤の後に、左右の手の爪と爪の間をこすり合わせて「爪の中も　ゴシゴシ　ゴーシゴシ」と唱えます。爪ブラシを使ってもよいでしょう。

導入あそび

うがい：かぜ予防を意識して

年齢 1 2 3 4 5 歳児

人数 1人～

うがい名人

ねらい ✣「ぶくぶくうがい」と「がらがらうがい」の違いを知る ✣ていねいなうがいをする

あそび方

ことばかけ

ばい菌はしぶとくて、みんなののどの奥にしがみついているよ。
（じょうずにできたら）すごい、うがい名人だね。

1 絵カードで確認する

散歩から帰って来たときなど、絵カードを見せ、うがいには口の中をきれいにする“ぶくぶく”と、のどをきれいにする“がらがら”の二つがあることを確認します。

2 子どもたちに質問を

保育者は「今、“ぶくぶく”と“がらがら”のどっちをするかな？」と、子どもたちに質問します。散歩から帰ってきた場合は「がらがら」と子どもたちが答えます。

3 水なし練習でうがい名人に

「練習しましょう。先生が 10 数えるのより長くやってね。用意、スタート！ 1、2、3…」と言って練習します。できたら水道に誘います。

ポイント

・絵カードは作らなくても OK です。保育者が見本を見せましょう。
・水なしで練習をしてから水道で実践します。

用意するもの

・うがいの絵カード

年齢のアレンジ

5歳なら…

“ぶくぶく”と“がらがら”両方をするうがいを伝えます。両方必要な場合は両手を上げ、どちらかだけの場合は右手を上げるクイズで理解を深めましょう。

導入あそび

食事：食を意識したあそび

年齢 1 2 3 4 5 歳児

パクパクかいじゅう

人数 1人～

ねらい
- 変身することを楽しむ
- 何でも食べようとする意欲を持つ

あそび方

ことばかけ

いっしょにパクパクかいじゅうに変身しましょう。
（怖がる子には）優しいかいじゅうだから、怖くないよ。

パクパクかいじゅうは
何でも食べるので
いつも元気いっぱいです

リンゴは？
ニンジンは？
パクパク
パクパク

かっこいいね
では
いただきます

1 保育者がやって見せて

保育者が親指とほか４本の指をつけたり離したりして、「パクパクかいじゅうは、何でも食べるのでいつも元気いっぱいです」と、子どもたちに話しかけます。

2 子どもたちもパクパク

保育者が「ニンジンは？」と聞いたら、子どもたちも親指とほかの４本の指をつけたり離したりして、「パクパク」と言います。同じく「リンゴは？」など聞いていきます。

3 いただきますのあいさつへ

保育者が「パクパクかいじゅう、かっこいいね」と言い、みんなでそろって「いただきます」をします。給食やお弁当を楽しく食べましょう。

ポイント

- 保育者は笑顔でパクパクかいじゅうになりましょう。
- 料理名でもよいので、その日のメニューに合わせましょう。

あそびにプラス

手作りの人形を使って

牛乳パックと色画用紙、シールなどを使い、口を動かせる人形を作りましょう。「モグモグ」にして、よくかむことも意識できるようにします。

モグモグ

導入あそび

着替え：ひとりでできる気持ちを育てる

年齢 1 2 3 4 5 歳児

パンツマンに変身！

人数 2人～

ねらい
- 自分で着替えようとする
- 脱いだ服を畳もうとする

あそび方

ことばかけ
さあ、かっこよく着替えられるかな？
脱いだ服も「くるりんぱ」と返すんだよね。

1 決めポーズでスタート

子どもたちが自分で考えたポーズをします。「さあ、着替えるぞ」という気持ちになるでしょう。

2 保育者は盛り上げ役に

保育者は子どもたちが着替え始めたら、手品でよく使われるようなBGMを口ずさみ、子どもたちの着替えにリズムをつけます。

3 がんばりを実況中継する

保育者は「しゅんくんはシャツを脱いで畳み始めました」「さやちゃんは、裏返しのシャツをくるりんぱで直しています」と実況中継をします。

4 最後は決めのポーズを

脱いだ服を畳んで、パンツ１枚になった子は最初の決めのポーズをします。保育者は「すばらしい、変身できたね」と褒めましょう。

ポイント

- ・実況中継することは、やる気につながります。
- ・服を裏返す「くるりんぱ」は、ふだんから伝えておきましょう。

年齢のアレンジ

2歳なら…

保育者は、子どもが自分で服を脱ごうとしている努力を認め、見守ります。パンツ１枚になったら「じょうずに変身できたね」と褒め、拍手をしましょう。

導入あそび

年齢 1 2 3 **4 5** 歳児

人数 4人〜

身体測定前：成長を感じながら

おとなになりたい！

ねらい

✣ あそびの中から大きくなっていく過程を楽しむ
✣ それぞれの年代の姿を想像する

あそび方

ことばかけ

さあ、かわいい赤ちゃんになりましょう。
みんなもこんな時期があったのですね。

1 「赤ちゃん」からスタート

全員「赤ちゃん」からスタートします。はいはいをしながら室内を自由に動きます。

2 じゃんけんに勝ったら「子ども」に

保育者の手をたたく合図で、近くにいる子とペアになってじゃんけんをします。勝った子が「子ども」になり、ひざ立ちをして動きます。

3 さらにじゃんけん勝ったら「おとな」に

保育者の手をたたく合図で、また近くにいる子とじゃんけんをします。勝った子が「おとな」になり、立って歩きます。

4 最後はみんなでバンザイ

全員が「おとな」になるまで続けます。保育者が「大きくなって、おめでとう」と言い、みんなでバンザイをします。

ポイント

・「おとな」になった子はほかの子を応援するようにします。
・最後まで残ってしまった子は、保育者とじゃんけんしましょう。

あそびにプラス

プロセスを増やして

「赤ちゃん」の次に「2歳児」としてしゃがみ歩きを入れます。最後に「お年寄り」として腰に手を当てて歩くのを増やして楽しみましょう。

2歳児　お年寄り

導入あそび

片づけ：おもちゃを楽しく片づけよう

年齢 1 2 3 4 5 歳児

人数 2人～

おうちにポン！

ねらい
- おもちゃを元の箱や場所に片づける
- ものの分類をする

あそび方

ことばかけ
さあ、おもちゃさんたちをおうちに帰してあげましょう。
「おうちにポン！」って言って入れてあげてね。

ブロックのおうちはここでーす
ポン！

1 子どもがわかるくふうを

子どもたちに入れるものがわかるよう、箱にそれぞれのおもちゃのイラストや写真をはりつけておきます。

2 ことばかけで促して

保育者が「ブロックさんのおうちはここでーす」、「ボールさんのおうちはどこかな？」と子どもたちに声をかけながら、片づけを促します。

3 「おうちにポン！」で入れる

子どもたちは、おもちゃをそれぞれの箱に入れるとき、「おうちにポン！」と言いながら楽しく片づけをします。

第2章 導入あそび

ポイント

・じょうずにできたら「おうちにポンの名人だね」と褒めます。
・自分から動かない子には、保育者がおもちゃを手渡し見守ります。

用意するもの

・絵や写真をはったおもちゃ箱

あそびにプラス

ふたりで協力して

それぞれのおもちゃを入れた箱をふたりで運んで棚の中にしまいます。いっしょに持って力を合わせることを経験できるようにします。

導入あそび

活動前：簡単ゲームで順番決め

大きなお池

年齢 1 2 3 4 5 歳児

人数 7人～

ねらい
- 順番決めをゲームで楽しむ
- 友だちとのかかわりを楽しむ

あそび方

ことばかけ
先生がコイになって順番を決めるよ。
さあ、近くの人と手をつないで大きなお池を作りましょう。

大きな
お池

きょうの
1番だれかな？

さきちゃん
でした

1 友だちと手をつないで

「大きなお池」とみんなで声をそろえて唱えながら、近くの友だちと手をつないで輪を作っていきます。

2 保育者が輪の中で回転

輪ができたら、保育者がコイになって、池の真ん中に立ちます。「大きな池にすむコイです。きょうの1番だれかな？」と言って目を閉じ、その場で回ります。

3 目の前にいた子が1番

止まって目を開けたときに保育者の正面にいた子が1番になるので、保育者が指名しましょう。右隣へ2番、3番という順番になります。

ポイント

・「大きな池のほうがゆったり泳げるよ」と言うときれいな輪に。
・友だちと手をつなぐのをいやがる子は保育者が促しましょう。

年齢のアレンジ

4歳なら…

保育者が「きょうの5番はだれかな？」と言って目を開けます。目の前の子を5番として、左隣へ「4、3、2、1」と数えます。1に当たった子が1番です。数を数えるのを楽しみます。

1
2
3
4
5番は
だれかな？
5

導入あそび

活動前：簡単チーム分け

3チームに分かれよう

年齢 1 2 3 4 5 歳児

人数 12人〜

ねらい
✣ 友だちとのかかわりを楽しむ　✣ 並ぶ場で列になることを知る

あそび方

ことばかけ
きょうは三つのチームに分かれるよ。先生が動物の名前を言うので、自分が言われた動物のところに並んでね。

1 動物名を伝える

保育者が子どもたちひとりひとりの頭に手を置いて、「しょうくんはウサギ」「ゆうちゃんはライオン」「まいちゃんはパンダ」と動物の名前を伝えます。

2 動物ごとに集まる

保育者が「ウサギさんはここに集まれ」などと声をかけ、それぞれの動物ごとに子どもたちが集まります。

3 並んだら3チームに

それぞれの動物ごとに1列に並びます。並んだら「みんな、じょうずにできました。さすがです！」と褒めます。

ポイント

・何の動物にするか、子どもたちと話し合って決めるとよいでしょう。
・色や食べ物の名前など、いろいろな名前でやってみましょう。

あそびにプラス

2チーム分け

「立てやホイ」→子どもが立つ、「座れやホイ」→子どもが座る、のゲームをして、保育者のひっかけにはまらなかった子、はまってしまった子で分けます。

第2章 導入あそび

導入あそび

活動前：静かに話を聞くときに

年齢 1 2 3 4 5 歳児

まねっこリズム

人数 2人～

ねらい

- 耳を澄ませてリズムを聞き取る
- 同じリズムを打つことを楽しむ

あそび方

ことばかけ

さあ、みんな両手を出して！
先生のまねっこできるかな？　よーく聞いててね！

1 最初は順番にたたく

リズム譜の①を保育者がたたき、子どもたちがまねて続けます。②、③、④の順に同様に行います。

2 ランダムにたたく

リズム譜①～④を保育者が好きな順に繰り返します。子どもたちも順にまねて続けます。

3 最後のリズムでおしまい

最後に⑤のリズムを打って終わります。このリズムを打つと次は静かに聞く、という習慣をつけておくとよいでしょう。

ポイント

・最初は間違える子が多くても、保育者は止めずに続けます。
・慣れてきたら、テンポを速くしたり遅くしたりして、楽しみましょう。

年齢のアレンジ

5歳なら…

リズム譜の①～④を、「手をたたく」「両手でひざを打つ」「片足で床を踏み鳴らす」を組み合わせて行います。最後に⑤を手をたたいて終わります。

導入あそび

活動前：待ち時間も楽しく待てる

年齢 1 2 3 4 5 歳児

人数 2人～

サイレント タッチ！

ねらい
✣ 待ち時間を静かに楽しく過ごす　✣ 口の動きを想像してみる

あそび方

ことばかけ
先生は声を出さないで、体のある部分の名前を言います。口の形をよく見て、わかったらその場所にタッチしてね。

1 保育者が口の動きで伝える

保育者は、声に出さず口の動きだけで、ゆっくりと大きく「み」「み」と伝えます。

2 子どもが口の動きを読み取る

子どもたちは口の動きを読み取ります。わかった子は黙って両手で耳を触ります。1回ではわからない子もいるので、保育者はひとさし指を立てて「もう1回ね」と合図しながら、繰り返し伝えます。

3 大きな○で「正解」を

ほぼ全員がわかったら、保育者は頭の上で大きく○を作り、「当たり」を知らせます。「うで」「ひざ」「あご」「もも」などいろいろ出題します。

ポイント

・保育者は唇や口を大きく動かして伝えましょう。
・保育者が表情豊かに表現すると、子どものやる気が高まります。

あそびにプラス

方向を当てる

保育者は、声に出さず口の動きで「うえ」「した」「みぎ」「ひだり」「まえ」「うしろ」など方向を伝えます。子どもたちは指でその方向を指します。

導入あそび

降園：したくバッチリ、忘れ物なし

年齢 1 2 3 4 5 歳児

あるかな？ リズムあそび

人数 2人～

ねらい
✣ 忘れ物がないか楽しく確認する　✣ 保育者の問いかけにリズムよく答える

あそび方

ことばかけ
きょうも忘れ物がないようにおしたくができたかな？
先生が言ったものを触って「ありますよ！」と元気に答えてね。

1 リズムよく問いかける

保育者がアクセントをつけて「ぼうしは、あるかな？」と問いかけます。子どもたちは自分のかぶっている帽子を触って、「ありますよ」とリズムよく答えます。

2 問いかけを繰り返す

今度は「おたより、あるかな？」と問いかけます。子どもたちは自分のお便り帳を差し出して「ありますよ」と答えます。金曜日なら「うわばき」、「タオル」など週１回持ち帰るものなども確認しましょう。

3 「かばん」でおしまいに

最後は「かばん、あるかな？」と問いかけます。子どもたちは自分のかばんを差し出して「ありますよ」と答えます。

ポイント

・かばんはファスナーを開けておき、中のものを触って確認します。
・忘れ物があったら「気づけてよかったね」と声をかけましょう。

年齢のアレンジ

5歳なら…

アクセントをつけて（保育者）「ぼうし」（子ども）「ある」、（保育者）「てがみ」（子ども）「ある」、（保育者）「かばん」（子ども）「ある」とテンポよく行います。

導入あそび

降園：帰りのあいさつを元気に！

年齢 1 2 3 4 5 歳児

トンネルくぐって「さようなら」

人数 6人〜

ねらい
✣ さようならのあいさつをする　✣ 友だちの間を通ることを楽しむ

あそび方

ことばかけ
お友だちとふたり一組になってください。（両手をつないだら）腕を高く上げて友だちが通りやすいトンネルを作ってね。

さようなら
ゆうちゃん
またあしたね！
先生
さようならー

1 トンネルを作る

子どもたちはふたり一組になって向かい合って立ちます。部屋から出入り口の扉に向かって、両手をつないでトンネルを作ります。保育者は出入り口に立ちます。

2 ふたりずつくぐる

出入り口に遠い子からふたりずつ、トンネルになっている友だちと「さようなら」「またあしたね」と言い合ったりしながらくぐります。

3 ひとりひとりにあいさつを

子どもたちがトンネルから出てきたら、保育者はひとりひとりに「さようなら」を言います。続いて、最後尾にいるふたりがトンネルをくぐってきます。全員があいさつをしたらおしまいです。

ポイント

・ことばを「おめでとう」にかえて、お誕生日会でも楽しめます。
・保育者が思い思いのことばをかけると、子どもはうれしくなります。

年齢のアレンジ

3歳なら…

複数の保育者がトンネルを作り、子どもたちがくぐります。トンネルをくぐっている子どもたちひとりひとりに、保育者が「さようなら」をします。

さようなら
さようなら

こんなときどうする?

あそびQ&A

Q みんなとあそばず ひとりであそぶ

みんながいっしょにあそんでいるときに、ひとりだけポツンと別のあそびをしていたり、あそびを見ているだけの子がいます。「いっしょにあそんだら?」と声をかけてもなかなか輪に入ろうとしません。ほかの子とあそべるようになるにはどうしたらよいのでしょうか。(3～5歳児)

A

ひとりであそぶ 理由を考える

まず大切なのは、どうしてひとりであそんでいるのか理由を探ってみることです。ひとりであそぶほうが楽しいのか、みんなとあそぶ元気がないのか、ほんとうは加わりたいけれど言い出せないのかなど、理由を考えてみます。

本人にみんなとあそぶエネルギーがないようなら、子どもに寄り添い保育者とたっぷりスキンシップを取りましょう。ひとりあそびや見ること自体を楽しんでいるようなら、無理に誘わずようすを見ます。

輪に入れるよう 保育者が仲立ちを

みんなとあそびたいのに自分から加われないようなら「先生といっしょに入ってみる?」とことばで誘うだけでなく保育者がいっしょにあそびに入ります。あそびから抜けた子と交代したり、少人数であそんでいるときに誘うなど、入りやすい雰囲気作りにも配慮を。

誘っても気乗りしないようなら無理せず、ようすを見ましょう。時間をかけてあそびを見ているうちに、おもしろさが伝わったりルールがわかってきて入るようになる場合もあります。

ひとりであそぶのも 大切な時間の一つ

3歳から5歳と成長するにつれ段階を踏んで集団あそびが楽しくなってきます。みんなであそべる年齢になっても、ひとりで集中してあそぶ時間を持つことは大切なもの。園での集団生活のなかでも、絵本を読んだりパズルをしたりしてじっくりあそぶ時間も必要です。

みんなとあそんでいるかどうかだけにこだわらず、その子自身のあそびの内容に目を配りましょう。

第3章
行事あそび

入園式やお誕生会のホールでのあそび、
保育参観での親子で楽しむあそび、
運動会に向けて練習のあそびなど、
行事に関するあそびを紹介します。

行事あそび

入園式：みんな元気にごあいさつ

年齢 1 2 **3** 4 5 歳児

はじめまして

人数 大勢

ねらい
- 入園式前の緊張を和らげる
- 初対面の人とのあいさつのことばを知る

あそび方

ことばかけ
みんな、これからごあいさつします。
先生のまねっこして、元気にやってみよう。

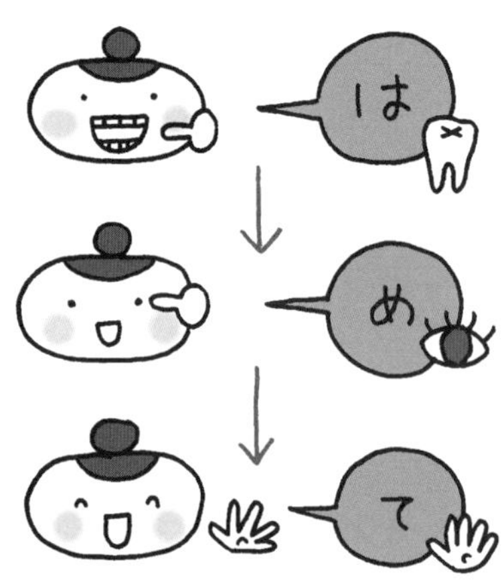

1 動作を説明する

歯を指さしながら「は」、目をぱっちり開けて指さして「め」、左手を顔の横に出して「て」という動作を説明し、子どもといっしょに練習します。

2 動作をしながらごあいさつ

「初めて会った人とのごあいさつ、何て言うか知っていますか?」と子どもたちを見回し、「それは、はじめまして」と言いながら「は」と「め」と「て」のところで1で説明した動作をします。

3 みんなで言ってみよう

もう一度、今度は動作をつけずに元気よく「はじめまして」と言い、「みんなで言ってみましょう」と子どもに促します。そしてみんなで「はじめまして」とあいさつをします。

ポイント

- 保育者はオーバーに表現して子どもたちの注目を集めましょう。
- 子どもの反応を笑顔でしっかりと受け止めましょう。

用意するもの

- マイク

あそびにプラス

在園児からもごあいさつ

おしりからしっぽが出ているような動作をしながら「お」、目を指さして「め」、左手を顔の前に出して「で」、両手で10を作って「とう」と、あいさつを返します。

入園式：待ち時間を楽しく過ごそう

年齢 1 2 3 4 5 歳児

チョウチョウが飛んで

人数 大勢

ねらい
- チョウチョウを通して春を感じる
- 楽しい気分で式を待つ

あそび方

ことばかけ
（手でチョウチョウを作って見せながら）
みなさんのお祝いにチョウチョさんが飛んできましたよ。

1 チョウチョウが来たよ

両手でチョウチョウを作り、ひらひらさせます。「みんなもできるかな？」と誘います。できない子には「パーとパーで、おとうさん指をひっかけてごらん」と声をかけましょう。

2 チョウチョウが止まった

両手をおなかに持っていき、「チョウチョがおなかに止まりました。みんなのおなかにも止まった？」と声をかけます。続いて、名札、頭にも手を持っていき「ピカピカの名札に止まりました」「頭に止まりました」と言います。

3 最後はひざに

子どもたちに「止まった？」「じょうずじょうず！」と声をかけながら、両手をひざにのせ、「最後におひざに止まりました。みんながとってもおりこうだから、チョウチョさんはびっくりしているよ」と声をかけ、「もうすぐ入園式が始まります」と言います。

ポイント

・開いた手を組み合わせて作るチョウチョウの形をしっかり見せましょう。
・童謡『蝶々』を歌いながらあそんでもよいでしょう。

年齢のアレンジ

4歳なら…

「チョウチョがお隣の友だちの肩に止まりました」など、チョウチョウを飛ばす範囲を広げ、友だちとのかかわりを促しましょう。

行事あそび

入園 進級：みんなで園を探検しよう！

年齢 1 2 3 4 5 歳児

忍者で探検

人数 5人～

ねらい ✣ 想像の世界を楽しむ ✣ 園内を楽しく見学する

あそび方

ことばかけ

きょうはみんなで忍者になって、ほかの人に見つからないようにそうっと園の中を探検しに行きましょう。

1 忍者に変身する

「にに にんにん！」など、呪文を唱えて忍者に変身します。「やま」「かわ」などと、合いことばを決めておくと楽しいです。

2 ぬき足、さし足で移動

できるだけ音を立てないようにして、探検に出かけます。園内を説明しながら壁に沿って歩いたりすると、雰囲気が出て盛り上がります。

3 園内を探検

職員室に着いたら園長先生に合いことばを言ってもらったり、倉庫に着いたら「ここには秘密の道具が隠されておる」と説明したりしましょう。

ポイント

・ほかの職員に楽しい対応をしてもらうよう、あらかじめ依頼しておきましょう。
・年度末に、進級するクラスを見にいく際に行ってもよいでしょう。

あそびにプラス

園内ツアーにようこそ！

保育者はガイド、子どもたちはお客さんになり、園内を回ります。「みなさま、こちらが職員室です」など、保育者はガイドになりきって園内を説明しましょう。

行事あそび

入園 進級：友だちの名前、言えるかな

年齢 1 2 3 **4 5** 歳児

お隣さんのお名前は？

人数 大勢

ねらい

✣ 友だちの名前を覚える　✣ 友だちに興味を持つ

あそび方

ことばかけ

自分の名前をみんなに伝えましょう。
でも、きょうはちょっと難しいよ。よく聞いていてね。

私はゆうこ先生です

私はゆうこ先生の隣のさちです

僕はゆうこ先生の隣のさちちゃんの隣の…

あれー？

1 保育者が名前を言う

全員で輪になって座り、最初に保育者が「みなさん、私はゆうこ先生です」と、自分の名前を言います。

2 隣の子も自己紹介

保育者の右隣の子は「私はゆうこ先生の隣のさちです」と、前の人の名前を言ってから自分の名前を言います。

3 言う名前が増えていく

その隣の子は「僕はゆうこ先生の隣のさちちゃんの隣のけんじです」というように、それまでに自己紹介をした人の名前を言ってから、自分の名前をつけ足していきます。

ポイント

・並ぶ順番をかえて、何度も楽しむことができます。
・輪になって座っているときや、ちょっとした空き時間にもおすすめです。

あそびにプラス

好きな食べ物は？

名前を覚えたら、「イチゴが好きなゆみちゃんの隣の、カレーが好きなきよしです」と、名前といっしょに好きな食べ物などを言っても楽しいでしょう。

イチゴが好きな
ゆみです
イチゴが好きな
ゆみちゃんの隣の…

行事あそび

遠足：歩く意欲を高める

年齢 1 2 3 4 5 歳児

遠足、ゴー！ ゴー！

人数 大勢

ねらい
- 歩くことに意欲を持つ
- みんなで同じことばを言う心地よさを味わう

あそび方

ことばかけ
みんなの足はずいぶん強くなったね。この魔法のことばでもっと力がわいてくるよ。いっしょに言ってみよう！

1 まずは保育者がコール

保育者がこぶしを突き上げながら元気に「遠足、ゴー！ ゴー！」と言い、子どもたちにも同様にするよう促します。

2 みんなの名前を入れて

次に、「えりちゃん、ゴー！ ゴー！」など「遠足」の部分にクラスの子どもたちの名前を入れてコールし、子どもたちもまねをします。

3 疲れてしまった子には

疲れて歩くのをいやがる子がでてきたときは、その子の名前を入れて、「ともくん、ゴー！ ゴー！」と声をかけてみんなで励まします。

ポイント

・子どもは自分の名前を言われるとうれしいものです。
・ひとりひとりの顔を見ながら、笑顔で呼びかけましょう。

年齢のアレンジ

3歳なら…

リズムにのって、声をそろえてコールできるようになったら、順に子どもの名前を呼び、呼ばれた子が列の先頭を歩いてもよいでしょう。

行事あそび 

遠足：前日に持ち物を確認

年齢 1 2 3 **4 5** 歳児

遠足に行こうよ！

人数 大勢

ねらい
✣ 遠足への意欲を高める　✣ 持っていくものの確認をする

あそび方

ことばかけ
あしたはみんなが楽しみにしていた遠足です。
持っていくものを頭に思い浮かべてね！

1 遠足に行こうよ！

椅子を円形に並べ、輪の中心を向いて座ります。保育者は左手でひざをたたきながら「遠足に行こうよ！」と4拍で言い、最後の「よ」で右手をグーにして上げます。

2 何持っていくの？

同様に「何持っていくの？」と保育者が言い、子どもたちが後に続きます。

3 思いついた子は立つ

遠足に持っていくものをそれぞれ考え、思いついた子には手を上げてもらいます。保育者は発言する子を指名します。

4 持っていくものを入れてコール

指名された子は「弁当持って行こうよ！」など、思いついたことを自由に言い、それに続いてみんなで繰り返します。

ポイント

・子どもの伝えたいことを受け止め、4拍に合うよう手伝いましょう。
・みんなで声をそろえて言う楽しさを味わいましょう。

年齢のアレンジ

5歳なら…

保育者が「大事なことは何？」と問いかけ、子どもたちは順に「展示物に触らない！」「2列できちんと歩く」など、遠足での注意点を答えます。

行事あそび

遠足：バスの中も楽しく

○×クイズ

年齢 1 2 3 4 5 歳児

人数 大勢

ねらい ✤ 保育者に親しみを持つ ✤ みんなで同じ問題を考える楽しさを味わう

あそび方

ことばかけ

クイズを始めるよ！ 手で大きな○を作って！ ×を作って！（子どもたちがまねをしたら）ＯＫ。では第１問。

1 答え方を確認

始めに、正しいと思ったら両手で大きな○を作り、違うと思ったら×を作って答えるということを説明します。

2 保育者が質問する

「先生の好きな果物はメロンである。○か×か？ 考える時間は 10 秒です。ではお答えください」と問題を出し、「せーの」で子どもたちに答えてもらいます。

3 答え合わせ

子どもたちの答えが出そろったら、「正解は…○でした。みんな当たったかな？」と答えを言います。

4 エピソードを添える

「先生のおうちではみんなが大好きなので、一度に３個のメロンを買うこともあります」などと、話を広げると楽しいでしょう。

ポイント

・保育者に関する問題や、これから行く場所についての問題をたくさん作っておきましょう。

用意するもの

・マイク

あそびにプラス

子どもが出題しよう

慣れてきたらマイクを回して、子どもたちが順番に出題します。自分に関することや知っていることなど、自由に出題してよいことにします。

行事あそび

遠足：バスから見えたものを言おう

年齢 1 2 3 4 **5** 歳児

見えた見えたリレー

人数 大勢

ねらい
- 窓から見えたものを選んでことばにする
- 友だちが言ったものを探そうとする

あそび方

ことばかけ
バスの窓からいろいろなものが見えるね。
好きなものを一つ選んで答えてね。

見ーえた見えた

消防署が
見えた
パンパン
パン♪

どうぞ

1 見ーえた　見えた

子どもにマイクを渡します。受け取った子は窓の外に見えるものから何を言うか決めて、「見ーえた見えた」とコールし、ほかの子たちは「なーにが見えた？」と返します。

2 見えたものを言う

マイクを持つ子は「消防署が見えた」など、自分で見つけたものを言います。見つけた子は３回手をたたきます。

3 同様に繰り返す

マイクを次の子に渡し、同様に繰り返します。「綿菓子みたいな雲」「怪獣みたいな工事現場」など、オリジナルな表現も認めていきましょう。

ポイント

・問題を見つけられない子には「空でもいいのよ」と助け船を出します。
・通り過ぎて見えなくなってしまったものでも、言ってよいことにします。

用意するもの

・マイク

あそびにプラス

うーごいた　うーごいた

車や景色、雲の形など、動いたり変化のあったものを「うーごいたうーごいた」などとコールして言ってもよいようにすると、ますます発見が広がります。

うーごいた
うーごいた

保育参観：指示された方法で戻ろう

年齢 1 2 3 4 5 歳児

絵カードめくりリレー

人数 10組～

ねらい
- 親子のふれあいを促す
- 応援したり、されたりする楽しさを味わう

あそび方

ことばかけ：行きは手をつないで、帰りはカードの絵のように帰ってきてね。行ってらっしゃい！

1 親子でスタンバイ

親子でペアになり、チームに分かれてスタート地点に並びます。

2 手をつないでスタート

「よーい、どん」の合図で手をつなぎ、絵カードを置いたテーブルまで走ります。

3 カードをめくる

子どもはテーブルに置かれた絵カードを1枚めくります。絵カードにはそれぞれ、「だっこ」「おんぶ」「ロボット歩き（保護者の足の上に子どもがのって歩く）」の絵が描いてあります。

4 絵カードの指示どおりに戻る

めくった絵カードを元に戻し、カードに描いてある指示どおりにスタート地点に戻り、次の親子にタッチします。

ポイント

・子どもがめくって楽しくなるような絵カードを用意しましょう。
・速さよりも楽しく運動することを大切にしましょう。

用意するもの

・絵カード（チーム数×３枚）
・テーブル（チーム数）

年齢のアレンジ

4歳なら…

運動能力が発達してきた４歳児には、「手押し車」「親子ともケンケンで進む」など、絵カードの内容をくふうしましょう。

行事あそび

保育参観：ふれあいが楽しい

年齢 1 2 3 4 5 歳児

親子でドライブ！

人数 4組～

ねらい
✣ 親子のふれあいを楽しむ　✣ 車にのるイメージであそぶ

あそび方

ことばかけ
さあ、おうちの人の車にのりますよ。
安全運転で出発してくださいね。

のってください

ブ～

でこぼこ道です
ガタンガタン！

1 保護者が車になる

保護者は仰向けに寝てひざを立て、両手を広げ、親指を組んでハンドルを作ります。子どもは保護者のおなかをまたいで座り、ハンドルを握ります。

2 ドライブに出発！

子どもがハンドルを左右に動かしたら、保護者は「ブー」と発進音を出し、体を左右に揺らします。

3 でこぼこ道です

保育者が「でこぼこ道です」と言ったら、保護者は「ガタンガタン」と言いながら、体を激しく動かします。

ポイント

・新聞紙をねじって輪にしたハンドルを使ってもよいでしょう。
・リズミカルな曲を流すとさらに雰囲気が出て、盛り上がります。

年齢のアレンジ

4歳なら…

子どもが運転手に、保護者がお客さんになってあそびます。保育者が「赤信号です」とコールしたら止まるなど、ルールを決めると楽しいでしょう。

ブーン！
プップー！

行事あそび

保育参観：だれの手かわかるかな？

年齢 1 2 3 4 5 歳児

人数 4組～

この手だれの手？

ねらい
- 親子のきずなを深める
- スキンシップを促す

あそび方

ことばかけ
たくさんの手がありますね。
さあ、おかあさん（おとうさん）の手は、どれかな？

みんなわかった？
ママかな？

おしい！
違った！

1 保護者は布の裏へ

親子４組ずつに分かれます。保護者は大きな布の裏に座り、腕まくりをして手だけを出します。

2 だれの手かな？

子どもは順にひとりずつの手を触っていきます。全員が触り終わったら、自分の保護者のものだと思う手の前に立ちます。

3 ご対面！

布を外して保護者が顔を見せます。

ポイント

- テーブルにも布をかぶせ、足もとが見えないようにします。
- 指輪などは外してもらいます。

用意するもの

- テーブル
- 大きな布（２枚）

年齢のアレンジ

5歳なら…

布の後ろに光源を置き、スクリーンにします。順番に布の後ろに立ってもらい、シルエットで自分の保護者を当てるのもよいでしょう。

行事あそび

保育参観：落ちないようにくっつこう

年齢 1 2 **3 4** 5 歳児

新聞紙でじゃんけん

人数 大勢

ねらい
- 親子であそぶことを楽しむ
- スキンシップを図る

あそび方

ことばかけ
広げた新聞紙の上にふたりで立ちましょう。
じゃんけんに負けると新聞紙が小さくなりますよ！

1 新聞紙の上でじゃんけん

親子一組に新聞紙を1枚配ります。新聞紙の上にふたりで立ち、子どもが保育者とじゃんけんします。

2 負けたら新聞紙を折る

じゃんけんに負けた親子は新聞紙を半分に折り、その上に立ちます。同様に繰り返して、新聞紙に立てなくなったら失格。最後まで残った親子の勝ちです。

ポイント

・新聞紙が小さくなったチームには、のる前にほかの人たちが注目するような声をかけると盛り上がります。
・親子遠足で行ってもよいでしょう。

用意するもの

・新聞紙

あそびにプラス

チーム戦に

2チームに分かれ、ブルーシートを使ってあそびます。じゃんけんで何を出すか、相談して決めます。負けたチームはブルーシートを畳んで小さくします。

行事あそび

保育参観：ヒーロー気分で

ベルトコンベヤー

年齢 1 2 3 **4** 5 歳児

人数 20組〜

ねらい
- 安心して体を預ける心地よさを味わう
- 保護者とのふれあいを楽しむ

あそび方

ことばかけ

さあ、みんなはスーパーマンになって空を飛びますよ。
準備はいいかな？

保護者は手をつなぎ、
腕を回します

1 保護者が列になる

巧技台を階段状に配置し、その前に子どもが並びます。マットを敷いて保護者が2列に並び、両手をしっかりつなぎます。

2 腕を回して運ぶ

つないだ保護者の手の上に子どもをのせ、腕を回して前に送ります。

●子どもたちに伝えておく姿勢●

- 舌をかまないように口を閉じる
- 手はグーにして前に伸ばす
- 前をしっかり見る
- 足は肩幅に開く
- 体の力を抜く

ポイント

- 大勢のおとながいないと体験できないあそびです。
- 保護者には腕時計や指輪を外してもらいましょう。

用意するもの

- 巧技台（3台）
- マット

あそびにプラス

変身ポーズで盛り上がる

台の上で「ゆうたマンに変身！」などと、自分の好きな名前をコールしてポーズを決めてから始めると、ヒーロー気分が盛り上がります。

ゆうたマンに
変身！

行事あそび

保育参観：ゴール目ざしてかけっこ

年齢 1 2 3 4 5 歳児

オオカミをかわせ！

人数 10組～

ねらい
✣ 機敏に身をかわして走る　✣ 保護者とのふれあいを楽しむ

あそび方

ことばかけ
子ヤギさんたちはオオカミに捕まらないで、
ゴールまで行くことができるかな？

1 配置について準備

子どもは５人一組に分かれて、スタート地点に並びます。スタートラインとゴールラインの間に、オオカミ役の保護者が立ってスタンバイします。

2 捕まらないように走る

「よーい、ドン」の合図で子ヤギ役の子どもたちはスタート。オオカミに捕まらないようにゴールまで走ります。オオカミはその場から動かずに、近くに来た子どもを手を使って捕まえます。

ポイント

・オオカミにタッチされたり捕まえられたりしても、振り切って逃げてよいことを伝えておきます。
・スタート前に「エイエイオー！」と気合いを入れると楽しくなります。

年齢のアレンジ

3歳なら…

走る子どもの保護者が親ヤギ役になり、ゴールで待ちます。オオカミ役の保護者に捕まらずに、親ヤギの所まで走ります。

保育参観：新聞紙を破るのが楽しい

びりびり新聞紙

年齢 1 2 3 4 5 歳児

人数 5組〜

ねらい
- 指先を使ってあそぶ
- 集中力を高める
- 親子で楽しむ

あそび方

ことばかけ
ここに新聞紙があります。（縦に切って見せて）こうやって切るとよく切れるけど、横から切るとうまく切れないね。

1 新聞紙を裂こう

親子一組に１枚新聞紙を配ります。スタートの合図で、親子で交互に新聞紙をちぎれないように裂いていきます。

2 長くできた親子の勝ち

制限時間内に、新聞紙をいちばん長くできた親子の勝ちです。途中で切れてしまったら、残っている新聞紙でやり直しましょう。

ポイント

・新聞紙には裂きやすい方向があるので、事前に伝えておきます。
・子どもが２～３人のグループになってあそぶこともできます。

用意するもの

・新聞紙

年齢のアレンジ

2歳なら…

新聞紙を丸めてお団子を作ってあそびます。時間を決めて、たくさんお団子を作ることができた親子の勝ちとしてもよいでしょう。

保育参観：あげるのもうれしい！

じゃんけんでプレゼント

年齢 1 2 3 4 **5** 歳児

人数 大勢

ねらい
- 親子のスキンシップを図る
- 好きな気持ちを相手に表現する

あそび方

ことばかけ
大好きなおうちの人に、かわいい姿を見せてくれる子どもたちに、すてきなプレゼントを贈りましょう。

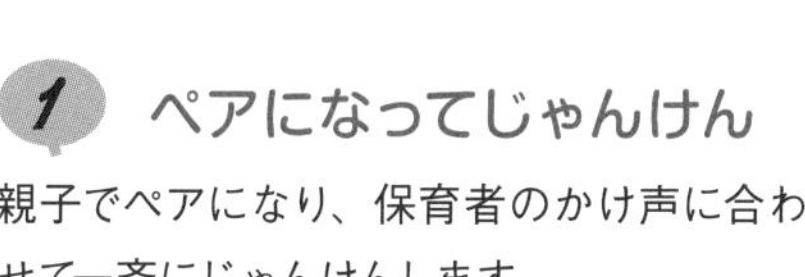

1 ペアになってじゃんけん

親子でペアになり、保育者のかけ声に合わせて一斉にじゃんけんします。

2 勝った人が手を上げる

保育者は「勝った人は手を上げて」と言い、手を上げてもらいます。

3 負けた人からプレゼント

負けた人から勝った人へプレゼントをします。プレゼントの内容は、負けた人が勝った人のほおにキスをする、肩をもむ、相手の好きなところを言うなど、保育者が指定します。

ポイント

・プレゼントはやりやすいことから順に行い、照れくさいことは後半にするとよいでしょう。
・親子のほほ笑ましいようすを実況すると盛り上がります。

あそびにプラス

お礼を返そう

プレゼントをもらった人が「ありがとう」と言って、相手をギュッと抱きしめたりというお礼をしても楽しいです。

行事
あそび

誕生会：大好きな果物で楽しくお祝い

年齢 1 2 3 4 5 歳児

ぐるぐる果物ゲーム

人数 10人～

ねらい
- いろいろな果物を想像してみる
- 友だちとのふれあいを楽しむ

あそび方

ことばかけ
お誕生日のお祝いに、おいしそうな果物がいっぱいです。
好きな果物をどうぞ召し上がれ。

1 円の中でスタンバイ

直径３ｍの円の外側に、幅１ｍのラインを引きます。内側の円に誕生児が入り、ほかの子どもたちは外側の円に入ります。

2 おいしい果物がいっぱい

保育者が「お祝いの果物をどうぞ」と声をかけます。外側の円の子どもたちは、好きな果物になって、両手を広げて歩きます。

3 好きな果物を選ぶ

誕生児は好きな子の手にタッチし、内側の円の中に入れて食べるまねをします。食べられた子は、その場にしゃがみます。

4 誕生児にインタビュー

保育者は食べられた子に何の果物になっていたのかを聞き、「あいちゃんはリンゴを取りました。おいしいですか?」などと誕生児にインタビューをして、場を盛り上げます。

ポイント

・タッチされていない子には保育者がタッチして、かかわるようにしましょう。
・それぞれ好きなすしネタになって、回転ずしゲームにしても楽しいです。

年齢のアレンジ

4歳なら…

円を大きくして、周りの子どもたちは走ります。誕生児にタッチされた子はほかの子にタッチされたら外側に戻れる、というルールにしても楽しいでしょう。

行事あそび 

誕生会：じょうずに逃げよう

暴れん坊が来るぞ！

年齢 1 2 **3** 4 5 歳児

人数 大勢

ねらい
- 動物の名前を聞き分ける
- 体全体を動かす

あそび方

ことばかけ
これからちょっと怖い暴れん坊の動物がやってきます。
でも大丈夫、どうすれば逃げられるか、教えてあげるからね！

サメの場合

カラスの場合

サルの場合

1 動物の動きを確認

保育者と誕生児が前に立ち、それぞれの動物から逃げる動きをみんなでしてみます。

◎サメの場合

平泳ぎのように手を動かし、泳いで逃げます。

◎カラスの場合

頭を抱えてしゃがみます。

◎サルの場合

両手をそろえて上げて、木になります。

2 動物が来るぞ！

誕生児が動物を選んで、「○○が来るぞ！」とコールします。ほかの子たちはその動物に合った逃げ方をします。

ポイント

・始める前に動物ごとの逃げる動作を確認しておきます。
・始めは保育者も動作に加わると、子どもたちがやりやすくなります。

あそびにプラス

お話仕立てに

「カラスが行ったと思ったら、後ろからいたずらサルがやってきました」などと、お話風にしても楽しいです。

第3章 行事あそび

行事あそび

誕生会：踊りでお祝い

ハッピーバースディ ダンス

年齢 1 2 3 4 5 歳児

人数 大勢

ねらい
✣ 誕生児を祝う気持ちを持つ　✣ 踊る楽しさを味わう

あそび方

ことばかけ
お誕生日のお友だちは輪の中に入ってください。
みんなでおめでとうの気持ちを込めて、踊ります。

①

②

③

④

⑤

⑥

⑦

⑧

⑨

1 心を込めて踊る

『Happy Birthday to You』の歌に合わせてみんなで踊りましょう。

①誕生児を囲んで輪になります。

②「Happy birthday」で右回りにスキップします。

③「to」で両手を胸にやり、「you」で手を前に出して輪の中の誕生児にパワーを送ります。

④「Happy birthday」で左回りにスキップします。

⑤「to you」で誕生児に投げキッスをします。

⑥「Happy birthday」で輪の中央に集まります。

⑦「dear あいちゃん」でみんなで誕生児を囲み、押し合いっこをします。

⑧「Happy birthday」で外側に広がります。

⑨「to you」で男の子は王子様、女の子はお姫様のように、誕生児にあいさつをします。

ポイント

・歌い終わった後に「あいちゃんおめでとう！」と声をかけると、もっと盛り上がります。

・誕生会だけでなく、誕生日当日に踊ってもよいでしょう。

年齢のアレンジ

2歳なら…

②～⑤の部分のみを繰り返して踊ります。スキップをするのが難しい場合は、歩いて踊ってもよいでしょう。

行事あそび

誕生会：好きなものを当てよう！

年齢 1 2 3 4 5 歳児

人数 大勢

宝物は何かな？

ねらい
- 誕生児に興味を持つ
- 考える力を育てる

あそび方

ことばかけ
きょうはゆいちゃんの誕生日です。ゆいちゃんの好きなものを借りて宝箱の中に入れました。さて、何が入っていると思いますか？

1 誕生児の好きなものは？

机に誕生児の好きなものを入れた宝箱を置き、誕生児と保育者が前に立ちます。「この宝箱にはゆいちゃんの大好きなものが入っています。何でしょう?」と保育者が問いかけます。

2 何が入っているか質問タイム

保育者は「質問があればどうぞ」と言い、「あそぶものですか?」など、子どもたちの意見をまとめながら誕生児に質問し、ヒントにしていきます。答えを思いついた子どもは自由に答えます。

3 正解が出たら中身を披露

正解が出たら、誕生児は宝箱から中身を出し、みんなに見てもらいます。

ポイント

・質問の出し方をくふうして、ヒントを導き出せるようにしましょう。

用意するもの

・誕生児の好きなもの
・宝箱　・机

年齢のアレンジ

3歳なら…

質問に答えるのは難しいので、保育者がヒントを出します。当たったときには、誕生児に「ピンポン！当たりです」と答えてもらいましょう。

行事あそび

誕生会：何が描いてあるか当てよう

お絵描き、何かな？

年齢 1 2 3 4 5 歳児

人数 大勢

ねらい
✣ 誕生児に興味・関心を持つ　✣ 想像力を養う

あそび方

ことばかけ
この絵はけいたくんが描いた絵ですが、まだ途中です。
さて、何が描いてあると思いますか？

1 誕生児に絵を描いてもらう

誕生児に好きな絵を描いてもらい、保育者は裏にその途中段階までを描いておきます。

2 何が描いてあるのかな？

誕生児に画用紙を持ってもらい、裏側を見せます。途中段階の絵を見て、何を描いた絵であるかをみんなで当てます。

ポイント

・絵のじょうずへたを評価することにならないように、リードします。
・画用紙の表裏を使うので、裏写りしないように気をつけましょう。

用意するもの

・画用紙

年齢のアレンジ

3歳なら…

途中段階の絵を見て当てるのは難しいので、誕生児に好きな歌を「ラララ」で歌ってもらい、それをみんなで当てるというクイズにしてみましょう。

行事あそび

誕生会：心を込めて渡します

年齢 1 2 3 4 5 歳児

心のプレゼント

人数 大勢

ねらい
- 誕生児を心から祝う
- プレゼントしたいものを自分なりに考える

あそび方

ことばかけ：お祝いの気持ちを込めて、みんなからたっくんへ心のプレゼントを贈りましょう。

1 プレゼントを考える

椅子を円形に並べて座り、みんなで「たっくん、お誕生日おめでとう」と言います。子どもたちはイメージのプレゼント、ことばのプレゼントなど、何をあげるか考えます。

2 プレゼントを渡そう

「プレゼントが決まった人から立ってください」と保育者が言い、順番にプレゼントを渡します。誕生児はお礼を返します。

◎イメージのプレゼント

「私は、チューリップの花を贈ります」「僕は、100回跳ぶことができる、魔法の縄跳びを贈ります」など、手でプレゼントの形を表現して、手渡すジェスチャーをします。

◎ことばのプレゼント

「私はたっくんの、優しいところが大好きです」「僕はたっくんといっぱいあそびたいです」など、ことばを添えて胸の前から両手を差し出します。

ポイント

・保育者も、子どもたちが考えるヒントになるようなプレゼントを考えて表現しましょう。
・プレゼントが思いつかない子には「たっくんてどんな子だと思う?」と、誕生児に対するよいイメージを引き出しましょう。

年齢のアレンジ

3歳なら…

輪になって座り、ひとりずつ「お誕生日おめでとう」と言いながら誕生児の両手にタッチしてお祝いします。

行事あそび

運動会：初めてのかけっこに

お星様と歩こう！

年齢 1 2 3 4 5 歳児

人数 大勢

ねらい ✤体を動かす心地よさを味わう ✤目標物に向かって歩く

あそび方

ことばかけ
お星様といっしょに歩くよ。みんなついてきてね。
1、2、1、2。お星様にタッチできるかな？

新聞紙を丸めたもの
キラキラテープ
色画用紙

タッチ
できたね

進むよー

1 お星様についていく

保育者は「お星様についてきてね」と声をかけ、「1、2、1、2」とかけ声をかけながら、子どもたちの５mくらい先を歩きます。

2 タッチできるかな？

子どもが手を伸ばしてお星様に触ったら、「お星様にタッチできたね」と、ともに喜びます。

3 お星様と歩こう

「またお星様が進むよ」と、星をひらひらさせながら歩きます。

ポイント

・お星様をひらひらと動かして、子どもたちの興味を引きましょう。
・歩くのをいやがる子には個別で声かけをします。

用意するもの

・お星様

年齢のアレンジ

2歳なら…

スタートラインを引き、「ジャングルジムのかおり先生の所まで走るよ」などと目標を定めて、「よーい、ドン!」の合図で一斉に走れるようにします。

よーい

行事あそび

運動会：元気に跳ねよう

年齢▶ 1 2 3 4 5 歳児

みんなでスキップ

人数▶ 10人～

ねらい
✣ スキップを楽しむ　✣ 体を十分に動かす

あそび方

ことばかけ
みんなスキップがじょうずになったね。
いちばんかっこよく、いちばんすてきにスキップしよう！

1 スキップで回ろう

順番にスキップをしながら、トラックを1周します。前の子が４分の１まで進んだら、次の子がスタートします。

2 動きを追加しても

慣れている子は「手を上げる」「手を水平にする」「手を後ろに組む」など、手の動きを加えてスキップします。

ポイント

・リズミカルな音楽に合わせて、自由に跳ねることから始めましょう。
・スキップが難しい子には、保育者が手をつないで動きを促します。

年齢のアレンジ

4歳なら…

スキップがじょうずにできるようになってきたら、「両手を肩に→横に→肩に→上に」という手の動きをつけて、リズミカルにスキップしてみましょう。

行事あそび 

運動会：カッコよく走ろう

年齢 1 2 3 **4 5** 歳児

コーナーを決めろ！

人数 15人〜

ねらい
- コーナーラインに沿って走る
- 友だちの動きをよく見る

あそび方

ことばかけ
コーナーをじょうずに曲がるのは難しいね。コースをよく見て脱線しないように走ることにチャレンジしよう！

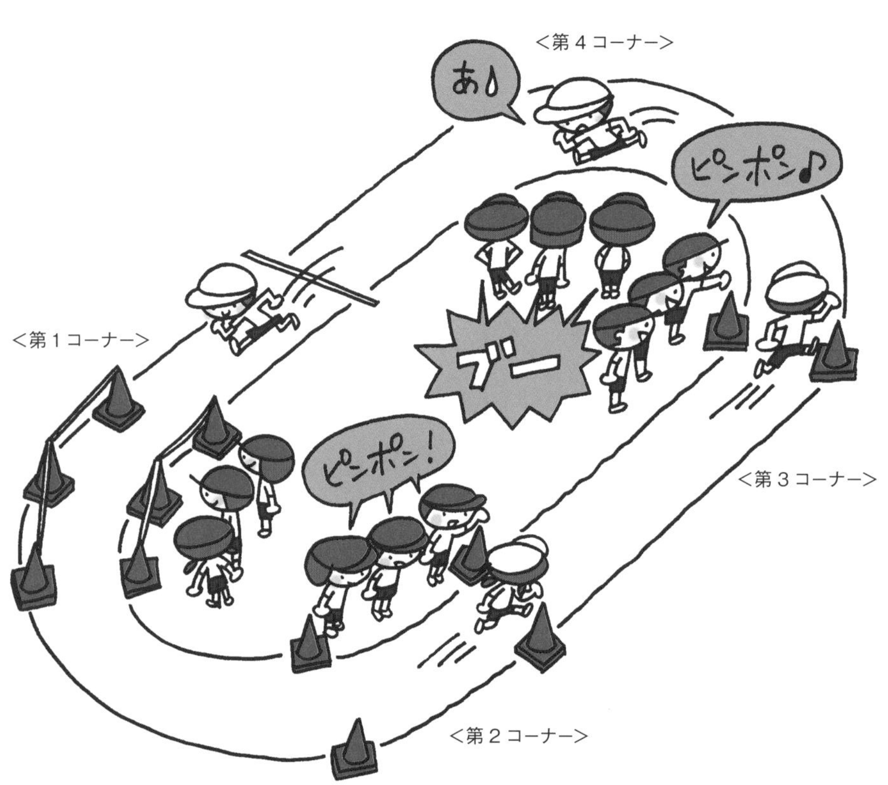

1 コースを作る

左図のように第１コーナーから第４コーナーまでのコースを作ります。

2 ５チームに分かれる

子どもたちは５チームに分かれます。一つのチームが走り、ほかのチームはそれぞれのコーナーで判定員になります。コーナーをラインどおりに走ることができたら「ピンポン」、ラインを越えてしまったら「ブー」と合図して知らせます。

3 全員が走ったら交代

チーム全員が走り終わったら、判定員と交代します。チーム全員がすべてのコーナーをラインどおりに通過できたときは、みんなで「バンザイ！」と言います。

ポイント

・コーナーを曲がるときは、全力で走ることより、ラインどおりに走ることに重点を置きます。

用意するもの

- コーン（12本）
- スズランテープ

年齢のアレンジ

5歳なら…

走る子どもと判定員の子ども、ふたり一組になって走ります。判定員は、コーナーを通過できたら「ピンポン」、ラインを越えてしまったら「ブー」と叫びます。

行事あそび 

運動会：じょうずにバトンを渡そう

年齢 ▶ 1 2 3 4 5 歳児

リングバトンリレー

人数 ▶ 大勢

ねらい
✣ リングバトンの受け渡しを楽しむ　✣ リングバトンの扱いに慣れる

あそび方

ことばかけ
おいしそうなドーナツバトン。
落とさないで次の人に渡せるかな？

1 チームに分かれる

10人ほどのチームに分かれ、5ｍほど間をあけて並びます。両端にコーンを置き、一方にリングバトンを二つかけておきます。

2 リレースタート

スタートの合図で最初の子はコーンまで走り、リングバトンを一つ取って次の子の所まで走ります。バトンを手渡し、次の子はその次の子へと、リレーをしていきます。

3 バトンをもう一つ

5番目の子の「はい」が聞こえたら、先頭の子は二つ目のバトンを取りに行き、同様にリレーします。最後の子はコーンにバトンをかけに行きます。先にコーンに二つのバトンをかけられたチームの勝ちです。

ポイント

・バトンは利き手で受け渡しします。
・バトンを渡すときには「はい」と声をかけるようにします。

用意するもの

・リングバトン（チーム数×２個）
・コーン（チーム数×２本）

年齢のアレンジ

4歳なら…

10人で輪になって、バトンを持つ子と次にもらう子以外は座ります。バトンを持つ子はみんなの後ろを1周し、次の子にバトンを渡します。

行事あそび

正月：自分がこまになるすごろく

年齢 1 2 **3** 4 5 歳児

人間すごろく

人数 3人〜

ねらい ✣ 数に親しむ ✣ 自分の順番を待つ

あそび方

ことばかけ：さいころを振って、出た目の数だけ進みますよ。みんなでいっしょに数えてみようね。

1 コースを作る

フープを 20 本ほど並べてコースを作ります。子どもたちはスタート地点に立ってスタンバイします。

2 さいころを振って進む

順にさいころを振って、出た目の数だけ進みます。これを繰り返して、先にゴールした人の勝ちです。

ポイント

・進む際にはみんなで数を数えます。
・1〜3の数字が二つずつ書いてあるさいころを使用してもよいでしょう。

用意するもの

・フープ（20 本程度）
・さいころ

あそびにプラス

指令を入れよう

そこに止まったら従う指令を考えて、紙に書いたものをフープにはっておくと、よりゲームが楽しくなります。

正月：季節を感じるふれあいあそび

年齢 1 2 3 4 5 歳児

ペッタン おもち

人数 大勢

ねらい
- おもちに興味を持つ
- ふれあいあそびを楽しむ

あそび方

ことばかけ 今からおもちを作ります。まずはもち米をうすに入れて、ペッタンしますよ。

1 おもちをペッタン

円の中に子どもたちが座ります。保育者は「ペッタン」とかけ声をかけながら、もちをつくしぐさをし、子どもたちはかけ声に合わせて飛び上がります。

2 おもちがつけた

「さあ、おもちを丸めます」と言って、ひとりずつ頭や体をなでていきます。「最後に伸ばしてでき上がり」で、子どもたちはあお向けに寝転がります。

3 おもちが焼けた

「おもちは焼けたかな」と言いながらひとりひとりの前を歩いていき、「な」のところで止まった子はうつぶせになります。

4 しょうゆを塗る

全員うつぶせになったら、子どもたちの背中をさすりながら、「おしょうゆつけてでき上がり」と言って食べるふりをします。

ポイント

・食べられた子は、保育者といっしょに食べる役に回ってもよいでしょう。
・子どもとのスキンシップを楽しみます。

年齢のアレンジ

2歳なら…

保育者のひざの上に子どもがのります。保育者は、「おもちを丸めます」と言いながら子どもの体をなでたり、つついたりします。

行事あそび

正月：高得点を目ざそう

年齢 1 2 3 4 **5** 歳児

ねらって こま回し

人数 5人〜

ねらい
- こまを回すことを楽しむ
- 友だちの努力する姿から、自分も挑戦意欲を持つ

あそび方

ことばかけ
みんなこまを回すのがじょうずになったね。
今度はねらったところで回せるか、勝負だよ！

1 得点を書いた場を準備

模造紙を床にはり、箱積み木を置いて図のように得点を書き入れます。子どもたちにひもを巻いて回すタイプのこまを渡します。

2 高得点をねらおう

順番にこまを３回ずつ投げ、得点を競います。最初は自由に挑戦できるようにして、十分に練習できるようにしましょう。

ポイント

・ひもの巻き方や投げ方は、ひとりひとりが自信を持てるまで、ていねいに伝えましょう。

用意するもの

・こま　・模造紙
・箱積み木

あそびにプラス

こまの滑り台

箱に板を立てかけて、坂を作ります。坂の上でこまを回すと、坂をこまが滑り降りてきて楽しいです。

行事あそび

正月：自分で作れば楽しさ倍増

オリジナルかるた

年齢 1 2 3 4 5 歳児

人数 5人〜

ねらい
- ことばや文字に親しむ
- 友だちのよいところに目を向ける

あそび方

ことばかけ
友だちのすてきなところを探してかるたを作りましょう。園の好きなところをかるたにしてもいいですよ。

1 読み札を作る

八つ切り画用紙46枚を半分に切ります。切った画用紙を二つに分け、うち1枚を読み札にします。50音表を見ながら好きな文字を選んで、友だちや園をテーマにした内容を考えて書きます。

2 絵札を作る

もう1枚は絵札にします。読み札の内容を絵に描いたら、50音表の中の、使ったひらがなに印をつけるようにしましょう。

3 みんなであそぼう

でき上がったらかるたをしてあそびます。最初は保育者が読み手になり、慣れてきたら順に子どもが読んでもよいでしょう。

ポイント

・かるたが10組ほどできたところであそび始め、あそびながらカードを増やしていきましょう。

用意するもの

・画用紙

年齢のアレンジ

3歳なら…

既製のかるたの絵札のみ使用します。絵札を並べ、保育者は「アヒルはどれだ?」などと問いかけます。子どもが問題を作ってもよいでしょう。

こんなときどうする?

あそびQ&A

Q 作品に個性が出ず同じような作品に

造形あそびや行事製作で作品を作ると、クラスの子どもたちの作品が似たような色使いや形の作品になりがちです。自由にひとりひとりの個性があふれる作品を作ってほしいのですが、友だちのまねをしたりしてしまいます。(3～5歳児)

A

発達に合った作品に取り組もう

最初に、その造形活動が今のクラスの子どもの発達段階に合っているかどうか見直しを。はさみで切る場合なら、1回切るだけ、丸く切る、細長く切るなど、どの段階が取り組みやすいか考えてみましょう。

発達に合っておらず難しすぎると、作品を完成させること自体にとらわれて作る過程を楽しめなくなってしまい自由な発想が出づらくなります。

いろいろな作品があってよいと伝える

造形の導入として、作品はいろいろな色や形があっていいと子どもが思えるよう伝えておくのも大切です。たとえば、「魚」がテーマの作品では、どんな色や形の魚がいるのか話してみます。大きな魚もいればカラフルな魚、細長い魚もいるねと、いろいろな魚がいるイメージを広げてみましょう。子どもが自ら作品は答えが一つじゃないと感じられると個性が出てくるようになります。

また、作り方の説明などで保育者の見本を見せる場合には、そのとおりに作らないといけないと子どもが思わないよう配慮しましょう。

友だちのまねも造形を楽しむ手段の一つ

保育者としては、友だちと同じように作っていると自由に作ることを楽しめていないのではと気になりがちです。友だちのまねをして作ること自体は、子どもの表現方法の一つです。同じものを作るのが楽しい、友だちといっしょがうれしいという気持ちを見守りましょう。

描いたり表現したりすることは、それを子どもが楽しめているかどうかが何より大切です。作品のでき上がりばかりに目を向けずに、子どもが取り組むようすに注目しましょう。

第4章

行事製作

どんな作品に取り組もうかなと
頭を悩ませることが多い行事製作。
年齢別の発達に合った取り組みやすさと
素材使いがポイントのアイデア満載です。

行事製作

絵の具で模様をつける

年齢 1 2 3 4 5 歳児

個人製作こいのぼり

ねらい
1〜2歳 ✣ 絵の具に親しむ
3〜4歳 ✣ スタンプを押すことを楽しむ
4〜5歳 ✣ 絵の具がにじむようすを知る

1〜2歳児

小さな手形こいのぼり

用意するもの

- キッチンペーパー
- 色画用紙の土台
- 画用紙の目
- 絵の具　・はさみ
- のり

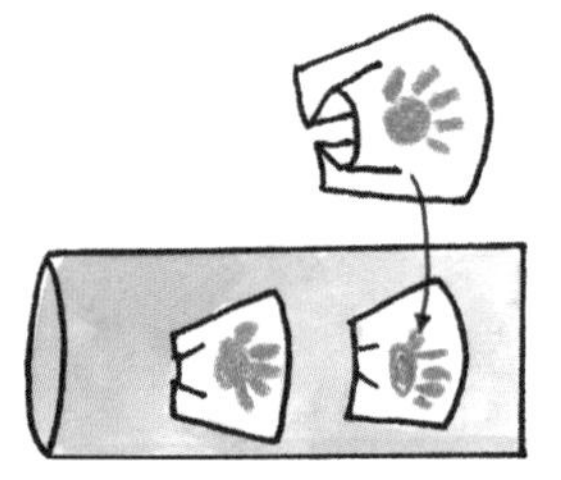

1 手形を押す

12cm角程度に切ったキッチンペーパーに手形を押します。

2 うろこをはる

キッチンペーパーにひだを寄せてうろこを作り、色画用紙の土台にはります。

3 目をはり尾を切る

画用紙の目をはり、土台を尾の形に切り取ります。

3〜4歳児

スタンプこいのぼり

用意するもの

- 色画用紙　・画用紙
- ふた、芯など
- スタンプ皿
- はさみ　・のり

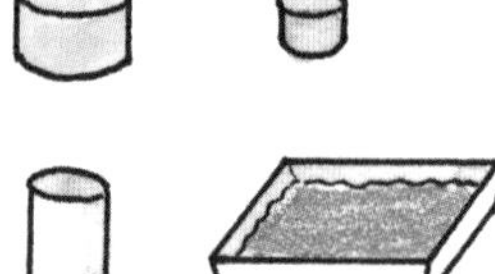

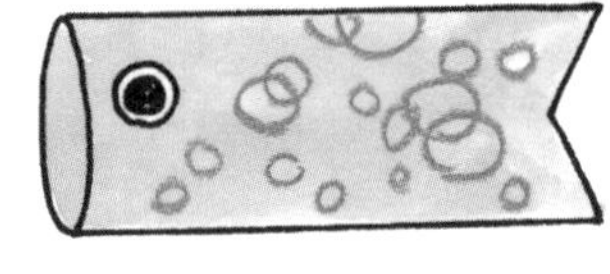

1 スタンプを用意する

ふたや芯など丸いもの、トレーに絵の具をつけた薄いスポンジを置いたスタンプ皿を用意します。

2 スタンプを押す

色画用紙に自由にスタンプを押します。

3 目をはり尾を切る

色画用紙を二つ折りにし、はります。画用紙で目を作ってはり、尾の形に切り取ります。

4〜5歳児

にじみ絵こいのぼり

用意するもの

- 画用紙　・色画用紙
- 絵の具　・スポンジ
- 筆　・はさみ
- のり

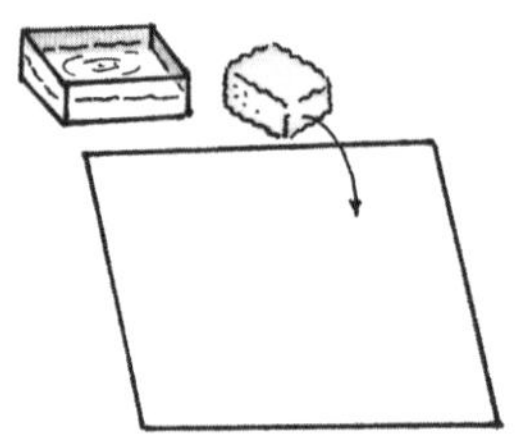

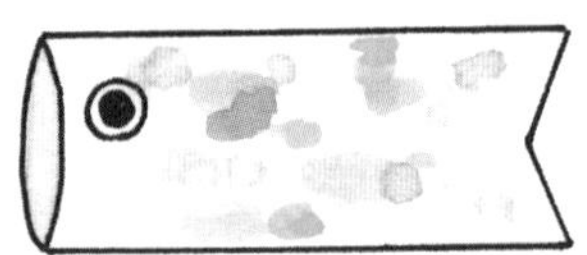

1 画用紙をぬらす

水をふくませて軽く絞ったスポンジで画用紙をぬらします。

2 絵の具を落とす

水で溶いた絵の具を筆で画用紙に落とし、にじませます。

3 目をはり尾を切る

画用紙を二つ折りにし、はります。色画用紙で目を作ってはり、尾の形に切り取ります。

行事製作

紙を破って、切って

年齢 1 2 3 4 5 歳児

グループ製作こいのぼり

ねらい
1～2歳 ✣ 紙を破るのを楽しむ
3～4歳 ✣ はさみの扱いに慣れる
5歳 ✣ 色の組み合わせを意識する

1～2歳児

ビリビリこいのぼり

用意するもの
- 模造紙の土台
- 折り紙、お花紙、包装紙、新聞紙など
- 両面テープ　・ペン

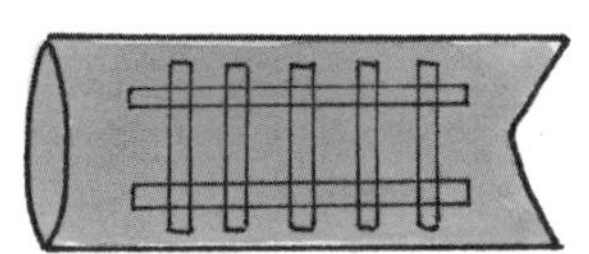

1 土台を用意する
模造紙で土台を作り、両面テープを格子状にはっておきます。

2 紙を破る
折り紙やお花紙などのいろいろな紙を子どもが扱いやすい大きさにして用意し、自由に破ります。

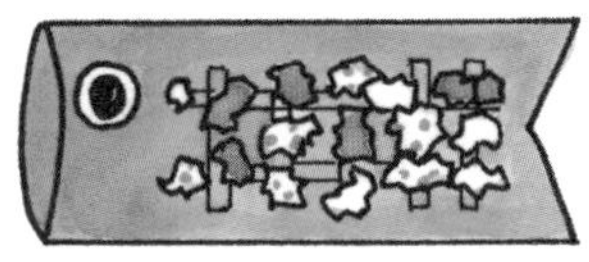

3 紙を土台にはる
破った紙を両面テープのある所にくっつけます。ペンで目を描いて完成です。

3～4歳児

紙テープこいのぼり

用意するもの
- 模造紙の土台
- 紙テープ　・折り紙
- はさみ　・のり
- ペン

1 紙テープを切る
さまざまな色の紙テープを用意し、好きな色を選んで、はさみで切ります。

2 紙テープをはる
紙テープをねじったり輪にしたりして、折り紙にのりではります。

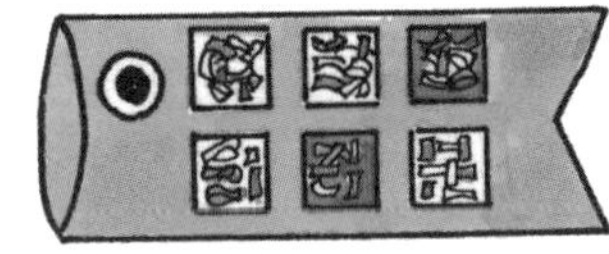

3 土台にはる
ペンで目を描いた模造紙の土台に、折り紙をはります。

5歳児

切り紙こいのぼり

用意するもの
- 模造紙の土台
- 折り紙　・はさみ
- のり　・ペン

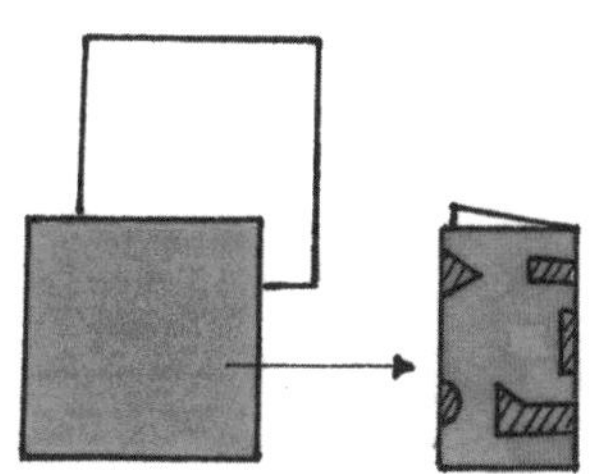

1 折り紙を切る
好きな色の折り紙を２枚選び、１枚で切り紙を作ります。

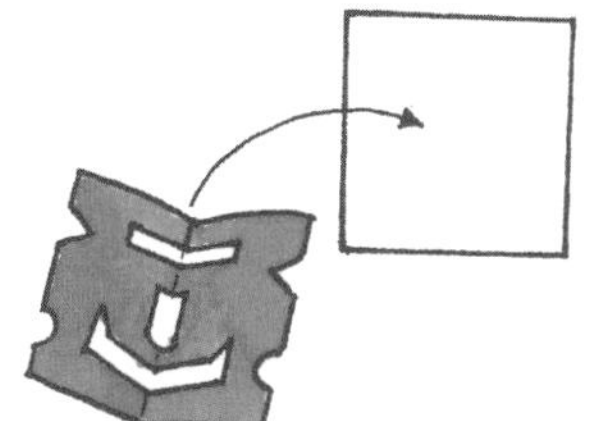

2 折り紙をはる
切り紙の中央を浮かせるようにして、両端をもう１枚の折り紙にはります。

3 土台にはる
ペンで目を描いた模造紙の土台に、折り紙をはります。

行事製作

梅雨の季節にぴったり

アジサイの壁飾り

年齢 1 2 3 4 5 歳児

ねらい

1～2歳
✣ たんぽを押すのを楽しむ

3歳
✣ 色が混じり変化するのに気づく

4～5歳
✣ 紙を染める経験をする

1～2歳児

たんぽでアジサイ

用意するもの

・色画用紙の台紙
・色画用紙の葉
・ひも　・たんぽ
・スタンプ皿　・ペン
・はさみ　・のり

1 たんぽを押す

丸く切った薄い紫やピンクの色画用紙に、たんぽで模様をつけます。

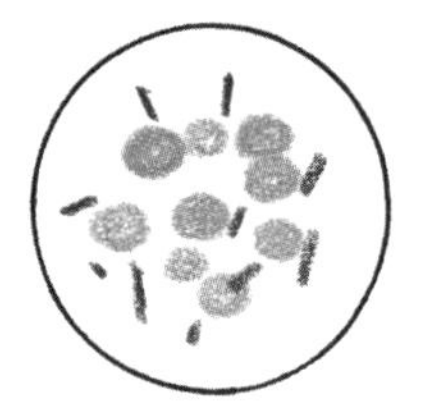

2 ペンで描く

ペンで模様を描きます。紫や青、ピンクや赤など、色画用紙と同系色のペンを使いましょう。

3 円すいにする

切り込みを入れ重ねてはり、円すい状に。色画用紙の葉とひもをつけます。

3歳児

にじみアジサイ

用意するもの

・画用紙の台紙
・色画用紙の葉
・ひも　・水性ペン
・霧吹き　・はさみ
・のり

1 ペンで描く

丸く切った画用紙に青とピンクの水性ペンで模様を描きます。

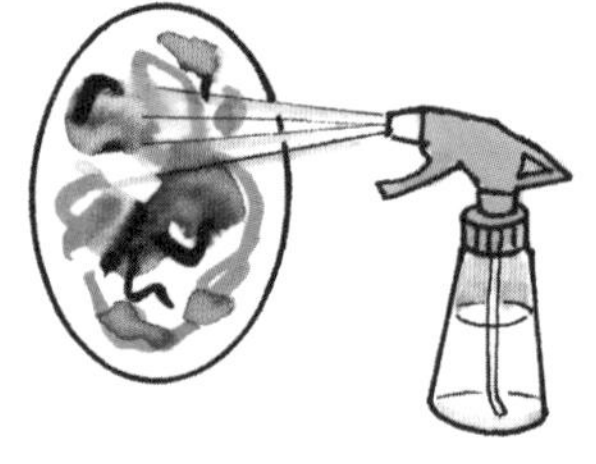

2 水を吹きかける

霧吹きで水を吹きかけます。青とピンクがにじんで紫になり、色の変化が楽しめます。

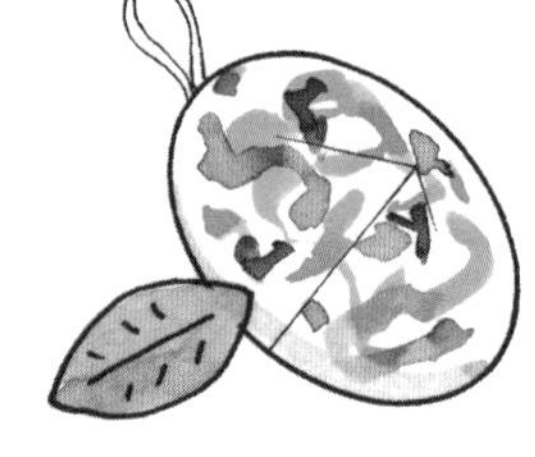

3 円すいにする

切り込みを入れ重ねてはり、円すい状に。色画用紙の葉とひもをつけます。

4～5歳児

染め紙アジサイ

用意するもの

・障子紙　・ティッシュ
・色画用紙の台紙
・色画用紙の葉
・ひも　・絵の具
・はさみ　・のり

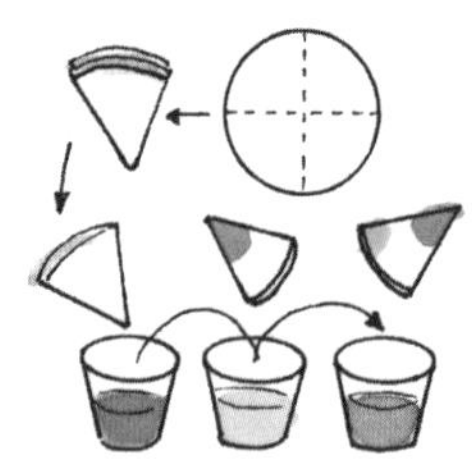

1 障子紙を染める

丸く切った障子紙を４分の１に折り、水で溶いた３色の絵の具につけて染め、乾かします。

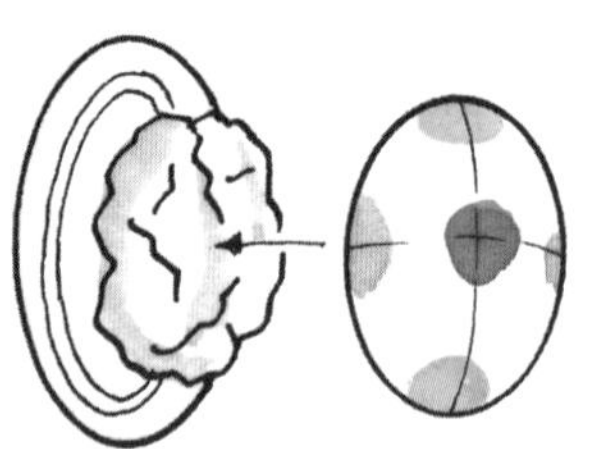

2 障子紙をはる

丸く切った色画用紙に丸めたティッシュを山になるようにはり、その上から障子紙をはります。

3 葉とひもをつける

色画用紙の葉とひもをつけます。

身近な生き物を作ろう

年齢 1 2 3 4 5 歳児

ぐるぐるカタツムリ

ねらい

1～2歳
✣ クレヨンの扱いに慣れる

3～4歳
✣ 絵の具がクレヨンをはじくことを楽しむ

5歳
✣ 細かい製作に挑戦する

1～2歳児

おめかしカタツムリ

用意するもの

・紙皿　・丸シール
・折り紙
・色画用紙と丸シールの体
・クレヨン　・のり

1 クレヨンで描く

クレヨンで紙皿にぐるぐると模様を描きます。

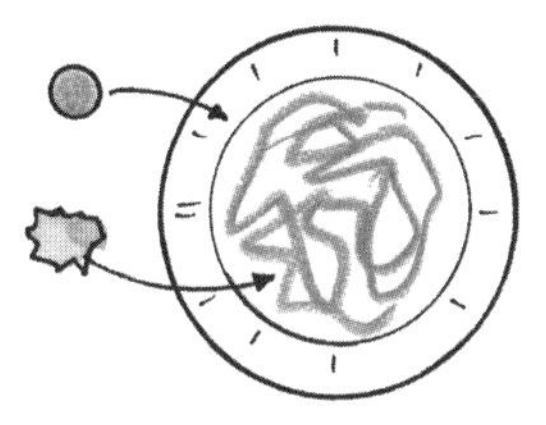

2 シールや折り紙をはる

丸シールや破った折り紙を自由にはり、カラフルにしあげます。

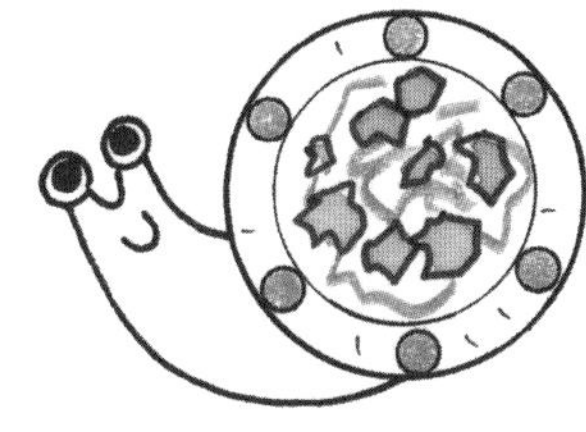

3 体をはる

色画用紙と丸シールで作っておいた体を紙皿の裏側にはります。

3～4歳児

はじき絵カタツムリ

用意するもの

・紙皿　・色画用紙
・クレヨン　・絵の具
・筆　・はさみ
・両面テープ

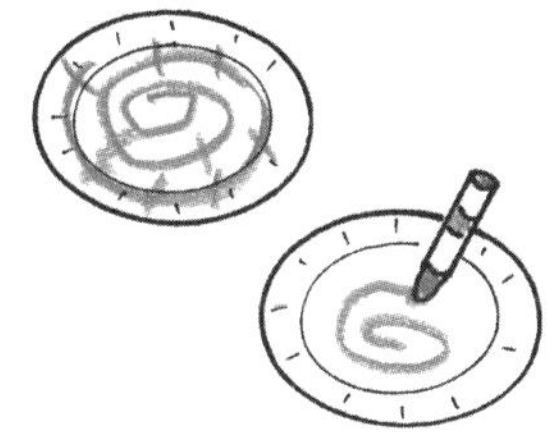

1 クレヨンで描く

2枚の紙皿にクレヨンで渦巻き状に模様を描きます。

2 絵の具を塗る

薄く溶いた絵の具を塗ると、クレヨンが絵の具をはじきます。

3 紙皿をはりあわせる

色画用紙を切って体を作り、谷折りした2枚の紙皿の間に挟んで両面テープではりあわせます。

5歳児

くるりんカタツムリ

用意するもの

・茶封筒　・丸シール
・折り紙、包装紙など
・はさみ　・のり
・色鉛筆など巻くもの

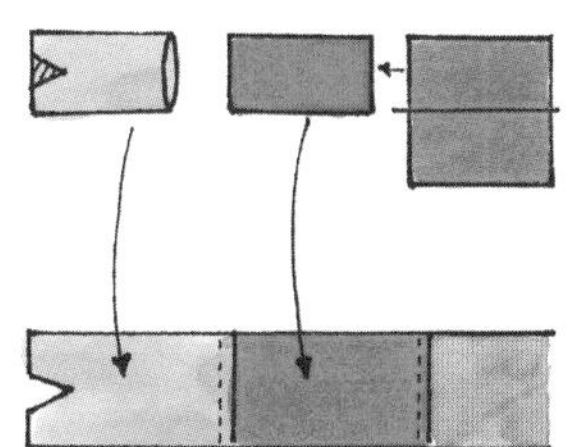

1 茶封筒と折り紙をはる

角の形に切り取った茶封筒に、半分に切った折り紙や包装紙をつなげて長くはっていきます。

2 端から巻く

白い面を上にして色鉛筆など細いものを使って、端からぐるぐる巻き、丸みをつけます。

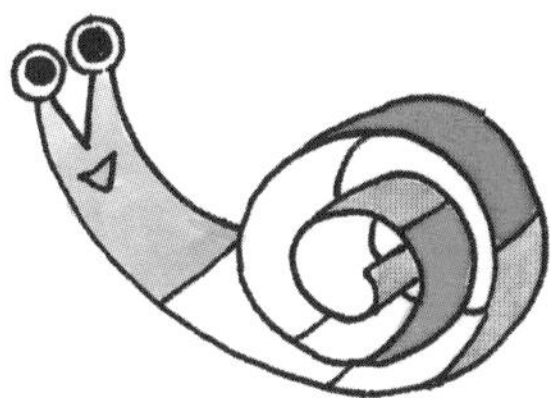

3 丸シールをはる

茶封筒の先に丸シールの目をはります。

行事製作

たなばたを彩る

折り紙で作る短冊

年齢 1 2 3 4 5 歳児

ねらい

1～2歳 ✣ 線を描くことを楽しむ

3～4歳 ✣ 色の組み合わせを意識する

5歳 ✣ 飾り切りを経験する

1～2歳児

輪つなぎ短冊

用意するもの

・折り紙　・糸

・色画用紙の星

・ペン　・はさみ

・のり

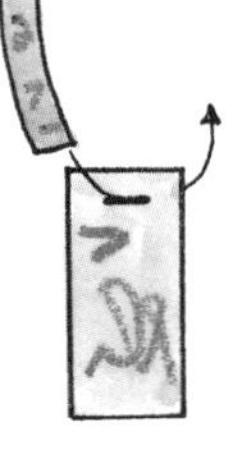

1 ペンで描く

折り紙の色面にペンで自由に模様を描きます。

2 短冊と輪を作る

折り紙を半分にし、片方を切り込みを入れた短冊に。残りで輪つなぎを作り、切り込みに通します。

3 星と糸をつける

折り紙に色画用紙の星をはり、輪に糸を通して結びます。

3～4歳児

三角織り姫・彦星

用意するもの

・折り紙　・糸

・ペン　・のり

・テープ

1 ペンで描く

着物の柄をイメージして折り紙の色面にペンで模様を描きます。

2 折り紙を折ってはる

折り紙をずらして三角に折り左右を重ねてはり、着物の形に。ペンで顔を描きます。

3 短冊と糸をつける

着物の後ろに折り紙の短冊をはり、糸をテープでつけます。

5歳児

貝飾りの織り姫・彦星

用意するもの

・折り紙　・色画用紙

・糸　・ペン

・はさみ　・のり

・テープ

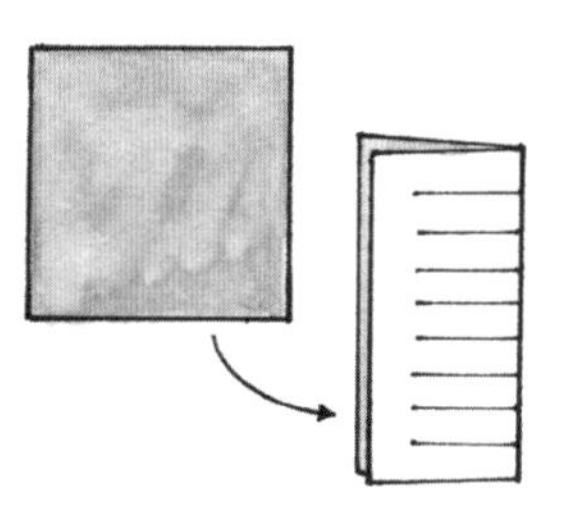

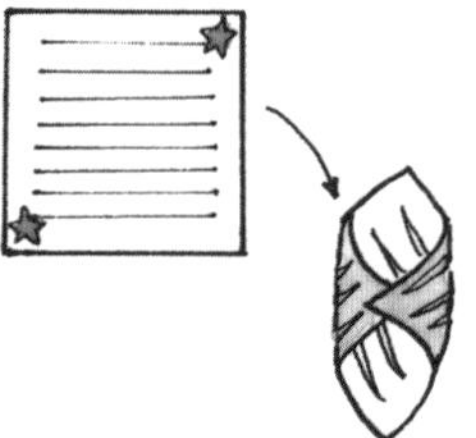

1 折り紙を切る

折り紙を二つ折りにし、はさみで切り込みを入れます。

2 折り紙をはる

折り紙を広げて白い面を内側に☆印どうしをはりあわせ、貝飾りを作ります。

3 顔と短冊をはる

貝飾りの上に色画用紙にペンで描いた顔、下に折り紙の短冊をはり、糸をテープでつけます。

立体感がユニーク！

年齢 1 2 3 4 5 歳児

いろいろな素材の虫

ねらい

1～2歳 ✣ 紙という素材に親しむ

3歳 ✣ はさみで切ることを楽しむ

4～5歳 ✣ 素材の組み合わせをくふうする

1～2歳児

にぎにぎチョウチョウ

用意するもの

- 色画用紙の羽
- お花紙、包装紙など
- 色画用紙の顔
- クレヨン
- 両面テープ

1 クレヨンで描く

保育者が切った色画用紙のチョウチョウの羽に、クレヨンで模様を描きます。

2 紙を握る

お花紙や包装紙、広告紙など柔らかい紙を握ったりねじったりして、体を作ります。

3 体と顔をはる

羽に体を両面テープではり、色画用紙の顔をつけます。

3歳児

ストローで作る虫

用意するもの

- 色画用紙
- ストロー
- クレヨン
- はさみ
- テープ

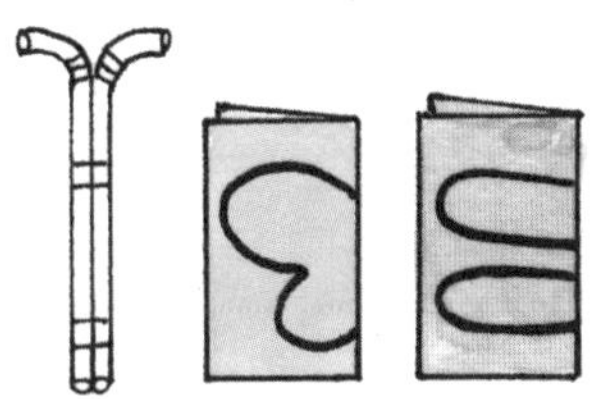

1 土台を用意する

テープでとめた２本のストロー、二つ折りにし、羽の形を描いた色画用紙を用意します。

2 色画用紙を切る

羽の線に沿って色画用紙をはさみで切り、クレヨンで模様を描きます。

3 羽と体をはる

色画用紙の羽にストローの体をテープではります。

4～5歳児

空き箱や芯で作る虫

用意するもの

- 空き箱、芯など
- 色画用紙
- ストロー
- はさみ
- のり
- ペン

1 材料を選ぶ

いろいろな種類を用意した空き箱やトイレットペーパー芯などから土台を選びます。

2 色画用紙などをはる

土台にペンで描いた色画用紙やストローで作った顔や足、羽などをはります。

3 組み合わせを楽しむ

箱や芯などの土台と色画用紙やストローで作るパーツをさまざまに組み合わせます。

行事製作

色の組み合わせを楽しむ

年齢 1 2 3 4 5 歳児

カラフルな魚

ねらい

1～2歳
✣ 素材の感触を楽しむ

3～4歳
✣ 色の重なりのおもしろさを味わう

5歳
✣ 見たてを楽しむ

1～2歳児

お花紙の魚

用意するもの

- ビニール袋
- お花紙　・画用紙の目
- ビニールテープ
- ひも　・はさみ
- テープ

1 お花紙を丸める

いろいろな色のお花紙を用意し、くしゃくしゃと丸めます。

2 お花紙を入れる

丸めたお花紙をビニール袋に入れ、テープでとめた上からビニールテープを巻きます。

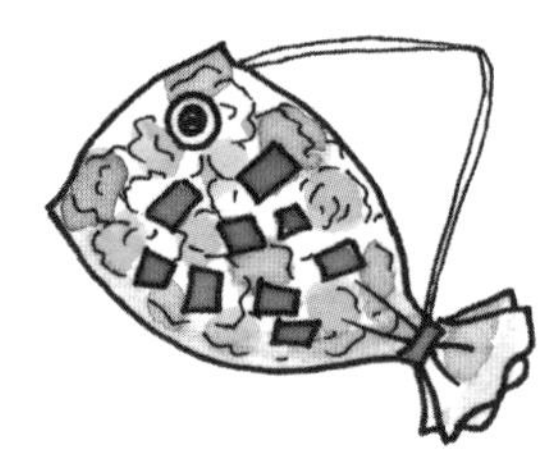

3 ビニールテープをはる

短く切っておいたビニールテープで模様をつけ、画用紙の目とひもをつけます。

3～4歳児

たらし絵の魚

用意するもの

- 画用紙　・色画用紙
- ひも　・絵の具
- 筆　・はさみ
- のり

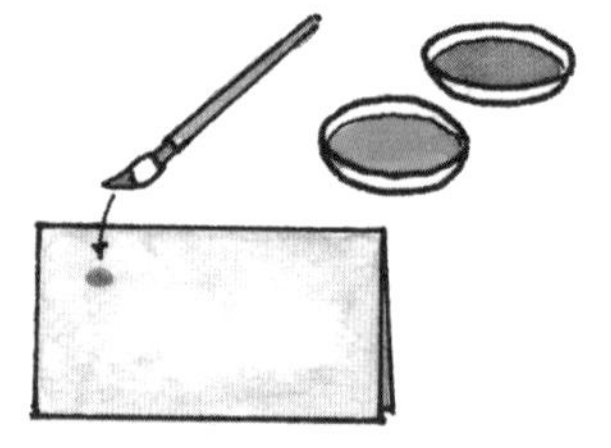

1 紙に絵の具を置く

二つ折りにした色画用紙に筆で絵の具を置きます。

2 絵の具をたらす

色画用紙を傾けて絵の具をたらします。絵の具の色をかえて何回か繰り返します。

3 目やひれをつける

角を切って魚の形を作り、画用紙や色画用紙で作った目やひれ、ひもをつけます。

5歳児

紙皿の魚

用意するもの

- 紙皿　・色画用紙
- ビニールテープ
- 絵の具　・筆
- はさみ　・のり

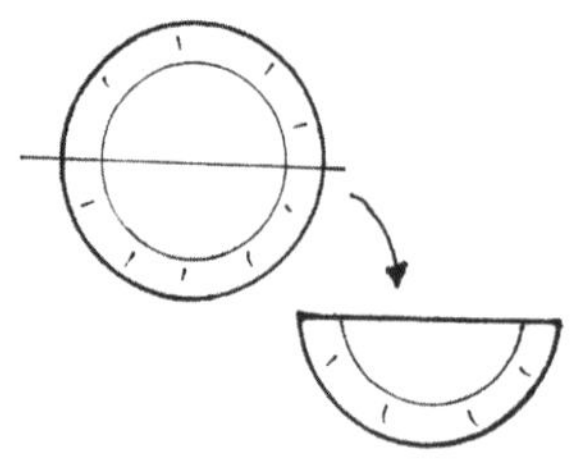

1 紙皿を切る

紙皿を半分に切ったり、口の形を切り取ったりして、魚の土台を作ります。

2 絵の具を塗る

紙皿に筆で絵の具を塗ります。

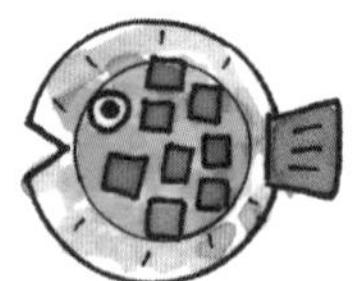

3 ビニールテープで飾る

短く切ったビニールテープで模様をつけたり、色画用紙で目やひれをつけます。

行事製作

いもほり後の造形活動に

年齢 1 2 3 4 5 歳児

絵の具で作るおいも

ねらい

1～2歳
✣ サツマイモの色や形に注目する

3歳
✣ ローラーでダイナミックに描く

4～5歳
✣ 手で描く楽しさを味わう

1～2歳児

茶封筒のおいも

用意するもの

- 茶封筒
- ティッシュ
- 色画用紙の葉
- モール
- クレヨン
- ペン
- ビニールテープ

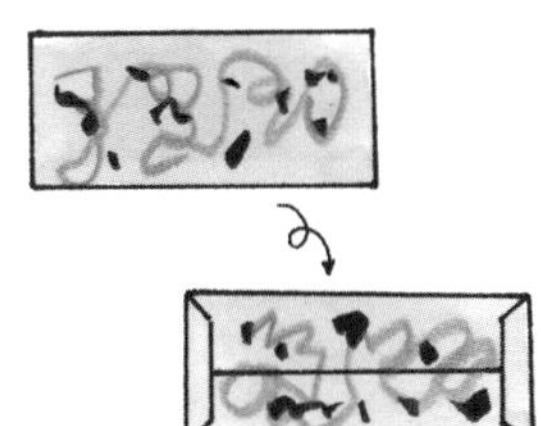

1 クレヨンとペンで描く

茶封筒の表裏にクレヨンで模様を描き、さらにペンでも描きます。

2 ティッシュを詰める

封筒に丸めたティッシュを詰めます。

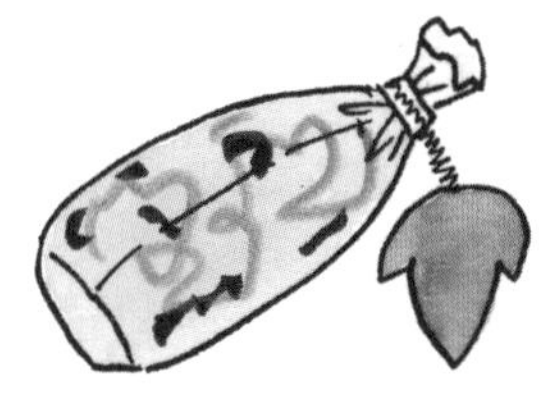

3 テープでとめる

ねじった封入口を茶のビニールテープでとめ、色画用紙の葉をつけたモールを巻きつけます。

3歳児

ローラーおいも

用意するもの

- 模造紙
- 新聞紙
- 色画用紙の葉
- モール
- ローラー
- 絵の具
- はさみ
- のり

1 ローラーで描く

グループで模造紙にローラーで描き、乾いたら６等分に切ります。

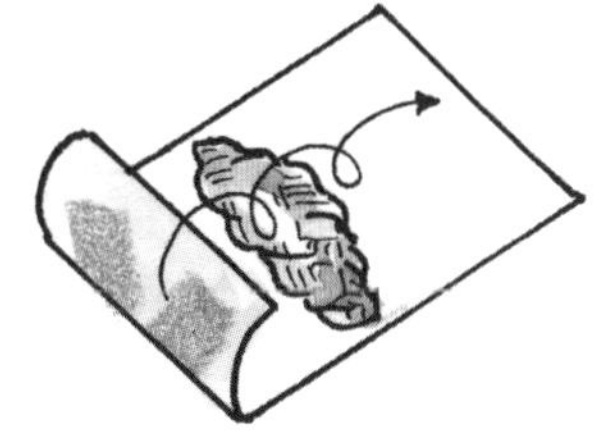

2 模造紙を巻く

模造紙の白い面に丸めた新聞紙を置き、模造紙で巻いてのりではります。

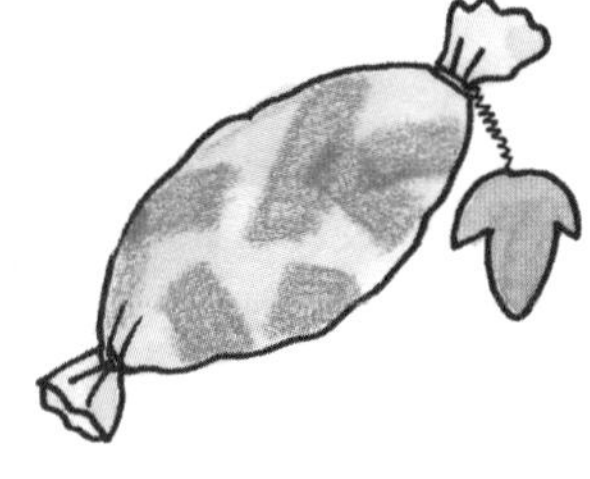

3 端をねじる

両端をねじって形作り、色画用紙の葉をつけたモールを巻きつけます。

4～5歳児

フィンガーペイントおいも

用意するもの

- 模造紙
- 新聞紙
- 色画用紙の葉
- モール
- 絵の具
- はさみ
- のり

1 フィンガーペイントをする

グループで模造紙に赤の絵の具でフィンガーペイントし、次に青の絵の具を混ぜ紫にします。

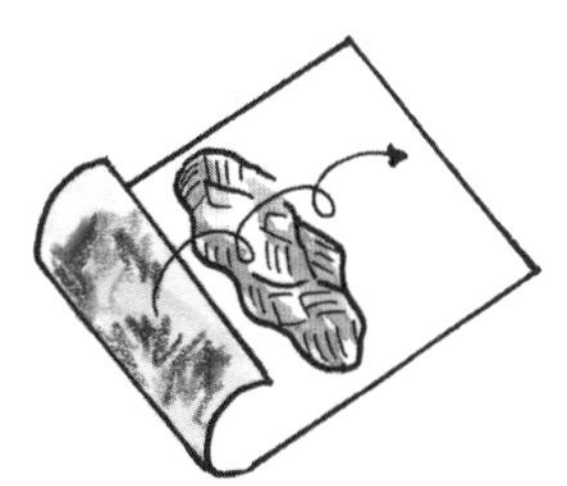

2 模造紙を巻く

乾かして６等分に切った模造紙の白い面に丸めた新聞紙を置き、模造紙で巻いてのりではります。

3 端をねじる

両端をねじって形作り、色画用紙の葉をつけたモールを巻きつけます。

行事製作

秋の実りを作ってみよう

年齢 1 2 3 4 5 歳児

おいしそうなブドウ

ねらい

1～2歳 ✣ 形をイメージしてたんぽを押す

3歳 ✣ 色や配置を意識してはる

4～5歳 ✣ 粘土の感触を味わう

1～2歳児

ポンポンブドウ

用意するもの

- 色画用紙の台紙
- 色画用紙の葉
- ペン
- 割りばし
- ボンド
- たんぽ
- スタンプ皿

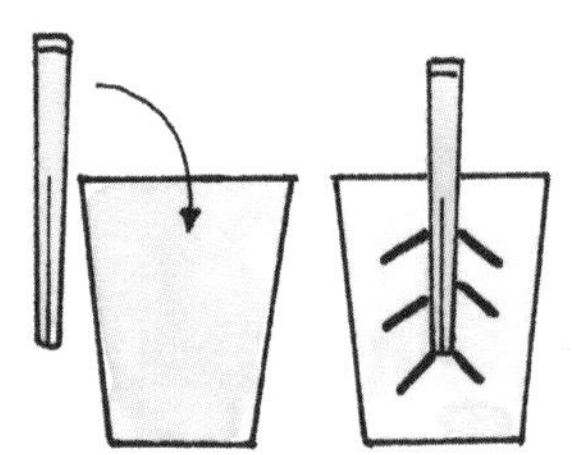

1 土台を用意する

台形に切った薄い紫色の色画用紙にボンドで割りばしをはり、ペンで軸を描いておきます。

2 たんぽを押す

軸を目安にし、ブドウの粒をイメージして色画用紙にたんぽを押します。

3 葉をつける

色画用紙の葉っぱを割りばしにボンドではります。

3歳児

ふわふわブドウ

用意するもの

- 紙コップ
- お花紙
- 色画用紙の葉
- ひも
- はさみ
- のり

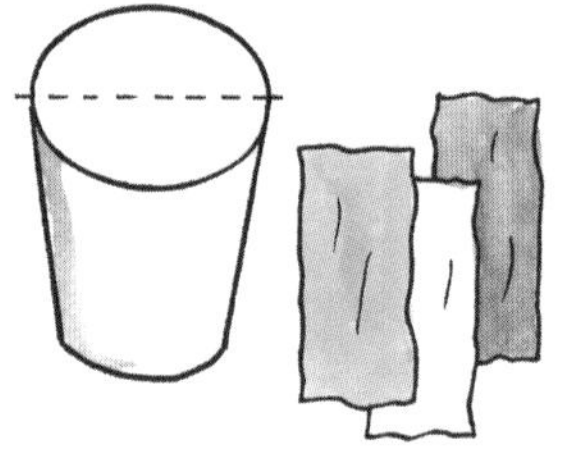

1 材料を用意する

半分に切った紙コップと子どもが丸めやすいよう半分に切ったお花紙を用意します。

2 お花紙をはる

紙コップにのりをつけ、丸めたお花紙をはっていきます。

3 葉とひもをつける

色画用紙の葉っぱをひもに通して紙コップにつけます。

4～5歳児

こねこねブドウ

用意するもの

- 紙コップ
- 紙粘土
- 色画用紙の葉
- ひも
- 絵の具
- ボンド
- はさみ
- のり

1 カラー粘土を作る

半分に切った紙コップを用意します。紙粘土に絵の具を混ぜてもみこみ、カラー粘土を作ります。

2 粘土を丸める

カラー粘土を小さく丸めて、ブドウの粒を作ります。

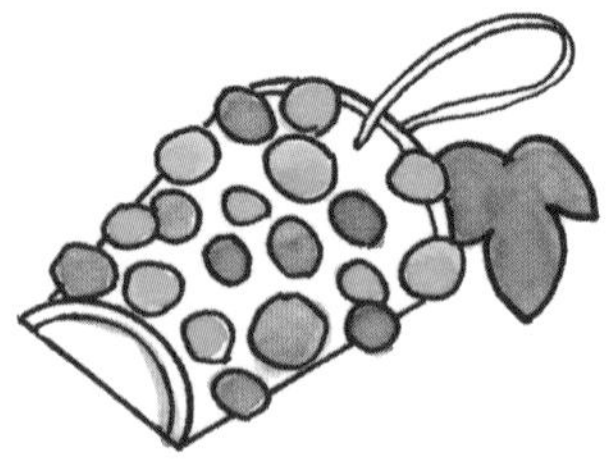

3 粘土をはる

紙コップにボンドで丸めた粘土をはり、色画用紙の葉っぱとひもをつけます。

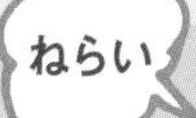

いろいろな紙で作る

年齢 1 2 3 4 5 歳児

おしゃれなミノムシ

ねらい

1歳 ✣ 絵の具の感触を味わう

2～3歳 ✣ はさみ・のりの扱いに慣れる

4～5歳 ✣ 細かい造形に集中して取り組む

1歳児

指スタンプミノムシ

用意するもの

- 折り紙　・ひも
- 色画用紙の顔
- 絵の具　・のり

1 指スタンプをする

折り紙に指でスタンプをします。何色か色をかえて押しましょう。

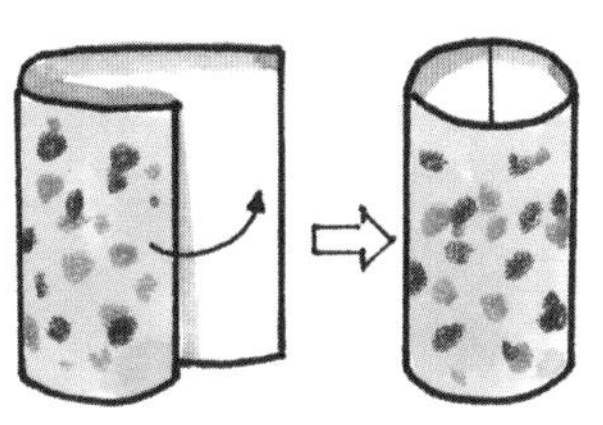

2 折り紙を筒にする

折り紙を筒状に丸めてとめます。

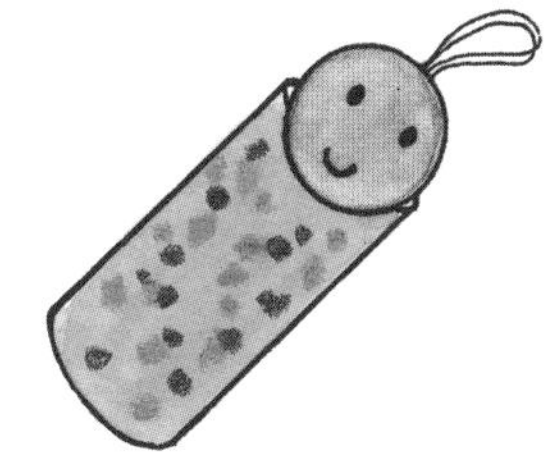

3 顔とひもをつける

色画用紙の顔をはり、ひもをつけます。

2～3歳児

ちょっきんミノムシ

用意するもの

- 折り紙、包装紙、広告紙など　・色画用紙
- ひも　・はさみ
- のり　・ペン

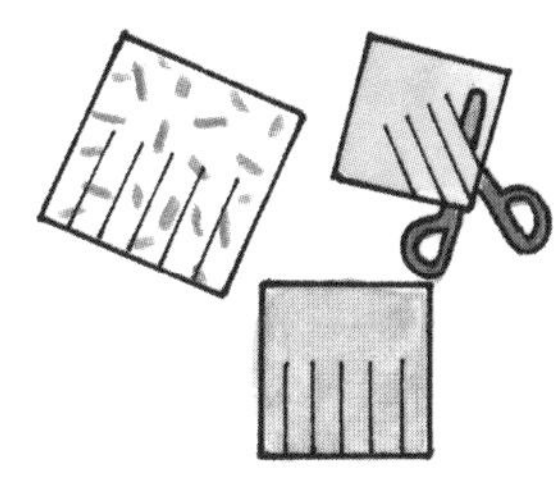

1 紙を切る

折り紙や包装紙、広告紙を大きさ違いで用意しておき、はさみで切り込みを入れます。

2 紙をはる

紙をのりではり、つなげます。切り込みを入れた紙を折ったり丸みをつけます。

3 顔とひもをつける

ペンで顔を描いた色画用紙をはり、ひもをつけます。

4～5歳児

くるりんミノムシ

用意するもの

- 包装紙、広告紙など
- 厚紙の土台
- 色画用紙　・ひも
- 鉛筆　・ペン
- テープ　・のり

1 紙を丸める

包装紙や広告紙などを細長く切った紙を用意し、鉛筆で丸めてテープでとめます。

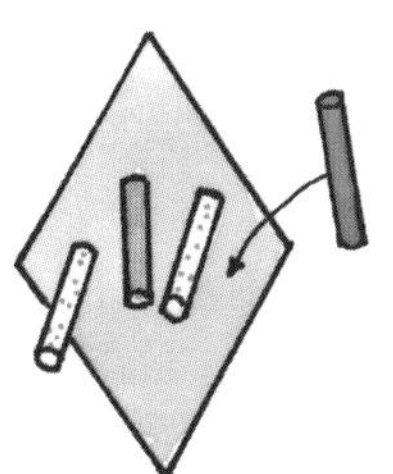

2 紙をはる

ひし形に切った厚紙の土台に、丸めた紙をのりではります。

3 顔とひもをつける

ペンで顔を描いた色画用紙をはり、ひもをつけます。

行事製作

飾りつけるのが楽しい！

クリスマスツリー

年齢 1 2 3 4 5 歳児

ねらい
1〜2歳 ✣ シールはりを楽しむ
3歳 ✣ 色を選んで装飾する
4〜5歳 ✣ 紙をていねいに折る

1〜2歳児

描画のツリー

用意するもの

- 色画用紙
- 色画用紙の星 ・厚紙
- シール ・ペン
- カッター ・のり

1 ペンで描く

緑の色画用紙にペンで模様を描きます。

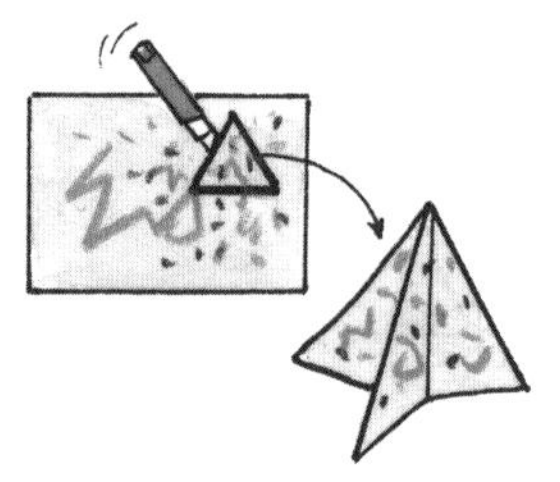

2 紙を折ってはる

保育者が三角の厚紙を色画用紙に当て３枚切り出します。谷折りし３枚を合わせてはります。

3 星とシールをはる

金や銀など光る素材のシールをはって飾り、てっぺんに色画用紙の星をはります。

3歳児

円すいツリー

用意するもの

- 色画用紙 ・折り紙
- 色画用紙の星
- 片段ボール ・ペン
- はさみ ・のり

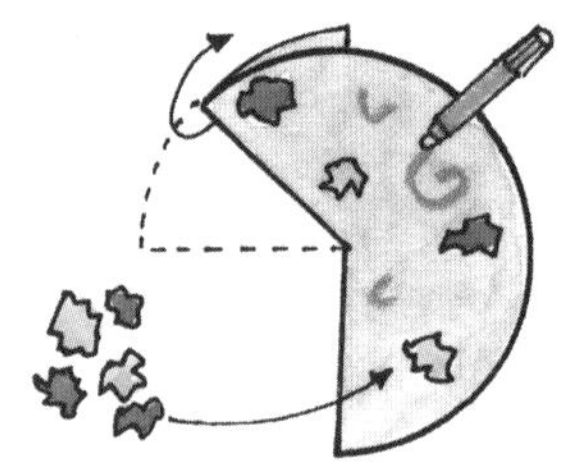

1 色画用紙を飾る

緑の色画用紙にちぎった折り紙をはったり、ペンで模様を描いたりして自由に飾ります。

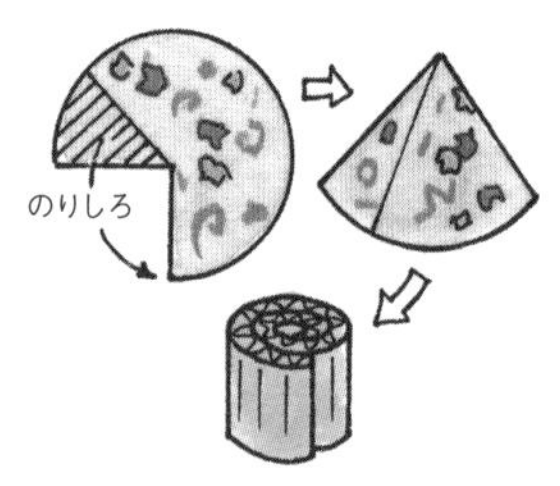

2 円すいにする

のりしろ部分を重ねてはり円すい状にし、茶の片段ボールを筒にしたものにのせます。

3 星をはる

てっぺんに色画用紙の星をはります。

4〜5歳児

ジグザグツリー

用意するもの

- 色画用紙 ・牛乳パック
- 折り紙、ミラーテープ、どんぐり、綿など
- 色画用紙の星
- はさみ ・ボンド

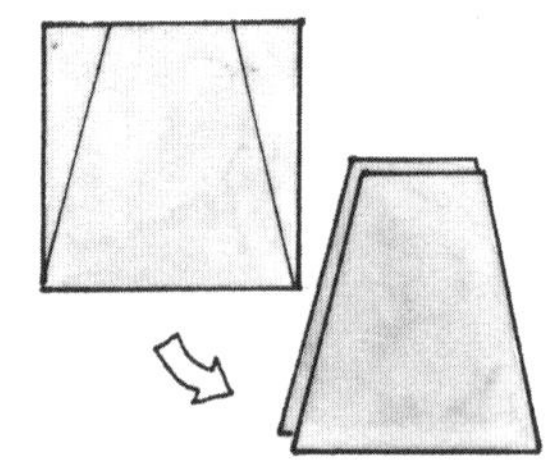

1 色画用紙を切る

線を引いた緑の色画用紙を２枚用意しておきます。線に沿ってはさみで切ります。

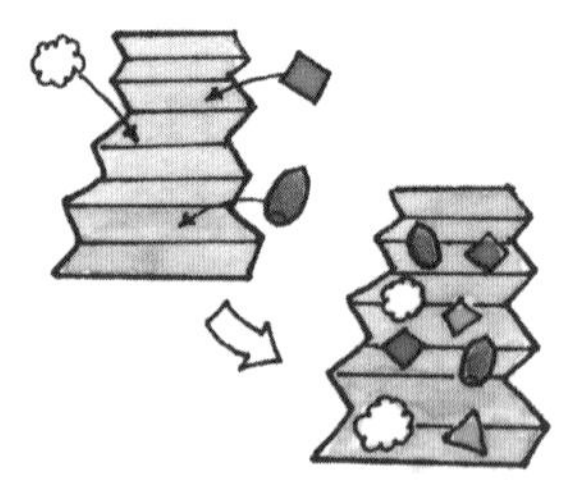

2 紙を折って飾る

色画用紙をじゃばらに折り、折り紙やミラーテープ、どんぐりや綿などをボンドではります。

3 土台にはる

折り紙をはった牛乳パックの両側から２をはり、てっぺんをはり合わせ色画用紙の星をつけます。

雪の表現を楽しもう

年齢 1 2 3 4 5 歳児

ふわふわ雪だるま

ねらい

1〜2歳 ✣ ていねいにたんぽを押す

3歳 ✣ 粘土に親しみ、飾りをくふうする

4〜5歳 ✣ 立体を形作る楽しさを味わう

1〜2歳児

型抜き雪だるま

用意するもの

- 色画用紙
- 厚紙の型
- たんぽ ・スタンプ皿
- クレヨン

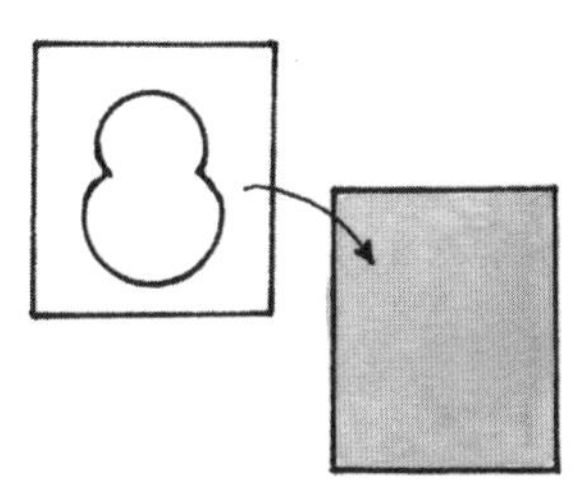

1 型を用意する

厚紙を雪だるまの形に切り抜き、型を用意しておきます。紺の色画用紙に型を重ねます。

2 たんぽを押す

型紙の上から白い絵の具でたんぽを押します。

3 クレヨンで描く

周りの雪や帽子、表情や手などをクレヨンで描きます。

3歳児

紙粘土の雪だるま

用意するもの

- 紙粘土 ・厚紙
- 包装紙など ・ビーズ
- ボンド ・へら
- クレヨン ・はさみ

1 紙粘土をこねる

紙粘土をこねて大小二つのお団子を作ります。土台の厚紙にボンドを塗っておきます。

2 紙粘土をつける

厚紙に紙粘土を押しつけてくっつけます。ビーズを埋め込んだり、へらで模様をつけます。

3 紙をはり雪を描く

包装紙などを切った帽子や手をはり、周りの雪をクレヨンで描きます。

4〜5歳児

お花紙の雪だるま

用意するもの

- 傘袋 ・お花紙
- モール ・色画用紙
- ビニールテープ
- 丸シール ・テープ

1 お花紙を詰める

短く切った傘袋に丸めた白いお花紙を詰めます。

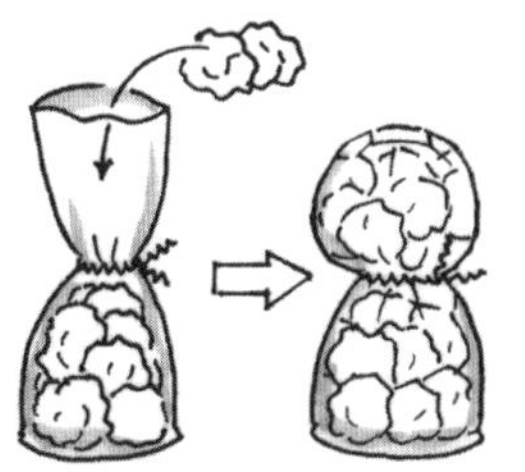

2 テープでとめる

モールをひねってとめた上からさらにお花紙を詰め、傘袋の口をまとめてテープでとめます。

3 紙をはり飾る

細長い色画用紙で輪を作り帽子と土台にします。丸シールの目やビニールテープで飾ります。

行事製作 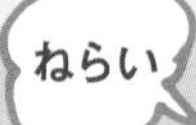

節分には欠かせない

豆入れ&鬼のお面

年齢 1 2 3 4 5 歳児

ねらい

1～2歳
✣ 造形を通じ節分の行事を楽しむ

3～4歳
✣ 鬼の特徴をとらえて作る

4～5歳
✣ 形の組み合わせを意識する

1～2歳児

鬼のパンツ豆入れ

用意するもの

・牛乳パック
・色画用紙
・色画用紙の角
・ひも　・ペン
・はさみ　・のり

1 土台を用意する

牛乳パックを切り取って土台を作っておきます。

2 ペンで描く

牛乳パックの高さに切った黄の色画用紙をに黒のペンで模様を描きます。

3 色画用紙をはる

土台に色画用紙をはり、穴を開けてひもを通します。色画用紙の角をつけ、ペンで表情を描きます。

3～4歳児

封筒のお面

用意するもの

・封筒　・色画用紙
・クレヨン
・ビニールテープ
・はさみ　・のり

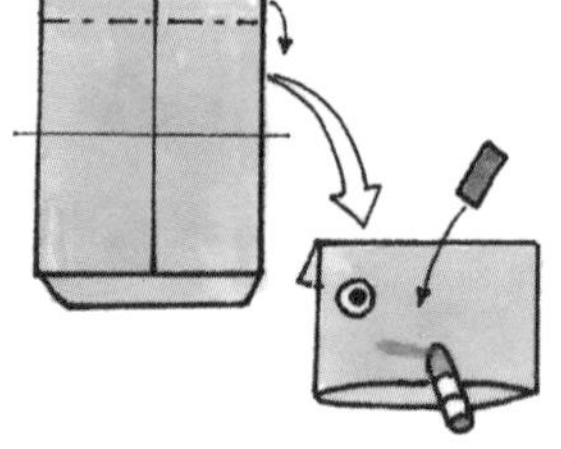

1 封筒に顔をつける

封筒の口を下にして切り、角になる部分を山折りします。色画用紙やクレヨンで顔をつけます。

2 角を立ち上げる

封筒の中に手を入れて広げ、両端をつまんで立ち上げ角を作ります。

3 テープをはる

封筒の切り口にビニールテープをはって補強します。

4～5歳児

紙皿のお面

用意するもの

・紙皿　・色画用紙
・画用紙の土台
・はさみ　・のり

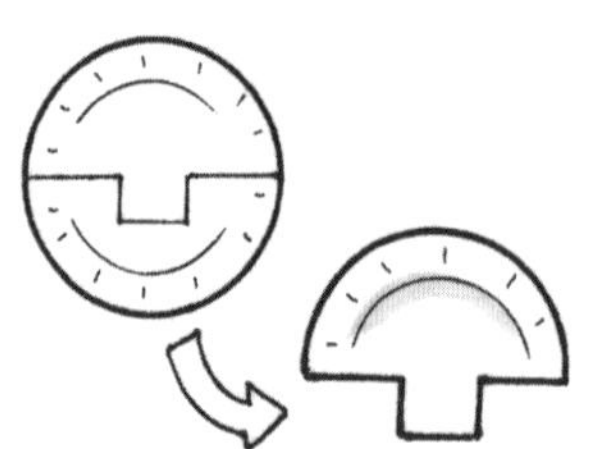

1 紙皿を切る

顔の形をイメージして、紙皿をはさみで切ります。

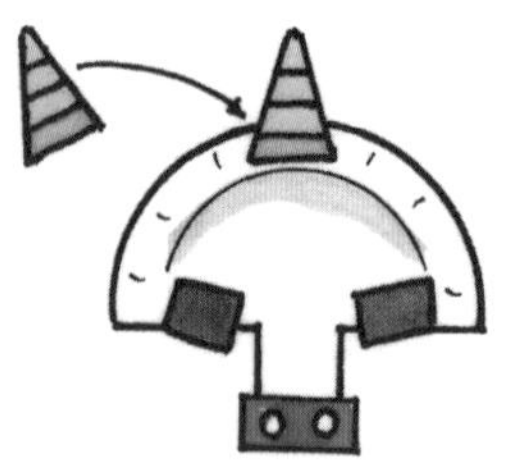

2 色画用紙をはる

色画用紙で角やまゆ毛、鼻などを作り、はります。

3 土台につける

細長い画用紙を輪にした土台に紙皿をはります。

行事製作

色選びが楽しい！

年齢 1 2 3 4 5 歳児

カラフルおひなさま

ねらい

1～2歳
✣ 色の組み合わせを意識する

3歳
✣ 指先を使い集中して取り組む

4～5歳
✣ 想像を膨らませて飾りをつける

1～2歳児

折り紙おひなさま

用意するもの

・折り紙　・ストロー
・色画用紙の顔
・ひも　・テープ
・ペン　・のり

1 ペンで描く

いろいろな色を用意した折り紙から暖色系と寒色系の折り紙を選び、ペンで模様を描きます。

2 紙をしずく形にする

折り紙を半分に折りテープで両端をとめてしずく形を作り、色画用紙の顔をはります。

3 ストローに通す

曲がるストロー２本をテープで合わせたものに折り紙を通し、ひもをつけます。

3歳児

お花紙おひなさま

用意するもの

・ペットボトル
・お花紙　・色画用紙
・ミラーテープ　・テープ
・クレヨン　・はさみ

1 お花紙を詰める

お花紙を丸めてペットボトルに詰めます。お花紙は丸めやすいよう半分に切っておきます。

2 顔をはる

クレヨンで顔を描き、えぼしや冠をはった色画用紙の顔をペットボトルにテープではります。

3 帯をつける

ミラーテープの帯をペットボトルに巻いてとめます。

4～5歳児

紙皿おひなさま

用意するもの

・紙皿　・色画用紙
・折り紙、千代紙など
・はさみ　・ペン
・のり

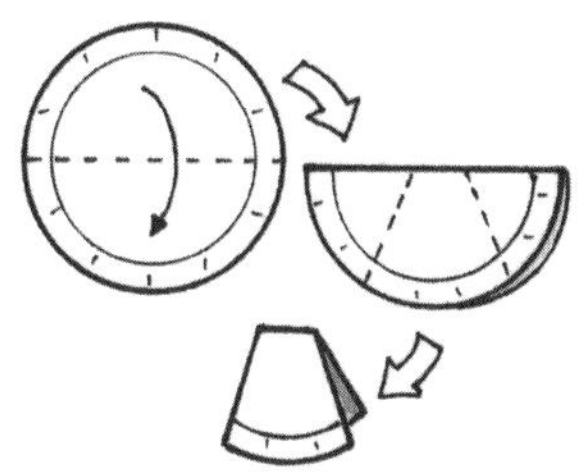

1 紙皿を切る

紙皿の物をのせる面を内側にして半分に折り、はさみで上図のように切ります。

2 飾りをつける

着物をイメージして紙皿に折り紙や千代紙をはったり、ペンで模様を描いたりします。

3 顔をはる

色画用紙にえぼしや冠をはったり、ペンで描いたりした顔をはります。

こんなときどうする？

あそびQ&A

Q 作品のできばえにこだわりすぎる

造形作品を作っていると、自分の作品がじょうずかどうかをとても気にする子がいます。作っている途中で「じょうずにできないから」とやめてしまったり、「うまくできなかったからやり直したい」と言ったりします。（4・5歳児）

A

年齢が上がるにつれできを気にするように

大きくなり社会性が育ってくると、作品にじょうず・へたがあることをだんだん意識するようになってきます。作品が人からどう見られているのか、自分自身でもほかの作品と比べてできを気にするようになるのはごく普通のことです。

完成度ばかり意識せずに作る過程を楽しめる造形活動もしてみましょう。ビー玉転がしやフィンガーペイントのような形にこだわらない作品に取り組んでみるのもおすすめです。

ひとりひとり認める褒め方を

作品のできばえを気にしている子は、ほかの子は褒められたのに自分は何も言われなかった、前は褒められたのに今回は褒められなかったなど、保育者のことばに敏感になっていることが多いもの。作品について話すときは、褒められる作品を作らないといけないと感じないよう配慮していきます。

また、子どもの作品には「じょうず」と言うのではなく「強そうでかっこいい」「きれいな色でしっかり塗れている」など、ひとりひとりの表現を具体的に認めることばをかけましょう。

第5章
室内あそび

保育者とのスキンシップを楽しんだり
みんなで体を動かして競争したり
ごっこあそびで見たてを膨らませたり…。
各年齢にぴったりのあそびが見つかります。

ふれあい：お手玉で見たてあそび

年齢 1 2 3 4 5 歳児

お手玉ちゃん、ピョン

人数 1人〜

ねらい
- 保育者とのスキンシップを図る
- お手玉の動きを楽しむ

あそび方

ことばかけ
お手玉ちゃんが、ピョンピョン跳ねるよ。
ピョンピョン、どこへ行くのかな？

お手玉ちゃんが
ピョンピョン

ピョン！

じょうずに
落とせたね

1 お手玉を動かしながら

お手玉をつまんで、「お手玉ちゃんがピョン」と言いながら、軽く跳ねさせるように動かします。

2 お手玉を頭の上にのせる

1 を何度か繰り返してあそんだ後、「ピョン」と言いながら、子ども、または保育者の頭の上にのせます。

3 お手玉を落としてキャッチ

子どもがうなずいたり、頭を動かしたりしてお手玉が落ちたら、保育者がキャッチします。保育者が自分の頭にのせたときは、頭を動かして前に落としキャッチしてみせましょう。

ポイント

・お手玉の大きさは、子どもが手で握れるぐらいの大きさにします。
・お手玉の中に鈴やツバキの実などを入れると音も楽しめます。

用意するもの

・お手玉

年齢のアレンジ

3歳なら…

お手玉を子どもの頭の上にのせて、落とさないようにバランスを取って、そーっと歩いてみましょう。線を引いた上を歩くと、さらに盛り上がります。

じょうずだね
そ――…っ

室内 あそび

ふれあい：スキンシップを楽しもう

年齢 1 2 3 4 5 歳児

おうまさんパカパカ

人数 1人～

ねらい

✤ 体の揺れを楽しむ　✤ 保育者とのスキンシップを図る

あそび方

ことばかけ

おうまさんやる？
先生のおひざの上にのって、パカパカしようね。

おうまさん、パカパカ

もう1回？

パカパカ、ドッシーン

1 子どもをひざにのせる

保育者が足を伸ばして座り、子どもをひざの上にのせます。「おうまさん、パカパカ」と言いながら、軽くひざを上下に揺らします。

2 リクエストに答えて

動きに慣れてきたら、「もう1回？」とひとさし指を出して尋ねます。子どもがまねをしてひとさし指を出してリクエストしたら、繰り返しあそびます。

3 足の間に子どもを落とす

何回か繰り返したら、「パカパカ、ドッシーン」と言って、足を開き、その間に子どもを軽く落とします。

ポイント

・入園間もない子どもとのスキンシップにぴったりです。
・ひざの揺らし方を小さくしたり、大きくしたりして楽しみましょう。

あそびにプラス

複数の子どもと

保育者の足の上に子どもを2、3人のせます。ことばをかけながら、足の間に子どもを落とします。

おうまさん、パカパカ

室内あそび

ふれあい：ハンカチ１枚であそべる

年齢▶ 1 2 3 4 5 歳児

ハンカチバナナをはいどうぞ

人数▶ 1人〜

ねらい

✣ 想像を膨らませる　✣ 保育者とのやりとりを楽しむ

あそび方

ことばかけ

ここにハンカチがあります。
このハンカチをおかあさん指にかけるよ！　よーく見ててね。

1 ハンカチに注目を集める

保育者は子どもたちに「何ができるかな？」と問いかけながら、左図①のようにハンカチをかけたひとさし指を見せます。

2 ハンカチでバナナを作る

左図②のようにハンカチの四隅を順に持ち上げ、③のようにまとめて根元を握ります。答えを考える子どもや、「バナナ！」と答える子どもが出てきます。

3 バナナであそぶ

バナナの皮をむくように四隅を下ろしながら、「はい、どうぞ」と子どもたちに向けて差し出します。子どもは「あ〜ん」と食べるまねをしたり、「おいしそう！」と喜ぶでしょう。

ポイント

・ハンカチ１枚であそべるので、ちょっとした合間の時間に楽しめます。

用意するもの

・ハンカチ

年齢のアレンジ

4歳なら…

かわいいリボンに。①②両端を4分の1ずつ折り、③裏返して4分の1ずつ内側に折ります。④ 90 度回転させ、⑤☆どうし、○どうしをつまみ引っ張ります。

室内あそび 

ふれあい：子どもがリラックスできる

年齢 1 2 3 4 5 歳児

おしゃべり人形

人数 1人～

ねらい
✣ 人形を通してふれあいを楽しむ　✣ 想像力を豊かにする

あそび方

ことばかけ
ひなちゃん、おはよ！（人形を子どもの足に近づけて）
トコトコトコトコ…ピタッ。ここはお山かな。

1 おしゃべり人形を作る

厚紙に動物や乗り物などの絵を描いて、切り取ります。足や車輪になる部分に指が入るくらいの穴を二つ開けます。

2 おしゃべり人形で話しかける

おしゃべり人形の穴を開けた部分にひとさし指と中指を差し込み、子どもの手や足の上をトコトコ歩きながら話しかけます。

第5章 室内あそび

ポイント

・入園、進級の時期にあそぶと子どもと自然にふれあえます。
・人形のイラストは子どもの好きな動物や乗り物の絵にしましょう。

用意するもの

・おしゃべり人形

年齢のアレンジ

4歳なら…

子どもがおしゃべり人形を手にはめてあそびます。おしゃべり人形をはめて子どもどうしであいさつをし合ったり、動かしたりします。

だいちゃん、
あそびましょ
おはよう！
りんちゃん

室内あそび

ふれあい：単純で楽しい

年齢 1 2 3 4 5 歳児

さぁ、どっち？

人数 1人～

ねらい
✣ 保育者とのやりとりを楽しむ　✣ 当たり外れを知る

あそび方

ことばかけ
これは何かな？（子どもの反応を待ってから）
このおはじきを手で隠して…どっちに入っているかな？

どっちかな～？
わかるかな～？

どっちに入っているると思う？
こっち！
どっちかな…？

当たり！
やった！
すごーい

1 子どもに尋ねながら

「どっちかな～？　わかるかな～？」と言いながら、合わせた両手を握り、その中におはじきなど小さいものを一つ入れて、上下に振ります。

2 片方の手におはじきを隠す

片方の手におはじきを移したら、両手を握って前に出し、どちらの手におはじきが入っているか尋ねます。

3 両手を広げて答えを明かす

子どもが答えたら、両手を広げて答えを明かします。

ポイント

・ちょっとした合間の時間に楽しくあそべます。
・集中させたいときにぴったりです。

用意するもの

・おはじき、ビー玉、ペットボトルのふたなど隠すもの

年齢のアレンジ

4歳なら…

2チームに分かれます。だれがものを隠しているか、もう一方のチームにわからないように決めて当てっこをします。

だれかな？
わかった
持っているのだーれだ？

室内あそび 

ふれあい：人形を使っておしゃべり

年齢 1 2 3 4 5 歳児

軍手うさこちゃん

人数 1人〜

ねらい
✣ 保育者とのやりとりを楽しむ　✣ イメージを膨らませる

あそび方

ことばかけ
きょうは、お友だちがあそびに来てくれたよ。
うさこちゃーんって呼んでみてくれる？

みんな、おはよう
私はうさこよ
仲よくしてね

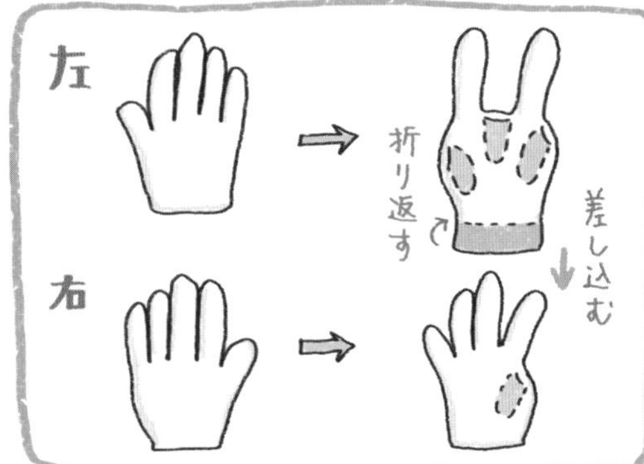

左
右
折り返す
差し込む

よろしくね
わあ！

1 軍手で人形を作る

軍手を用意し、左図のようにウサギの人形を作ります。

2 人形を使ってあいさつ

保育者が人形を手にはめて動かしながら、「私、うさこよ！　みんな仲よくしてね」などと言って、子どもたちに話しかけます。続けて、子どもたちとの会話を楽しみましょう。

ポイント

・人形を使って話すことで、子どもは興味を持ちやすくなります。
・絵本を読む前などのちょっとした時間におすすめです。

用意するもの

・軍手の人形

年齢のアレンジ

4 歳なら…

保育者が教えながら、子どもが自分で人形を作ります。完成したら、手にはめて友だちどうしであいさつなどやりとりを楽しみます。

うさこちゃーん
あそびましょ
いいよ！

室内あそび

ふれあい：ドキドキ感が楽しい

年齢 1 2 3 4 5 歳児

おせんべ食べたいな

人数 3人～

ねらい
- 保育者や友だちとのスキンシップを楽しむ
- 自分が当たるかどうかの緊張感を味わう

あそび方

ことばかけ：みんな、お手てを出してくれる？
先生が今からおせんべいを焼くからね。

1 保育者が順番に手を触る

保育者と子ども何人かで向かい合い、子どもは手のひらを下にして、両手を前に出します。「おせんべ食べたい…（な）」と言いながら、保育者は並んだ手を順に触ります。

2 当たった手を裏返す

「…な」と言ったときに、当たった子の手を裏返します。隣の手からまた同じように繰り返してあそびます。

3 両手を引っ込めたら勝ち

2回目に当たった手は、せんべいが焼けたことになり、食べるまねをして引っ込めます。1～3を繰り返し、早く両手のせんべいが焼けて引っ込められた子が勝ちです。

ポイント

・慣れてきたら「おせんべ食べたいな」のリズムを速くしたり、ゆっくりにしたりして、子どものドキドキ感を高めましょう。

年齢のアレンジ

2歳なら…

並んでうつぶせに寝転んだ子どもを、保育者がセリフを言いながら順になでます。当たった子はあおむけにして、くすぐったりします。勝ち負けはつけません。

ふれあい：みんなと同じ動きを楽しむ

年齢 1 2 3 4 5 歳児

ぐるぐるポーズ

人数 4人〜

ねらい
- 動きを楽しむ
- 友だちとのつながりを深める

あそび方

ことばかけ
メリーゴーランドは、音楽が流れると動き出すよ。
手が離れないようにしっかり握っててね。

1 輪になって回る

輪になって手をつなぎ歌いながら回ります。メリーゴーランドなので『おうま』などウマにまつわる歌にするとよいでしょう。

2 保育者がポーズを発表

歌の最後の部分にきたら、保育者が「止まる」「座る」「開く」のどれかを言います。

3 言われたポーズをとる

子どもたちは、手をつないだまま一斉にその動作を行います。

その場で止まる

その場でしゃがむ

腕と足を大きく広げる

ポイント

- ・みんなで輪になってあそぶときの導入にもぴったりです。
- ・最初に三つのポーズを何回か練習してからあそびましょう。

年齢のアレンジ

2歳なら…

小さい子は歌の流れている間、はいはいでウマになって自由に動き回ります。保育者は歌に合わせて「止まる」の合図を出します。

室内あそび

ふれあい：ことばのおもしろさを知る

年齢 1 2 3 4 5 歳児

反対ロボット参上！

人数 2人～

ねらい

✣ 反対ことばに興味を持つ　✣ 保育者とのやりとりを楽しむ

あそび方

ことばかけ

今から先生は反対ロボットに変身するよ。
「抱っこしないで」って言われたら、抱っこしちゃうからね。

抱っこしないで
くすぐらないで
私、反対ロボットです。指令と反対のことをします
コチョコチョ
ギューッと抱っこするね
なでなで
つ、疲れた…

1 子どもたちが指令を出す

ロボットになりきった保育者に、子どもたちが「抱っこしないで！」など、さまざまな指令を出します。

2 指令とは反対の動きで

保育者は、子どもたちの指令とは反対の動きをします。「抱っこしないで」→「抱っこする」、「くすぐらないで」→「くすぐる」など、反対ことばはなるべく単純なものにします。

3 エネルギー注入

保育者は、時々パワー不足のロボットになります。そのときは、子どもになでてもらうと動けるようになるといったルールを決めておきます。

ポイント

・あそびの前に反対ことばの例をあげておきましょう。
・保育者はロボットになりきって動き、声を出すと盛り上がります。

年齢のアレンジ

2歳なら…

保育者は、反対ロボットではなく普通のロボットになります。子どもたちの指令どおりに動いて、スキンシップを楽しみましょう。

手を上げて！

室内
あそび 

ふれあい：マジックも楽しむ

年齢 1 2 3 4 5 歳児

あやとりマジック

人数 2人～

ねらい
✣ あやとりに興味・関心を持つ　✣ 自分で挑戦してみようとする

あそび方

ことばかけ
これから、先生があやとりマジックをします。
どうなるかな？　見ててね。

1 片方の手首にひもを巻く

保育者が子どもの手首に右巻きにひもを1回巻きつけます。

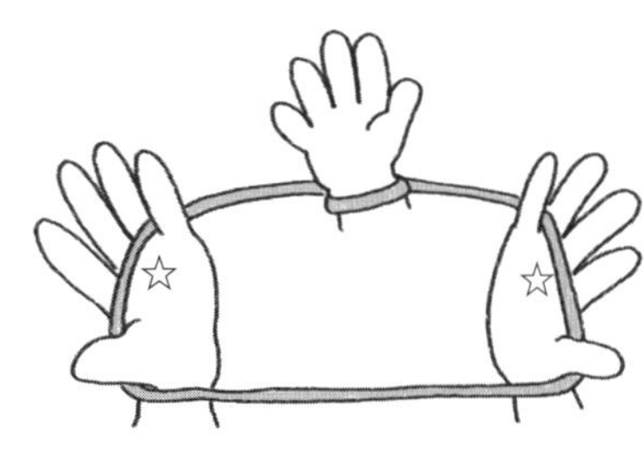

2 両手の中指で取る

右手の中指で左手の☆部分を取った後、左手の中指で右手の☆部分を取ります。

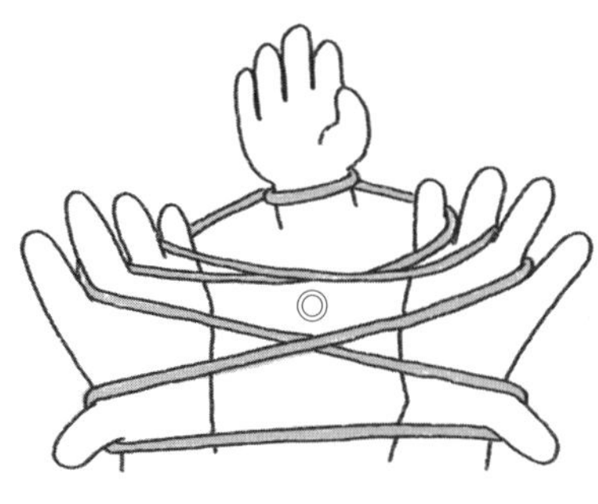

3 子どもの手にかぶせる

◎に子どもの手が入るよう、上からひもをかぶせます。

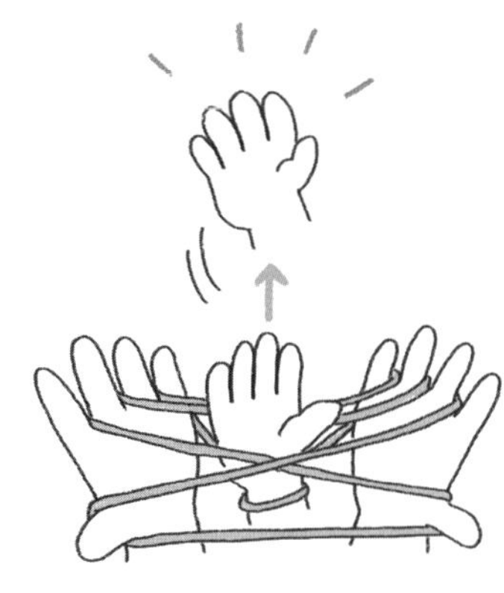

4 親指と小指のひもを外す

親指と小指のひもを全部外すと、子どもの手首からひもが外れます。慣れてきたら保育者が説明しながら、子どもと保育者が交代してやってみましょう。

ポイント

・1本のひもで手軽にあそべるので、ちょっとした合間も楽しめます。
・2回目からは、ゆっくりと説明しながらあそびましょう。

用意するもの

・ひも

年齢のアレンジ

5歳なら…

保育者にかわって、子どもどうしで行います。できるようになった子は、できない子に教えながらあそべるよう保育者が見守ります。

室内あそび

ふれあい：数に親しもう

年齢 1 2 3 4 5 歳児

人数 7人～

数え歌で当たり

ねらい
- 数に興味・関心を持つ
- ことばのおもしろさを感じる

あそび方

ことばかけ：数えるときの歌があるんだよ。最初に先生が歌うから聞いててね。

いちにの…
ぱ！
わっ当たった！

1 順番にこぶしを触る

みんなで輪になって、両手をグーにして前に出します。保育者が輪の中に入り、歌のリズムに合わせてひとさし指でみんなのこぶしを順番に触っていきます。

2 当たった子が輪の中へ

歌が終わったときに、保育者のひとさし指が当たった子が当たりです。保育者と交代して輪の中に入り、あそびを繰り返します。鬼ごっこの最初の鬼を決めるときなどに行ってもいいでしょう。

数え歌の例

- いち　にの　さんもの　しいたけ
  でっこん　ぼっこん
  ちゅうちゅう　かまぼこ
  ですこん　ぱ
- いちじく　にんじん　さんしょに
  しいたけ　ごぼう　むかご　ななくさ
  はつたけ　きゅうりに　とうがん

※地域によって歌詞が違うことがあります。

ポイント

・階段を上るときなど、保育者がいろいろな場面で数え歌を歌い、子どもたちが親しんで唱えられるようにしましょう。

年齢のアレンジ

5歳なら…

オリジナルの数え歌を考えます。①イモ ②ニンジン ③サンマ ④シマウマ ⑤ゴリラ ⑥ロケット ⑦ナスビ ⑧やかん ⑨キュウリ ⑩じゅうたんなど。

にじ
ニワトリ
2は何にする？

室内あそび 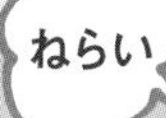

ふれあい：何が当たるかワクワク

オリジナル腕占い

年齢 1 2 3 4 5 歳児

人数 2人～

ねらい
- ことばを楽しむ
- 友だちとあそびを通じてふれあう

あそび方

ことばかけ
占いって知ってる？
みんながどんな子なのか占ってみよう。

1 どんな子がいるかな？

「○○○な子」のように占いの結果になることばをみんなで出し合い、四つ選んで頭文字をつなげます。「か」っこいい、「や」さしい、「お」もしろい、「げ」んき→「かやおげ」占いなど、始めは保育者がアドバイスします。

2 占いスタート

ふたり組になります。占う相手の手首からひじのほうに向かって両手の親指を交互に当てながら、「か・や・お・げ」と繰り返し唱えていきます。

3 結果は…？

親指がちょうど腕の曲がる所にきたら、結果を言います。「お」が当たったら、「あなたはおもしろい人です」など雰囲気を出して言うと盛り上がります。

ポイント

- お店やさんごっこや親子行事のときにもあそべます。
- 「明るい」「楽しい」「親切」などプラスイメージのことばを引き出すようにしましょう。

年齢のアレンジ

3歳なら…

占いではなく、4種類の動物の名前を唱えながら、親指を交互に当てていきましょう。ちょうどひじで当たった動物のまねをしてあそびます。

室内あそび 

ごっこ：大好きなごっこあそび

年齢 1 2 3 4 5 歳児

おばけごっこ

人数 2人～

ねらい
- 想像を膨らませる
- 追いかけられることを楽しむ

あそび方

ことばかけ
おや？　こんなところに大きな布があるよ。
ふわふわ…ひらひら…。おばけになっちゃった。

ひらひら

1 布に興味を持たせる

保育者は、ふろしきやスカーフなどの布を子どもの前でひらひらさせます。

おばけだよー
きゃあ～
わあ

2 追いかけっこスタート

ひらひらさせていたふろしきを顔にかけて、おばけになり、子どもたちを追いかけます。夢中になりすぎて友だちとぶつからないように気をつけましょう。

あっ先生だ！
もういないよ
戻ってきて

3 布から出てくる

おばけに捕まったら、その場にしゃがみます。子どものようすを見ながら、適当なタイミングでふろしきを外し、「おばけはもういないよ」と伝えます。

ポイント

- 保育者はおばけになりきって、子どもに話しかけましょう。
- あそぶ前におばけの絵本を読むと、さらに盛り上がります。

用意するもの

- ふろしき、スカーフなどの布

あそびにプラス

子どもが追いかける

何回か行うと子どもがふろしきを取りにくるので、保育者はジグザグに歩くなど動きに変化をつけながら逃げ、取られたらおばけから先生に戻ります。

逃げちゃうよ～

ごっこ：大好きな動物のまねで

年齢▶ 1 2 3 4 5 歳児

人数▶ 2人〜

まねっこ一本橋

ねらい
✣ 動物になりきることを楽しむ　✣ 体を元気よく動かす

あそび方

ことばかけ
ここに、ほそ〜い橋があるよ。落っこちないように渡れるかな？（絵本や写真を見せ）あれ？　向こうからウサギさんが来たよ。

ぴょんぴょん
落ちたら
食べちゃうよ
サメに気を
つけて

1 一本橋の用意
床にロープを置き、動かないようにガムテープで何か所かとめて、一本橋のように見たてます。

2 動物のまねをして渡る
子どもたちは絵本や写真で見た、好きな動物のまねをしながらロープを渡っていきます。

3 保育者がサメになる
一本橋から落ちた子がいたら、保育者はサメになって「食べちゃうぞー！」と言いながら追いかけます。落ちた子も捕まらずにロープに戻ることができれば、ゴールできます。

ポイント
・動物のまねにとまどっている子どもがいたら、保育者が特徴を言って導きましょう。

用意するもの
・ロープ　・ガムテープ

あそびにプラス

絵本の動物になりきる
いろいろな動物が登場する絵本を読んだ後、スタートするときに子どもがパッと開いたページの動物に変身してロープを渡ると楽しめます。

ごっこ：ワクワク楽しい１日を体験

大好き！ 遊園地

年齢 1 2 3 4 5 歳児（2・3歳児）

人数 4人〜

ねらい
✣ 友だちといっしょにごっこの世界を楽しむ
✣ 想像を膨らませる

あそび方

ことばかけ
今から電車にのって遊園地に行くよ！
着いたらすごく速いジェットコースターにのろう。

1 電車にのって遊園地へ

遊園地に向かう電車にのっているつもりで、横１列に並び、小さな揺れから、立っていられないほどの大きな揺れまでまねしましょう。

2 遊園地に到着

遊園地に着いたら、保育者は入場口の受付係になります。子どもたちはチケットを渡すまねをします。

3 絶叫マシーンにのろう

４〜６人ぐらいでグループになり、保育者が先頭になって、子どもたちは前の子の肩につかまります。ゆっくりスタートして、だんだんスピードアップ！　歓声をあげて、自由に走り回りましょう。

ポイント

・遊園地の写真を見たり、行った子に話を聞いたりして、みんなでイメージが共有できるように保育者が補足しましょう。

あそびにプラス

電車に見たてて

椅子を向かい合わせに並べて電車のシートに見たて電車ごっこであそびます。窓からの景色などを想像して楽しみましょう。

室内あそび 

ごっこ：身近な動物のまねっこ

ネコになろう

年齢 1 2 3 4 5 歳児

人数 2人～

ねらい
✣ 動物に興味・関心を持つ　✣ 動物のまねを楽しむ

あそび方

ことばかけ
今からみんなでネコになってみよう。
ネコの朝のあいさつは「おはようニャー」だよ！

ニャー
ついてきて
ニャー

気をつけて
上るニャー

次はどこへ
行くニャー
ニャー
ニャー

最後に…
ごし
ごし
きれいに
なったニャー

1 ネコになりきって散歩

保育者がリードしながら、子どもたちといっしょにネコになりきって園内を散歩します。あそびの間は、「ニャー」「ニャオン」などのネコ語で話すルールにすると楽しいです。

2 ネコの動きを思い描いて

走ったり、歩いたり、階段の上り下りをしたり…子どもたちとネコをイメージして動き回ります。最後に、保育者（親ネコ）が子どもたち（子ネコ）の全身をなでて手入れのまねをします。

ポイント

・始めは保育者がネコになりきって見本を見せます。
・あそびの中で出てきた子どもの発想やことばを取り上げて膨らませましょう。

年齢のアレンジ

4歳なら…

子どもたちとネコのポーズを考えます。毛づくろいや甘えるしぐさなど、出てきた動きを実際にみんなでやってみましょう。

毛づくろい

伏せ

甘えん坊

第5章 室内あそび

室内あそび

ごっこ：変わった動きに興味を持つ

年齢 1 2 3 4 5 歳児

人数 3人〜

ニンニン、忍者

ねらい

✣ 想像力を豊かにする　✣ 役になりきり、動きを楽しむ

あそび方

ことばかけ

みんな、忍者って知ってる？　きょうはみんな忍者になるよ。
忍者は修行をせねばならぬが、みなのもの大丈夫でござるか？

行くぞ！
石の術
触ってもビクともしませんぞ
くすぐられても動かないぞ
あれれどこかな
壁の術
土の術

1 忍者ごっこスタート

保育者がリードしながら忍者になりきった子どもたちといっしょに室内を動き回ります。

2 忍者の修行に挑戦

いろいろな忍者の修行をします。子どもといっしょに新しい術を考えるのも楽しいです。

○石の術
頭から布をかぶって石に変身します。

○土の術
寝転んだ床に似た色の布をかけて姿を消します。

○壁の術
壁際にはりついて気配を消します。

ポイント

・あらかじめ忍者の絵本を読むと、よりイメージが膨らみます。
・保育者が忍者になりきると子どももものってきて楽しいです。

用意するもの

・布

年齢のアレンジ

2歳なら…

ポーズを楽しむ合いことばあそびに。保育者が両手を上げて「山」と言ったら、子どもは斜め上から下へ腕を下ろして「川」と言います。

室内あそび

ごっこ：ひとりひとりの個性が出る

年齢 1 2 3 4 5 歳児

素敵なファッションショー

人数 4人～

ねらい
- 自分で作ったものを使ってあそぶ体験をする
- 自分なりのイメージを浮かべてなりきる

あそび方

ことばかけ
先生、今から洋服やさんを開くよ。
みんなデザイナーになって服の模様を考えてくれる？

カッコイイなぁ
切る
似合ってるよ！
次は車の絵がポイントの
たかしくんの作品です

1 洋服を好きな模様に

カラーポリ袋の袋になっている側を左図のように切って洋服を作ります。子どもたちは、油性ペンでいろいろな絵を描いたり、スズランテープを腰に巻いたりして、思い思いのデザインをします。

2 ショーのスタート

子どもたちが自分で作った洋服を着たら、ファッションショーの始まりです。モデルになりきって、順番に登場します。BGMを流したり、保育者は洋服の模様を解説をしたりして盛り上げましょう。

ポイント

・ショーの前にモデル歩きや立ちポーズの練習をすると楽しいです。
・雑誌の切り抜きなどを用意して洋服の模様の参考にしましょう。

用意するもの

・カラーポリ袋
・スズランテープ、油性ペンなど

年齢のアレンジ

3歳なら…

いろいろなシールやテープをはって模様をつけたカラーポリ袋の洋服を着て、1日過ごすだけでも楽しいです。

室内あそび

ごっこ：乗り物ごっこを楽しむ

年齢 1 2 3 **4 5** 歳児

みんなの街へ出発！

人数 3人～

ねらい
- 発想したものを作る楽しさを味わう
- 友だちとイメージを伝え合い、楽しむ

あそび方

ことばかけ：みんなで電車や車を見に行きましょう。どんな色や形かよく見てみようね。

みんな安全運転でね
火事はどこかなー
ガタンゴトン
カンカンカン
ゴミ収集車だよ
ビニールテープ
荷づくりロープ

1 街に出て観察

子どもたちと散歩のときに、電車や働く車を見に行きましょう。園に帰ってきたら、見てきたものについて子どもたちと話します。

2 園にあるもので手作り

段ボールや荷づくりロープ、ラップの芯などを使って、電車や線路、踏切ポールなどを子どもたちといっしょに作ります。本を見て、イメージを膨らませてもよいでしょう。

3 出発進行！

作った乗り物に子どもたちがのり込み、あそびのスタートです。乗り物の動きや音を思い出してみんなでまねをしましょう。

ポイント

- 実際に電車や働く車を見に行くとイメージが膨らみます。
- 保育者は、子どもが考えたイメージが形になるようにアドバイスを。

用意するもの

- 段ボール
- 荷づくりロープ
- ビニールテープなど

あそびにプラス

ロープで電車ごっこ

2、3人で1本のロープに入って電車ごっこをします。車内アナウンスや、ガタンゴトンと電車が揺れるまねを楽しみましょう。運動会の競技にもぴったりです。

室内あそび

運動：風を体いっぱい感じよう

年齢 1 2 3 4 5 歳児

シーツであそぼ

人数 2人～

ねらい
- 風を体で感じる
- 体を動かす楽しさを味わう

あそび方

ことばかけ：ほら、風がそよそよ吹いてきたよ。大きな布が揺れてきたね。

ふわふわ
みきちゃんのお魚、見つけた！

1 大きな布で風を起こす

保育者が大きな布の両端を持ち、子どもたちの上で上げ下げします。布から出てくる風に、子どもたちは大喜びです。

2 魚になってあそぶ

寝転がった子どもたちの上にふわふわと大きな布を下ろします。布を海や川に見たてて、魚になりきって潜ったり泳いだりします。

3 布から引っ張り出す

「みきちゃんのお魚、見つけた！」などと声をかけ、子どもたちを布の下から引っ張り出します。

ポイント

・子どもたちの表情をよく見ながらあそびましょう。
・怖がっている子には、声をかけて布をめくったりしてサポートしましょう。

用意するもの

・大きな布

年齢のアレンジ

2歳なら…

保育者が布の両端を重ねて持ち、下を足で押さえてトンネルのようにします。その中を子どもがくぐると、大きな魚の中に入ったような不思議な気分に。

室内あそび

運動：のびのび体を動かす

年齢 1 2 3 4 5 歳児

マットであそぼ

人数 2人～

ねらい
- 全身を使った動きで十分に体を動かす
- 開放感を味わう

あそび方

ことばかけ
マットのお山を登りに行こう！
登った後は、楽しくゴロゴロ下りてみようね。

ゴロゴロ
パンチ

1 マットでコースを作る

マットを5～6枚並べて、真ん中のマットの下に巧技台や跳び箱、または丸めたマットを敷き入れ、山のように高さを出します。

2 マットあそびスタート

マットの上をはいはいで進み、1で作った山を登ったら、てっぺんで寝転んでイモ虫のようにゴロゴロと転がり下ります。

3 最後はマットにパンチ

下まで転がったら起き上がり、保育者が持つ丸めたマットをサンドバッグに見たてて、パンチをしたらゴールです。

ポイント

・雨の日が続いて、体を動かしたいときにおすすめ。
・高くした場所には、必ず保育者がサポートできるように立ちます。

用意するもの

・マット（6～7枚）　・巧技台など

あそびにプラス

ジェットコースター気分で

1枚のマットをジェットコースターに見たてて、保育者がマットを揺らしたりして楽しみます。マットを出したときや片づけるときなど、ちょっとした合間に。

落ちないよう
気をつけて
うわー
揺れるよ

室内あそび 

運動：輪をじょうずに引きながら

年齢 1 2 3 4 5 歳児

人数 3人〜

ボールのお散歩

ねらい
- 力を調整しながら歩く
- 達成感を味わう

あそび方

ことばかけ：この輪っかの中にボールを入れて、ロープを引っ張ります。力を入れすぎるとボールが落ちちゃうよ。そっと運んでね。

作り方

二つ折りにしたものをさらに四つ折りにする → ねじる → 輪にしてスズランテープをつける

1 新聞紙で輪とボールを作る

2枚重ねた新聞紙とスズランテープを使って輪を、新聞紙1枚とビニールテープを使ってボールを作ります。それぞれ人数分用意します。

2 輪を引いてボールを運ぶ

スズランテープをつけた輪の中にボールを1個入れ、ボールが出ないように引いて歩きます。

3 カゴの中にボールを入れる

カゴのある所までボールを運んだら、その中にボールを入れます。みんなですべてのボールを運んだら、あそびは終了です。

ポイント

・ボール以外を運んでも楽しいです。
・子どもが力加減を考えながら運べるよう見守りましょう。

用意するもの

・新聞紙のボール　・カゴ
・スズランテープつきの新聞紙の輪

あそびにプラス

親子チームで対決

保育参観などに、親子でチームを組んでリレー形式の対抗戦を行いましょう。早く運べたチームの勝ちです。

室内あそび

運動：みんなで洗濯物になりきって

年齢 1 2 3 4 5 歳児

お洗濯日和！

人数 2人～

ねらい
✣ 体の揺れを楽しむ　✣ 友だちとあそぶ楽しさを体験する

あそび方

ことばかけ
きょうはお天気がいいから洗濯をしよう！
まずはロープを張って…どれどれ、この服を（子どもを）干そうか。

ほらほら、風が吹いてきたよ

洗濯物の気分だね♪

僕も！　僕も！

ユサ ユサ

1 子どもは洗濯物の役

床に固定したロープをもの干しざおに見たてて、子どもたちはうつぶせに寝転んでつかまり、洗濯物になります。

2 保育者は風の役

保育者は風になって、子どもたちの足を持ち、揺らします。足を持ち上げる高さや揺らすスピードをかえると風に揺れる洗濯物のようすが表現できます。

ポイント

・保育者は風になりきって盛り上げましょう。
・急に強く引っ張ると、肘内障を起こすこともあるので注意しましょう。

用意するもの

・ロープ

年齢のアレンジ

3歳なら…

子どもが順に足につかまり、大きな洗濯物になります。保育者は強弱をかえながら子どもを揺らし、手を離したら風に飛んだとして、順番をかえて行います。

しっかりつかまってね！
飛ばされちゃう～

室内あそび

運動：思い切り破いてスッキリ

新聞パンチ

年齢 1 2 3 4 5 歳児

人数 3人～

ねらい
- 体で紙を破り、開放感を味わう
- 思い切り体を動かすことを楽しむ

あそび方

ことばかけ
あれれ、この新聞には穴が開いているね。
この新聞目がけて、パンチしに来て！

おいでー
ツレッ

1 的になる新聞紙を用意

新聞紙の真ん中に子どもの手が入るぐらいの穴（または十字の切り込み）を開けておき、両端を保育者がふたりで持ちます。着地する側にエアーマットや布団などを置いておきます。

2 新聞紙目がけて突進

子どもは両手をグーにして、新聞紙の穴を目がけて走り、そのまま破ってエアーマットに着地します。あそび終わったら、新聞紙をビリビリに破き、まいて楽しみましょう。

第5章 室内あそび

ポイント

- 怖がる子には、新聞紙の穴を大きめに開けておきましょう。

用意するもの

- 新聞紙
- エアーマットなど

年齢のアレンジ

4歳なら…

広げた新聞紙に足が入るくらいの穴をいくつか開けて、その両端を保育者がふたりで持ちます。子どもは破かないように穴に足を入れながら歩きます。

ゆっくりね
破らないようにね

室内あそび

運動：子どもが夢中で追いかける

年齢 1 2 3 4 5 歳児

玉入れ追いかけっこ

人数 4人～

ねらい
- 動き回って開放感を味わう
- 十分に体を動かしてあそぶ

あそび方

ことばかけ
先生、玉入れに変身しちゃうよ。
たくさん入るから、いっぱい玉を持ってきてくれる？

先生のおなかに
玉を入れてみて
2か所
穴を開ける
はい、
どうぞ

1 玉入れスタート

保育者は、2か所穴を開けたポリ袋に両足を通し、広げて持ちながら逃げます。子どもたちは保育者を追いかけながら、広告紙を丸めて作った玉を袋に入れます。

2 小さい子には入れやすく

保育者は「たくさん入れてほしいよー」などと言いながら、動き回ります。小さい子には入れやすくするため、立ち止まってかがんだりして袋を大きく広げましょう。

ポイント

- おもちゃを片づけるときなどにも応用できます。
- 保育者は逃げながら盛り上げることばをかけていきましょう。

用意するもの

- ポリ袋
- 広告紙を丸めた玉

年齢のアレンジ

4歳なら…

保育者は時々ポリ袋を閉じたりして玉を入りにくくします。また、保育者が段ボールを背負って逃げる玉入れにしても楽しめます。

室内あそび

運動：体の部位をくっつけよう

年齢 1 2 3 4 5 歳児

ぺったんこ ぺったんこ

人数 3人〜

ねらい
- 体の部位に興味を持つ
- 体を動かす楽しさを味わう

あそび方

ことばかけ
先生が歌うのをやめて、「お手てとぺったんこ」って言ったらすぐ床にお手てをくっつけてね。

お手てとぺったんこ
おしりと
ぺったんこ
おでこと
耳と

1 歌に合わせて動く

保育者が手拍子などをしながらテンポのよい曲を歌っている間、子どもたちはリズムに合わせて歩いたり、走ったり、自由に動き回ります。

2 保育者が体の部位を言う

保育者は歌うのをやめて、「○○とぺったんこ」と子どもたちに言います。

3 体の部位を床にくっつける

子どもたちは、保育者が言った○○（体の部位）と床とをくっつけます。おでこや耳などいろいろな部位で楽しみましょう。

第5章 室内あそび

ポイント

・プールに入る前の準備体操のときにぴったりです。
・少し難しい部位（ひじ、手の甲など）ほど盛り上がります。

年齢のアレンジ

5歳なら…

子どもどうしでペアになってあそびます。保育者が言った体の部位どうし（足と足、おなかとおなかなど）をくっつけ合います。

足と足をぺったんこ
ピタッ

運動：いろいろな動きに挑戦

年齢 1 2 3 4 5 歳児

あるものアスレチック

人数 5人～

ねらい
- いろいろな動きを楽しむ
- アスレチックに興味を持つ

あそび方

ことばかけ
今からアスレチック場に行きます。チケットを入り口で渡すと入れるから、落とさないようにね。

ようこそ、アスレチック場へ
お願いします
スタート
ゴール
もうすぐゴールよ

1 コースを作る

保育者は園内にある巧技台、ロープ、フラフープなどいろいろな道具を使って、アスレチック場に見たてます。オリジナルのコースを考えてみましょう。

2 チケットを渡してスタート

チケットを保育者に渡して、「用意、スタート」のかけ声でスタートします。巧技台（1段）からジャンプをしたり、床に置いたロープの上を一本橋のように落ちないよう渡っていきます。

3 順番に回ってゴール

続いて、フラフープを電車のように見たて、中に入り持ったまま走ってゴールします。

ポイント

・何度もあそぶうちにできることが増えていって、運動会の種目としてもアレンジできます。

用意するもの

・チケット　・巧技台
・ロープ　・フラフープ

年齢のアレンジ

4歳なら…

巧技台、または跳び箱からジャンプをするときに、タンバリンをたたいて着地します。タンバリンは保育者がそばで持ちます。

室内あそび

運動：元気な体を育てよう

年齢 1 2 3 4 5 歳児

ボクシングごっこ

人数 2人～

ねらい
- 対象物に当てる楽しさを知る
- 体を動かすことを楽しむ

あそび方

ことばかけ
先生ね、テレビを観てたら、こんなスポーツをやってたの。（パンチする姿を見せて）みんな知ってる？

1 パンチボールを作る

丸めた新聞紙の周りにビニールテープを3重ぐらい巻きます。輪ゴムを3本つなげたものをボールの両側につければ完成です。

2 ボクシングのようにパンチ

保育者がパンチボールを持ち、それを子どもがボクシングのようにパンチしていきます。保育者が移動して、子どもが追いかけながらパンチしてもよいでしょう。

ポイント

・保育者はトレーナーになりきりましょう。
・あそぶうちに子どもは力が入りすぎる場合があるので、あそびながらルールを決めていきましょう。

用意するもの

・新聞紙パンチボール

年齢のアレンジ

2歳なら…

パンチボールの輪ゴムを片方だけにつけるとヨーヨーのようになります。ボールを弾ませてあそびましょう。

室内あそび

運動：ジャンプして楽しもう

年齢 1 2 3 4 5 歳児

リズムにのってジャンプ

人数 2人～

ねらい
- ことばに興味を持つ
- リズミカルな動きを楽しむ

あそび方

ことばかけ
『あんたがたどこさ』の歌を知ってる？
みんなで1回歌ってみましょう。

1 元気よく歌う

みんなで『あんたがたどこさ』を歌います。

2 「さ」でジャンプ

「さ」の部分で一斉にジャンプします。初めはゆっくり歌って、だんだんテンポを速くしていきましょう。

『あんたがたどこさ』わらべうた

あんたがたどこさ
ひごさ　ひごどこさ　くまもとさ
くまもとどこさ　せんばさ
せんばやまには
たぬきがおってさ
それをりょうしが
てっぽうでうってさ
にてさ　やいてさ　くってさ
それをこのはで
ちょいとかぶせ
※地域によって歌詞が違うことがあります。

ポイント

・歌をスピードアップすると盛り上がります。
・ジャンプ以外にも「座る」「2回ジャンプ」など、動きをかえてみましょう。

年齢のアレンジ

2歳なら…

歌いながらジャンプをする保育者のまねをします。子どもは、おとなが歌いながらジャンプしているのを見るだけでも楽しめます。

運動：大きな動作と音でスッキリ！

年齢 1 2 3 **4 5** 歳児

紙でっぽう

人数 1人〜

ねらい
- 紙を折って作ることを知る
- 音が出るのを楽しむ

あそび方

ことばかけ
見てて〜！（保育者がポンッと鳴らして）
ね、いい音がするね。みんなで作ってみようか？

①折りすじをつける

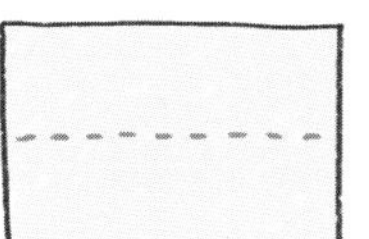

②開いて四隅を折る

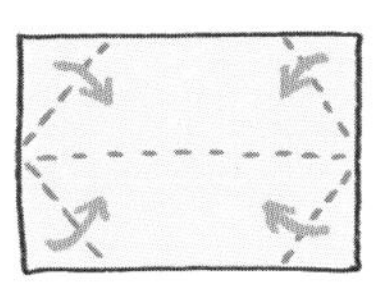

③半分に折る

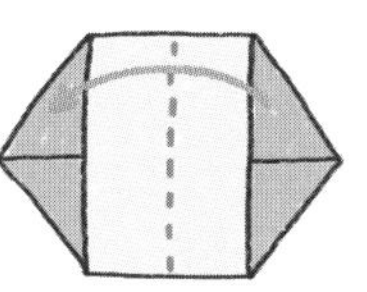

④半分に折る

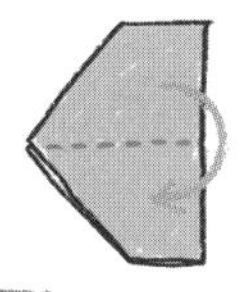

⑤袋を開いて中へ折り込む（反対側も同様に）

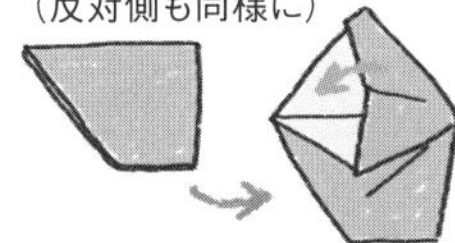

⑥半分に折る

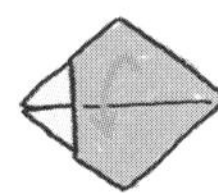

⑦☆を持って鳴らす

1 作ってみよう

新聞紙や広告紙を用意して、左図の①〜⑥の順に折り、紙でっぽうを作ります。

2 鳴らしてみよう

でき上がった紙でっぽうの☆（左図⑦参照）を手で持って、勢いよく振り下ろして、ポンッと音を鳴らしましょう。ぶつからないように注意します。

ポイント

・いい音がして、気分がスカッとさわやかになります。
・自分で作ったものであそぶ楽しさを感じられます。

用意するもの

・新聞紙、広告紙など

あそびにプラス

手作りの的を目がけて

厚手の紙に絵を描いて二つ折りにし、的を作ります。紙でっぽうの勢いでこれを倒します。的に点数をつけて、対戦しても楽しいです。

室内あそび

運動：友だちと協力し合って

年齢 1 2 3 4 5 歳児

人数 4人〜

何に見えるかな？

ねらい
✣ 想像を膨らませる　✣ 友だちとの表現を楽しむ

あそび方

ことばかけ
何に見えるかな？
（子どもが答えたら）先生と同じポーズできるかしら？

えんぴつ

小石

大きな岩

花が咲いた

波

トラクター

いも虫

1 ポーズのお題を出す

保育者と子どもたちがいっしょにポーズを考えます。始めは保育者がお題を出して、それに慣れてきたら子どもたちがお題も含めてポーズを考えます。

2 だんだんと難易度を上げて

始めはひとりでできるポーズから、だんだんと慣れていくに従ってふたり組、3人組…で表現していくものをお題にします。保育者といっしょに考えながらポーズを決めましょう。

ポイント

・お題が書かれたカードを選び、そのポーズを取っても楽しいです。
・グループ分けした後などに行うと友だちとのスキンシップが図れます。

年齢のアレンジ

3歳なら…

ポーズは考えずに、保育者が行うポーズをいっしょにまねします。お題も子どもがイメージしやすい形のものにしましょう。

東京タワー

室内あそび

運動：みんなの息を合わせて

風船バレー

年齢 1 2 3 4 5 歳児

人数 8人～

ねらい
- 友だちと協力し合う
- あそびの中で数を数える

あそび方

ことばかけ
風船を床に落とさないようにできるかな？
まずはバレーボール選手のように練習してみよう。

1 広げた布に風船を置く

4人ずつチームに分かれます。チームごとに大きな布を広げて四隅を持ち、その上に風船を置きます。

2 布を上下に動かして

みんなで布を上下に動かし、風船を上げます。長く続いたチームの勝ちです。

ポイント

・数を数えたり、保育者が率先して声をかけましょう。
・窓を開けて強い風が入ってこない日に行いましょう。

年齢のアレンジ

3歳なら…

布の上に風船を置いて運ぶ、風船リレーを行います。落とさずに運べるようになったら、風船を2、3個増やしても盛り上がります。

用意するもの

・大きな布　・風船

室内あそび 

ゲーム：みんなで同じポーズに変身

年齢 1 2 3 4 5 歳児

あしたの天気はなーに？

人数 4人〜

ねらい
- 友だちとあそぶことを楽しむ
- 天気に興味を持つ

あそび方

ことばかけ
あしたのお天気は何かな？　晴れるかな？
先生が「ジャージャーあめ」って言ったら、逃げてね。

1 手をつないで回る

みんなで手をつないで輪になり、「あしたの天気はなーに?」と言いながら回ります。

キラキラ
お日さま！

2 保育者がポーズを発表

何回か回ったら、保育者が上を指さしながら「キラキラお日さま」「もくもくくもり」「ジャージャーあめ」のどれか一つを言います。

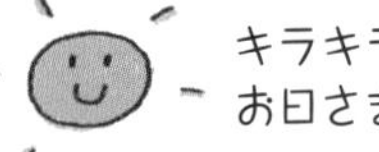
キラキラ
お日さま

両手を広げて体の横でひらひらさせます。

もくもく
くもり

コチョ
コチョ

近くにいる友だちとくすぐり合います。

ジャージャーあめ
まて
まてー

保育者が子どもたちを追いかけ、子どもたちは雨宿りできそうな場所（机など）に逃げ込みます。

3 ポーズをとる

保育者のことばに応じて、子どもたちはそれぞれのポーズを取ります。

ポイント

- あらかじめ、みんなでポーズの練習をしておきましょう。
- 天気以外に、動物などで3ポーズ考えるとあそびが広がります。

年齢のアレンジ

1歳なら…

ポーズは取らずに、子どもたちみんなが知っている歌を歌いながら、手をつないでぐるぐる回ります。

室内あそび

ゲーム：手作りボウリングを楽しむ

年齢 1 2 3 4 5 歳児

目ざそう！ ストライク

人数 4人～

ねらい
✣ ボールを転がすことを楽しむ　✣ 友だちといっしょにあそぶ

あそび方

ことばかけ
ボウリングって知ってるかな？
どうやって投げたらピンを倒せるかな？　練習してみよう。

1 ボールとピンを用意

丸めた新聞紙にビニールテープを巻いて新聞紙ボールを作ります。子どもたちが好きな絵を描いた紙を保育者が切り取り、ペットボトルにはったらピンの完成です。

2 ピンを目がけて転がす

並べたピンに向かって、子どもたちが順番に新聞紙ボールを転がします。ピンをたくさん倒せた子の勝ちです。

ポイント

・最初にピンを並べる順番を決めておきましょう。
・2L、または 350ml などペットボトルの大きさをかえても楽しいです。

用意するもの

・新聞紙ボール
・絵をはったペットボトルのピン

年齢のアレンジ

5歳なら…

チーム対抗戦に。ペットボトルのピンにいろいろな色の色水を入れます。色ごとに得点をかえ、相手チームのピンを子どもたちがくふうして並べます。

室内あそび 

ゲーム：身近な素材で作ってあそぶ

年齢 1 2 3 4 5 歳児

人数 2人～

UFO的当てゲーム

ねらい ✣ 自分の作ったものであそびを楽しむ ✣ 友だちと成功を喜ぶ

あそび方

ことばかけ 体を少し横に向けて、手を曲げてシュンッと投げてね。
うまく投げられたら、次はこの的に当てることができるかな？

コロン！
ホチキスでとめる
切る

1 UFOを作る

紙コップを二つ重ね合わせて、コップの側面を左下図のように8等分に切ります。切った二つのコップを広げて上下が逆になるよう飲み口を合わせてホチキスでとめます。

2 的に向かって投げる

牛乳パックやペットボトルなどに点数や絵を描いた的を床に置き、3mぐらい離れたところから紙コップのUFOを投げます。的に当たって倒れたら、そこに描かれた点数が得点になります。

ポイント

・周りに子どもがいないか注意して、最初に飛ばし方を練習します。
・ようすを見ながら距離を調整し、的当ての成功率を高めましょう。

用意するもの

・紙コップのUFO
・的にするもの

年齢のアレンジ

5歳なら…

友だちとUFOを投げ合います。キャッチできたら、だんだんと距離を離していきましょう。手首のスナップを利かせるとうまく飛ばせます。

ナイスキャッチ
それっ！

室内あそび

ゲーム：チームで協力し合おう

年齢 1 2 3 4 5 歳児

赤白どっち？

人数 大勢

ねらい
- 仲間で力を合わせる
- 勝敗の楽しさを味わう

あそび方

ことばかけ
見て！ このカードの表は白。裏は赤だよ。
赤チームは白いカードを見つけたら赤に裏返してね。

1 赤白チームで対戦

赤チーム、白チームに分かれます。人数分より多めの赤白の色カードを並べます。

2 相手の色カードを裏返す

相手チームの色のカードを裏返して、自分のチームの色にします。一度相手の色になったカードをめくってもかまいません。制限時間終了後に自分のチームの色カードが多いほうの勝ちです。

ポイント

・あそびに慣れてきたら制限時間を短くしていきます。
・運動会の親子競技などでも盛り上がります。

用意するもの

・白と赤を裏表にはり合わせたカード

あそびにプラス

親子対抗に

保育参観や運動会などで、親子でチームになって対抗戦を行いましょう。カードの裏表を、いろいろな色や模様の組み合わせにすると盛り上がります。

室内あそび

ゲーム：じょうずにお手紙運べるかな？

年齢 1 2 3 4 5 歳児

郵便やさんリレー

人数 8人～

ねらい
- 郵便物に興味を持つ
- 全身を大きく動かす

あそび方

ことばかけ

みんなは郵便やさんに変身！　背中にお手紙をのせるから、落とさないように、はいはいで届けられるかな？

のせるよ！
ガンバレ！
もう少しだよ
落とさないで！

1 保育者が手紙をのせる

２チームに分かれて並びます。先頭の子どもは、はいはいの姿勢になり、保育者が背中に手紙をのせたらスタートします。

2 落とさないように はいはい

次の子の所にきたら、はいはいの姿勢で待っている子の背中に手紙をのせてバトンタッチ。次の子がスタートします。先に最後の子がゴールしたチームの勝ちです。

ポイント

・あそびの前に本物の郵便物を見せてきっかけ作りをします。
・保育者が率先して応援を盛り上げましょう。

用意するもの

・バトンにする手紙

あそびにプラス

長くのせられたら勝ち

全員で『ゆうびんやさん』の歌を歌いながら、背中に手紙をのせてはいはいで動き回ります。最後まで落とさなかった子がチャンピオンです。

室内あそび

ゲーム：どんなポーズがいいかな？

年齢 1 2 3 4 5 歳児

人数 5人〜

プレゼントなぁに？

ねらい ✣ 声を出して楽しむ ✣ 想像力を養う

あそび方

ことばかけ

誕生日にはどんなプレゼントをもらいたい？
みんなでプレゼントのポーズを考えてみよう。

ケーキなら…
キラキラしたものなら…
ぬいぐるみなら…

1 ポーズを考える

全員で人形やケーキなど、ほしいプレゼントのポーズを考えます。もうすぐ誕生日を迎える子にほしいものを聞くのもいいでしょう。

2 歌に合わせて動く

保育者が先頭に立ち、左右のこめかみを触って「なぁに？　なぁに？」、両手を回して大きく開いて「開けたらなぁに？」と好きなメロディーで歌います。

キラキラしたもの！

3 コールされたポーズを取る

保育者がプレゼントを言います。子どもたちは、コールに合わせてあらかじめ決めていたポーズをします。

4 追いかけっこ開始

2 3 を何度か繰り返した後、保育者が「かいじゅう！」と言ったら、子どもたちは一斉に逃げ、保育者が追いかけます。

ポイント

・誕生会が近づいているときなどに行いましょう。
・ポーズは保育者がヒントを出しながら子どもと考えます。

あそびにプラス

捕まったら止まる

追いかけっこで保育者に捕まった子は、好きなポーズのまま動けなくなります。ただし、友だちにタッチされたら元に戻れることに。

室内あそび

ゲーム：たくさん集まるとうれしい

年齢 1 2 **3 4 5** 歳児

宝物じゃんけん

人数 大勢

ねらい
✣ 音楽に合わせて体を動かす　✣ じゃんけんを楽しむ

あそび方

ことばかけ
じゃんけんに勝ったら負けた人からおはじきをもらいます。
たくさんおはじきを集めた人の勝ちですよ。

勝った！
ちょうだいな
あーあ

1 曲に合わせて動く

ひとり3個ずつおはじきを持ちます。みんなが知っている曲を流しながら、子どもたちが自由に踊ったり動き回ったりします。

2 じゃんけんをする

保育者が曲を止めたら、近くの友だちとじゃんけんをします。

3 勝ったらおはじきをもらう

勝った子は、負けた子からおはじきをもらいます。何度か繰り返してあそび、たくさん集めた子の勝ちです。負けた子はおはじきが全部なくなったら、その場に座ります。

ポイント

・流す音楽は、みんなの知っているテンポのよい曲にしましょう。

用意するもの

・おはじき　・ラジカセ

あそびにプラス

メダルやペンダントに

じゃんけんに勝ったら、おはじきのかわりに子どもたちが作ったメダルやペンダントをもらうことに。誰が勝っているかひと目でわかるので盛り上がります。

あーん、
残念
やったー！

室内あそび

ゲーム：ドキドキ楽しい定番あそび

年齢 1 2 3 4 5 歳児

はいはいハンカチ落とし

人数 8人〜

ねらい
- クラスみんなでかかわってあそぶ
- ドキドキするあそびを楽しむ

あそび方

ことばかけ
始めは、先生がだれかの後ろにハンカチを落とすからね。ハンカチに気づいたら拾って、先生にタッチするんだよ。

1 鬼がみんなの後ろを回る

みんなで輪になって座ります。始めは保育者が鬼になってハンカチを持ちながら、みんなの後ろをはいはいして回ります。

2 ハンカチに気づいたら

鬼がだれかの後ろにそっとハンカチを落とします。ハンカチを落とされた子は、気づいたらハンカチを拾って、はいはいで鬼を追いかけます。

3 鬼を捕まえる

鬼が捕まったら、もう一度鬼をします。鬼が捕まらずに、ハンカチを落とした子の空いている席に座れたら、ハンカチを落とされた子が鬼になります。

※鬼がハンカチを落とした場所まで1周しても、ハンカチに気づかれなかったら、鬼の勝ちです。ハンカチを落とされた子が鬼になります。

ポイント

- ルールがわかるまで、保育者がていねいに説明します。
- 遠足や保育参観など、親子あそびにもぴったりです。

用意するもの

- ハンカチ

年齢のアレンジ

5歳なら…

鬼はみんなの後ろを歩いて回り、ハンカチを2枚、別々の子に落とします。3のようにふたりのうちどちらか空いている席に座れたら鬼を交代します。

室内あそび 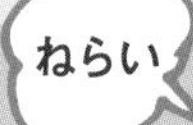

ゲーム：ビリビリ破いて発散！

年齢 1 2 3 4 5 歳児

新聞スカート鬼ごっこ

人数 5人〜

ねらい
- 思い切り体を動かす
- 友だちとのかかわりを楽しむ

あそび方

ことばかけ
新聞スカートを破られないように逃げよう。
落ちた新聞は危ないから、見つけたら先生に渡してね。

1 新聞スカートを作る

新聞紙を裂いて、腰に巻き、ガムテープでとめます。鬼以外は全員新聞スカートを身につけます。

2 鬼はスカートを破る

始めは保育者が鬼になります。鬼はみんなを追いかけて、新聞スカートをつかんで破り取ります。

3 破られた子も鬼に

新聞スカートを破られた子も鬼になり、ほかの子の新聞スカートを破りに追いかけます。鬼はどんどん増えていきます。最後まで新聞スカートを着て逃げきれた子の勝ちです。

ポイント

・ほかの保育者も逃げる役で参加しながら盛り上げましょう。
・破った新聞紙は滑りやすいので保育者に渡すようにします。

用意するもの

・新聞紙　・ガムテープ

年齢のアレンジ

2歳なら…

子どもが全員鬼になって、保育者のスカートを破ろうと追いかけます。保育者は、子どものようすを見ながら逃げ方を調整しましょう。

室内あそび

ゲーム：椅子取りゲームの要領で

年齢 1 2 3 4 5 歳児

お菓子バスケット

人数 6人〜

ねらい
- ルールをしっかり守る
- 友だちとのあそびを楽しむ

あそび方

ことばかけ：どんなお菓子があるかな？　みんなお菓子に変身するよ。先生が「お菓子」って言ったら、全員ほかの席に移動してね。

1 お菓子の役を決める

お菓子にはどんなものがあるか、子どもたちと話し合います。出てきたお菓子の中から何種類かを選び、紙に描いてお面やペンダントを作ります。全員が身につけたら、椅子を円形に並べて座ります。

2 最初は保育者が鬼役

始めは保育者が鬼役となり、中央に立って「食べたいな、食べたいな、○○○（お菓子の名前）」と言ったら、言われたお菓子役の子は立ってほかの椅子に移ります。

3 「お菓子」で全員移動

お菓子の名前をかえて何回か繰り返し、「食べたいな、食べたいな、お菓子」と言ったら、全員が移動します。座れなかった子が次の鬼になります。

ポイント

・お菓子を決めるときは、子どもたちが意見を出しやすいようなヒントを言うようにしましょう。

用意するもの

・紙で作ったお面やペンダント
・椅子

年齢のアレンジ

3歳なら…

椅子から椅子へと移動すること自体を楽しみ、座れない子が出ないように、保育者がずっと鬼の役をします。慣れてきたら座れなかった子が鬼になります。

室内あそび

ゲーム：紙コップとビー玉であそぶ

年齢 1 2 3 4 5 歳児

コロコロ紙コップ

人数 2人～

ねらい
✣ 友だちと競い合う喜びを味わう　✣ 身近なものをおもちゃにすることを楽しむ

あそび方

ことばかけ
紙コップにビー玉を入れて滑らせるとどんな動きになるかな？
紙コップがゴールにうまくストップしたら勝ちだよ。

落とさないように
気をつけて
ゴール

1 滑らせる紙コップを用意

好きな絵を描いた紙コップの中にビー玉を入れます。ビー玉の数を増やすと、紙コップの動きがより大きくなって楽しくなります。

2 ゴール目がけて押し出す

ビー玉を入れた紙コップをテーブルに何回かこすって勢いよく押し出します。ビニールテープなどでゴールを区切り、ゴールのいちばん近くまで滑った人の勝ちです。テーブルから落ちたり、倒れたりしたら失格になります。

ポイント

・保育者が紙コップの滑らせ方の見本を見せます。
・始めはテーブルではなく、床などであそぶとよいでしょう。

用意するもの

・紙コップ　・ビー玉
・ビニールテープ

年齢のアレンジ

3歳なら…

床にビニールをはって島を作ります。ビー玉を入れた紙コップを何回かこすり、中のビー玉だけを滑らせて島の中に入るかどうかであそびます。

ゲーム：テンポアップでさらに楽しく

年齢 1 2 3 4 5 歳児

うどん やかん どぼん

人数 4人〜

ねらい
- ことばのやりとりを楽しむ
- 友だちとかかわりを持ってあそぶ

あそび方

ことばかけ
まずは、かけ声を覚えましょう。
始めは、ゆっくりいくよ！

1 かけ声を覚える

「ん」がつく3文字など、保育者が出したテーマに合わせて、みんなでことばを出し合った中から三つ選んでかけ声を考えます。「うどん」「やかん」「ミカン」「メロン」など、子どもが自由に発言できるようヒントを出しましょう。

2 順番に指さして

みんなで輪になって座り、保育者が「いち(1)」と言って、子どものひとりを指さします。指をさされた子は、ほかの子を指さして「に(2)」と言います。これを１→２→３→うどん→やかん→どぼんの順に、次の子を指さしながら繰り返していきます。

3 言い間違いも楽しい

間違って言ってしまったら、みんなで指さして「ブップー！」と言いましょう。慣れたらテンポアップすると楽しいです。

ポイント

・テーマをかえて、いろいろなオリジナルのかけ声を考えましょう。
・バスなどの狭い場所でも楽しめるあそびです。

年齢のアレンジ

3歳なら…

始めは全員でかけ声を唱え、慣れてきたら、保育者→子ども全員→保育者…の順にします。だんだんテンポアップしていきましょう。

室内あそび

ゲーム：乗り物気分で競争しよう

年齢 1 2 3 4 5 歳児

キャタピラーレース

人数 8人～

ねらい
✣ 思い切り体を動かすことを楽しむ　✣ 勝敗を楽しむ

あそび方

ことばかけ
みんなは、はいはいってどうやる？　このキャタピラーは、中に入ってはいはいすると動き出す乗り物です。

1 キャタピラーを作る

同じサイズの2個の段ボール箱を開いて、ふたや底の部分を切り落とし、ガムテープでつなげて輪にします。子どもがはいはいしやすい大きさに調節しましょう。

2 チームで対抗戦

2チームに分かれて、先頭の子どもがキャタピラーにのり込んだらスタートします。

3 山を越えて

コースの中央に作ったマットの山を越え、折り返し地点で体の向きをかえて戻ってきます。スタート地点で次の人とバトンタッチをします。最後の人が早くゴールしたチームの勝ちです。

ポイント

・あそびの前にキャタピラーを丸めておくとよく回ります。
・キャタピラーに、子どもたちと模様をつけてもいいです。

用意するもの

・キャタピラー　・マット

年齢のアレンジ

3歳なら…

競争にはせずにキャタピラーで進むこと自体を楽しみます。コースにマットの山を置かず、平坦な場所を進むようにしましょう。

室内あそび

ゲーム：足元のタオル取れるかな

年齢 1 2 3 4 5 歳児

引っ張れ！ どんぐり

人数 6人～

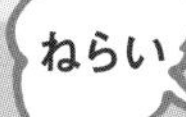

✣ 友だちとのかかわりを広げる　✣ リズミカルにあそぶ

あそび方

ことばかけ：歌い終わったら、タオルをサッと取るんだよ。サッと取る練習をしてみましょう。

1 タオルをまたぐ

どんぐりの絵をはったタオルを床に置きます。タオルをまたいで、各チームひとりずつ背中合わせに立ちます。ほかの子どもは『どんぐりころころ』を歌います。

2 タオルを引っ張る

歌の途中で保育者が合図を入れ、背中合わせに立った子どもは床に置いたタオルを素早く引っ張ります。

3 絵をはりつけにいく

タオルを取った子は、タオルからどんぐりの絵をはがして、壁にはった自分のチームの木の絵にはりつけます。子どもを交代して繰り返し、どんぐりの絵を3枚そろえたチームの勝ちです。

ポイント

・タオルにはる絵や、歌をかえてもあそべます。

・どんぐりや木の絵も子どもといっしょに作りましょう。

用意するもの

・タオル　・どんぐりの絵

・木の絵

年齢のアレンジ

3歳なら…

絵をはったタオルを離れた場所に置いておき、合図をしたら各チームの子どもが取りに行きます。絵をたくさん集めたチームの勝ちです。

室内あそび

ゲーム：道具の使い方を考える

年齢 1 2 3 4 5 歳児

ツンツン紙風船

人数 6人～

ねらい
- 勝敗を楽しむ
- 持ち方や動かし方に興味を持つ

あそび方

ことばかけ
これは何だろうね？　先生、紙で棒を作ってみました。
これでツンツンすると、紙風船はどうなるかな？

ツン ツン
ズリ ズリ
①紙を
くるくる巻く
②テープで
とめる

1 紙風船と紙の棒を作る

折り紙でなるべくたくさんの紙風船を折り（折り方は149ページを参照）、室内の中央にばらまきます。紙の棒は、広告紙などの薄い紙をぐるぐる巻いて作ります。紙風船を入れる枠をビニールテープで2か所作ります。

2 自陣に紙風船を入れる

2チームに分かれ、各自棒を1～2本持ちます。スタートしたら、散らばっている紙風船を棒でつついたり、2本使ってつまんだりしながら、自分のチームの枠の中に運びます。風船をつぶしてしまうと数には含まれないので注意しましょう。

3 数が多いチームの勝ち

制限時間（約5分間）の後、枠の中にたくさん紙風船が入っていたチームの勝ちです。

ポイント

- 紙風船や紙の棒は子どもたちといっしょに作りましょう。
- あそびの後、棒を使ったさまざまな動かし方をみんなで話しましょう。

用意するもの

- 折り紙
- 広告紙などの薄い紙
- ビニールテープ

あそびにプラス

紙風船を取り合う

棒で相手チームの紙風船をつついて自分のチームの枠に運ぶなど、互いの陣地から紙風船を取り合います。いろいろな作戦を考えましょう。

行くよ！
取らせないぞ！

室内あそび 

ゲーム：夏が近づいてきたら

年齢 1 2 3 4 5 歳児

人数 8人〜

いつでも水泳大会

ねらい
✣ 泳ぐことへの興味を持つ　✣ 友だちとのあそびを楽しむ

あそび方

ことばかけ
（床の上に寝転んで）この泳ぎ方を知ってる？
きょうは床の上で泳いでみよう。このバスタオルを使うよ。

1 泳ぐまねでリレー対決

４人ぐらいずつのチームに分かれます。バスタオルの上にのって泳ぎ、コーンを回って折り返したら、次の人にタッチします。

2 好きな泳ぎ方で

泳ぎ方は「ワニ泳ぎ」「背泳ぎ」「バタ足」など、泳ぐ子どもが自由に選べます。早く全員が泳ぎ終わったチームの勝ちです。

ポイント

・子どもたちといろいろな泳ぎを考えてみましょう。
・泳ぐイメージトレーニングにぴったりのあそびです。

用意するもの

・バスタオル　・コーン

年齢のアレンジ

3歳なら…

ひとり１枚ずつバスタオルを用意します。競争はせずに、子どもたちが好きな泳ぎ方で自由に泳ぎます。

室内あそび 

ゲーム：勝ったら成長できるあそび

スクスク育って

年齢 1 2 3 4 5 歳児

人数 大勢

ねらい

- ルールを理解してあそぶ
- 友だちと競うのを楽しむ

あそび方

ことばかけ

始めはみんな、アブアブの赤ちゃん。だからワニ歩きね。
じゃんけんに勝ったら、はいはいする子になれます。

ゴール
スキップゾーン
ピョンピョンゾーン
はいはいゾーン
アブアブゾーン

1 アブアブゾーンからスタート

子どもたちは「オギャー」と叫んでワニ歩きをします。最初はアブアブゾーンでふたり組になってじゃんけんをします。

じゃんけんポン
勝った！

2 はいはいゾーンへ

1で勝ったらはいはいゾーンに進み、じゃんけんで勝ったら次のゾーンへ。負けたら一つ前に戻ってアブアブゾーンから始めます。

じゃんけんポン！
負けたー！

3 ピョンピョンゾーンへ

2で勝ったらピョンピョンゾーンに進み、ジャンプをしながらじゃんけんをします。勝ったら次のゾーンへ、負けたら一つ前のゾーンへ。

勝った！ゴールだ
じゃんけんポン

4 スキップゾーンで勝ったらゴール

3で勝ったらスキップゾーンに進み、スキップをしながらじゃんけんをします。勝ったらゴールです。時間を決めてあそぶとよいでしょう。

ポイント

・赤ちゃんのときや小さいクラスのときは、どのようなようすだったかを話し合ってみましょう。

年齢のアレンジ

3歳なら…

じゃんけんに負けたら一つ前のゾーンに戻るのではなく、保育者にタッチしてもらえばあそびに戻れるルールに。

タッチ！

室内
あそび

ゲーム：運転気分が楽しい

のびるトレーラー

年齢 1 2 3 4 5 歳児

人数 大勢

ねらい
✣ 友だちとかかわりを持つ　✣ じゃんけんを楽しむ

あそび方

ことばかけ
じゃんけんで負けたら、
勝った人の足の間をくぐって後ろにつながるよ。

1 ハンドルをぐるぐる回して

子どもたちは保育者の歌に合わせて、両手を前に出し、ハンドルに見たてながら自由に走り回ります。

2 じゃんけんをする

歌が終わったところで、相手を見つけてじゃんけんをします。

3 負けた子はトンネルくぐり

負けた子は、勝った子の足の間のトンネルをくぐり、後ろにつきます。

4 最後は全員が1列に

～を繰り返していくと、長い列ができていきます。最後は1列になって、あそびは終了です。

ポイント

・『バスごっこ』など車にちなんだ歌にすると、ハンドルの動きがしやすくなります。

年齢のアレンジ

3歳なら…

じゃんけんをした後、足の間はくぐらずに、負けた子がつながっていきます。全員が1列につながるまで繰り返しましょう。

室内あそび 

ゲーム：勝ったらポーズがかわる

変身じゃんけん

年齢 1 2 3 **4 5** 歳児

人数 大勢

ねらい
- 変身することを楽しむ
- じゃんけんをしながらあそびの展開をする

あそび方

ことばかけ

始めは、みんなアリだよ。じゃんけんで勝ったらカマキリに変身！　カマキリはどんな感じかな？

じゃんけんポン！
カマキリ
3回目だわ
カマキリ
ゴール
やった！
ゴールよ
トリ
カマキリに
なれた！
アリ→カマキリ
ガンバレ
早くトリに
なりたいな
ウサギ
スタート

1 保育者とじゃんけんをする

全員「アリ」のまねでスタートして、保育者とじゃんけんをします。勝った子は「カマキリ」に変身し、負けた子とあいこの子は「アリ」のままで、全員1周します。

2 勝ったら変身していく

また1周して保育者とじゃんけんをするのを繰り返します。勝ったら「アリ」→「カマキリ」→「ウサギ」→「トリ」の順番に変身していき、「トリ」になったらゴールです。負けた子は勝つまで挑戦します。先にゴールした子は応援しましょう。

ポイント

- 変身するものは、最初にポーズを決めて何度か練習しておきます。
- 次に変身するポーズがわからない子には、声をかけましょう。

あそびにプラス

同じポーズどうしで

じゃんけんする相手を保育者ではなく、同じポーズの子どもどうしに。変身しながらのじゃんけんはさらに盛り上がるでしょう。

カマキリ！？
ゴール
私、カマキリ
じゃんけんしよう
スタート

室内あそび

ゲーム：風の勢いを加減しながら

紙風船リレー

年齢 1 2 3 **4 5** 歳児

人数 4人～

ねらい
- 友だちを応援したり、競争を楽しむ
- ルールのあるあそびを楽しむ

あそび方

ことばかけ：みんなでうちわをあおいでみよう。
風の強さで紙風船が動くよ。やってみようか？

ガンバレ

いけいけ

おっとっと

やったー！
入ったよ

1 紙風船を折る

下図の順に紙風船を折ります。

2 うちわであおいで紙風船を運ぶ

2チームに分かれます。各チームの先頭の子はうちわであおいで、紙風船をビニールテープで囲った枠の中まで運びます。

3 枠に入れたら次の子へ

紙風船を枠の中に入れたら、急いで戻り、うちわを次の子に渡してバトンタッチします。ただし、ほかの紙風船が枠外に出てしまったら、すべて入れるまで戻れません。早く全員運び終わったチームの勝ちです。

紙風船の折り方

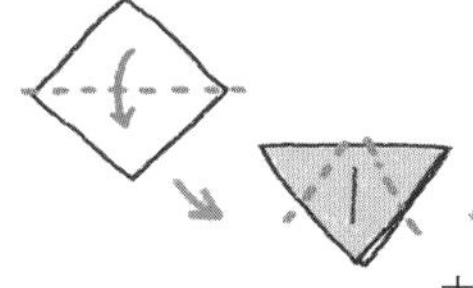

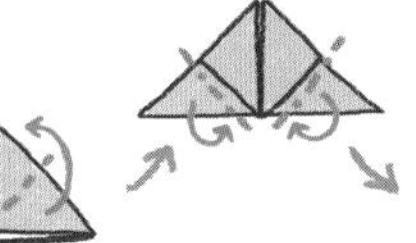

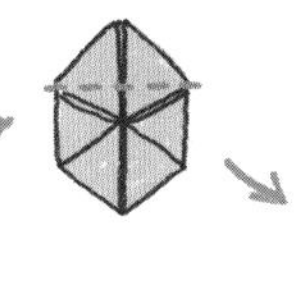

大きいポケットに手を入れて倒す

これ以降反対側も同様に折る

袋の中に折り込む

膨らませる

-・-・- 山折り
- - - - 谷折り

ポイント

・子どもたちといっしょに紙風船を作ることからあそびへの期待感を持たせましょう。

用意するもの

・折り紙　・うちわ
・ビニールテープ

あそびにプラス

散歩気分を楽しむ

ゲームを始める前に、ひとり1点ずつうちわと紙風船を渡して、自由に散歩を楽しみます。紙風船に表情を描くとペット気分が味わえます。

こっちだよ
パタ
パタ

室内あそび

ゲーム：友だちと楽しむことばあそび

年齢 1 2 3 4 5 歳児

文字はいくつ？

人数 大勢

ねらい
- 数に興味を持つ
- 動物のまねをして友だちとあそぶ

あそび方

ことばかけ
「ライオン」って言ったら、ラ・イ・オ・ン（指を４本出して）で４人で集まってね。集まったらライオンに変身するよ！

1 動物名を発表

保育者が動物の名前を言います。ゆっくり言うと、考えやすいでしょう。

ゾウ→2文字
パンダ→3文字
ライオン→4文字
フラミンゴ→5文字　など

2 文字数と同じ人数で集まる

子どもたちは、動物の名前の文字数と同じ人数で集まります（ライオンの場合、４文字なので４人）。慣れないうちは、保育者が人数を言ってもよいでしょう。

3 動物のまねをする

人数が集まったら、グループ全員でその動物のまねをします。人数が合わないときは、保育者が入って調整しましょう。いろいろな動物で繰り返しあそぶと楽しいです。

ポイント

・あそぶ前に動物の名前の文字数を子どもと確認します。
・チーターなど、伸ばす文字の数え方を子どもといっしょに考えてみましょう。

年齢のアレンジ

2歳なら…

保育者が動物の名前を言ったら、その動物のまねを楽しみましょう。動物の絵本や写真を見ながらあそんでも楽しいです。

ゲーム：結ぶことを楽しみながら

手ぬぐい回し

年齢 1 2 3 4 5 歳児

人数 10人～

ねらい
- 結ぶことを経験する
- 友だちとあそぶ楽しさを実感する

あそび方

ことばかけ
手ぬぐいをこうやって腰に巻いて結んでね。
その後、1回手をたたいたら手ぬぐいを隣の人へ渡してね。

1 スタート準備

みんなで輪になって、2本の手ぬぐいがそれぞれ対角線上に位置するように持ちます。

2 結んでほどき、隣の子へ

保育者が「ヨーイ、ドン！」と合図を出します。手ぬぐいを持っている子はその手ぬぐいを腰に結んで、手を1回たたき、腰から手ぬぐいをほどいたら、左の子に渡します。

3 2本重なったら負け

2を繰り返し、手ぬぐいを回していくと、手ぬぐいを持っている子どうしの間隔が縮んでいきます。2本の手ぬぐいが重なってしまった子の負けです。

ポイント

・結びやすい日本手ぬぐいを使うとよいでしょう。
・あそぶ前に手ぬぐいを結ぶ練習をしておきましょう。

用意するもの

・手ぬぐい（2本）

年齢のアレンジ

4歳なら…

歌いながら、1本の手ぬぐいを2のように回していき、歌の最後に手ぬぐいを持っていた子の負けです。手ぬぐいを結ぶ練習にもぴったりです。

室内あそび

クイズ：素早い動きにみんな注目

何が飛んだかな？

年齢 ▶ 1 2 3 4 5 歳児

人数 ▶ 4人〜

ねらい
✣ 友だちとことばを出し合う　✣ 当てる喜びを味わう

あそび方

ことばかけ
今から先生がテーブルとテーブルの間にピュンッて飛ばすよ。
よーく見て、何が飛んだか当ててみてね。

いくよ、
ヒューン
いいよ！

何かな？

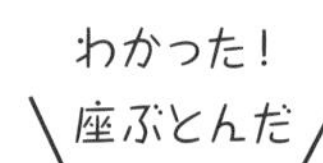
わかった！
座ぶとんだ

1 テーブルで目隠し

3〜5mくらい離してテーブルを二つ立てて、ふたりの保育者がそれぞれテーブルの裏側に入ります。

2 飛んだの何かな？

保育者のひとりが園内にあるいろいろなものを投げて、もう一方の保育者がそれをキャッチします。投げるスピードを変えたり、音が出るものを投げたり、くふうしましょう。

3 答えを当てよう！

子どもたちは、保育者が投げたものを見て答えます。

ポイント

・「超スピード！」と言って、何も投げずに投げたふりだけすると盛り上がります。
・飛ばしても安全なものを選びます。

用意するもの

・飛ばすもの　・テーブル

あそびにプラス

誕生会の出し物に

誕生児が問題を出す側になります。その子が好きなもの（それに関係のあるもの）を保育者が投げ、ほかの子どもが答えます。

ソレッ
みかちゃんが好きなもの…

クイズ：すぐに楽しめる指あそび

年齢 1 2 3 4 5 歳児

お兄さん指ど～れ？

人数 1人～

ねらい
✣ スキンシップを深める　✣ 答えを当てる楽しさを味わう

あそび方

ことばかけ
みんな、手を見て！　いちばん背の高い指はどれかな？
そう、中指。お兄さん指だね。その指がどれか当ててみて。

1 中指を隠す

保育者は右手の中指がどれかわからないよう、指先が少し見えるぐらいの所で、左手の手のひらで包み隠します。

2 中指を当てる

保育者は右手が隠せたら、「お兄さん指ど～れ?」と言って、子どもたちに中指だと思う指を１本、指先でつまんでもらいます。

3 答えを発表！

保育者はそのまま左手を外して、右手を開きます。当たっていたら「当たり～！」、外れていたら「ハズレ～！」。答える子をかえていきましょう。

ポイント

・少し時間が空いたときなど、すぐにあそべます。
・子どもたちのようすを見ながら、指先を多めに見せたりして調整します。

あそびにプラス

バスレクにもぴったり

遠足などに向かうバスの中であそんでも楽しいです。子どもどうしで隣の子と当てっこしましょう。

室内あそび 

クイズ：勝ち負けを予想して楽しむ

年齢 1 2 3 4 5 歳児

袋でじゃんけんポン

人数 4人〜

ねらい
✣ 保育者や友だちとのやりとりを楽しむ ✣ 勝敗を楽しむ

あそび方

ことばかけ

手にこの紙袋をかぶせてじゃんけんするよ。何を出したか見えないね。よく考えて勝ったと思う先生のほうに行ってね。

1 袋の中でじゃんけん

保育者ふたりは、手に紙袋をはめてじゃんけんをします。

2 勝ちだと思うほうへ移動

子どもたちは、保育者が袋の中で何を出しているか考えます。そして、勝っていると思う保育者のほうに集まります。

3 勝ち負けどっち？

子どもたちが分かれたら、保育者ふたりは袋を取って、じゃんけんの勝敗を発表します。あいこの場合はもう1回やり直しましょう。

ポイント

・紙袋の上から子どもに手を触らせても楽しめます。
・勝敗がついても、あいこでも盛り上がります。

用意するもの

・手が入る大きさの紙袋

年齢のアレンジ

5歳なら…

保育者どうしではなく、子どもどうしでじゃんけん勝負をします。後から袋の中で出したものをかえないように声をかけましょう。

クイズ：音の世界が広がる

何の音かな？

年齢▶ 1 2 3 4 5 歳児

人数▶ 3人～

ねらい
- 探究心を育てる
- 音に興味・関心を持つ

あそび方

ことばかけ：みんな、目をつむってくれる？　何の音かな？
まだまだいろいろな音があるよ。探してみよう。

1 音を探そう

保育者は子どもたちといっしょに、音の出そうなものを探しに行きます。

2 音を出してみる

保育者が集めたものを使って音を出します。たたく、破る、こする、揺らす、落とすなどしてみましょう。

3 何の音か当ててみる

子どもたちが何の音か答えます。目を閉じて聞いてみると、違った印象になっておもしろいです。

ポイント

- 発表会などの合奏あそびを始める前にぴったりです。
- グループに分かれて音探しに行くのも楽しいでしょう。

年齢のアレンジ

2歳なら…

積み木やペットボトルなど音が出るものをいろいろ用意します。歌を歌いながら、みんなで鳴らして楽しみましょう。

室内あそび

クイズ：どの子かわかるかな？

年齢 1 2 3 4 5 歳児

友だち紹介クイズ

人数 6人〜

ねらい
✣ 友だちへの親しみを深める　✣ みんなの前に出て話す経験をする

あそび方

ことばかけ
これから紹介してくれるのはだれのことかな？
走るのが速いんだって、だれだろうね。

雪組のどのお友だちのことかな？
女の子です
髪が長いです
走るのが速いです
僕、わかったよ！
私のこと？
たみちゃん！

1 紹介する子を決める

子どもたちは３〜４人のグループに分かれます。各グループでクラスのどの子を紹介するかないしょ話で決めます。決まったら、発表するグループの順番を決めます。

2 友だちの特徴を話す

最初のグループが前に出て 1 で決めた子の特徴を、順番に言っていきます。ほかの子たちはクラスのだれのことを言っているか当てます。当たったら、次のグループに交代します。

ポイント

・誕生会で誕生児を紹介するときにもぴったりです。
・難しいときは特徴を言いやすいように保育者がアドバイスします。

年齢のアレンジ

2歳なら…

人物ではなく、いろいろな動物にして、何の動物のことを言っているかみんなで当てます。鳴き声や動作をまねすると楽しいでしょう。

何の動物でしょう？
ニワトリッ

室内あそび 

クイズ：ことばを楽しむ

年齢 1 2 3 4 5 歳児

せーの！で言おう

人数 6人～

ねらい
✣ 文字に興味・関心を持つ　✣ 大きな声を出して楽しむ

あそび方

ことばかけ
なんて言っているか、わかるかな？
よーく聞いていないと、わからないよ。

1 ことばカードを引く

子どもたちは、3人のグループに分かれます。最初のグループが三つのことばが書かれた「ことばカード」を引きます。

2 何を言うか決める

カードを引いたグループの子たちは、カードに書かれていることばのうち、だれがどのことばを言うか決めます。

3 一斉に叫ぶ

「せーの！」で一斉にそれぞれが決めたことばを叫びます。ほかのグループは、何と言っているかを当てます。

ポイント

・始めは同じことばを言って練習しましょう。
・文字が読めない子には保育者がサポートしましょう。

年齢のアレンジ

3歳なら…

ふたり一組になって、「せーの！」でそれぞれが異なる2文字のことばを叫びます。叫ぶことばは、保育者が決めましょう。

用意するもの

・ことばカード

こんなときどうする?

あそび Q&A

Q 興味が目移りしてあそびが長続きしない

きょうはこのあそびをしようと考えてあそび始めるのですが、途中で飽きてしまって長続きしません。結局、バラバラに違うあそびを始めてしまいます。どうしたら子どもが最後まで楽しくあそべるようになるのでしょうか。(3歳児)

A

興味が移るのは成長段階の一つ

子どもの成長段階の一つとして、次々に興味が目移りする時期、あちこちが気になってしかたがない時期もあります。そういう時期に、保育者がこの時間まではこのあそびと計画していてもそのとおりにいかないことは多いもの。子どもの発達、クラスの集団あそびの段階に応じて、どういうあそびが向いているのか、どのぐらいの時間なら興味が続きそうか考えてみましょう。

次の活動に備えて準備を

興味が続かないときも含めて、ひとつの活動が終わったら次に何をするかはいつも考えておいたほうがよいでしょう。子どもが別のあそびを始めたらそのまま続けるのか、それとも別の行動に切りかえるのか見通しを立てておきます。

ひとつのあそびでじっくり長続きする子もいれば、すぐに飽きて違うことをやりたがる子もいます。あそび終わるのも一斉にではなく順番に終わるかもしれません。次に備えて、場所やものの準備やほかの保育者と連携を取っておくことも必要です。

理由を考えて次につなげよう

あそびが長続きしなかった場合には、その理由を考えて次につなげることも大切です。あそびのルールが複雑すぎて難しかったのか、同じようなあそびが続いていて新鮮味がなかったのかなど、理由を探って次回のあそびをくふうしてみましょう。

いつも特定の子がやめてしまうようなら、なぜその子が楽しめなかったのかに注目を。その子が苦手なあそびが続いていないか、その子のようすや友だち関係に変化がないかを見守りましょう。

Q 初めてのあそびにしりごみする

泥んこあそびや水あそびなど、今までにあまり経験のないあそびをいやがる子がいます。手が汚れてしまったり、ぬれてしまったりするのが苦手なようです。新しいことにもチャレンジしてほしいのですが…。（3歳児）

A

未経験のことへのアプローチも多様

今までにやったことのないあそびに対してのアプローチも子どものタイプによってさまざまです。とりあえず何でもやってみようとするタイプの子もいれば、ほかの子があそんでいるのを見てからにしたい慎重派もいます。

初めからみんなで一斉にやってみようとせずに、子どものようすを長い目で見守りましょう。本人がおもしろそうだからやってみたいと思えるように楽しさを伝えていきましょう。

徐々に慣れるよう段階を踏む

泥んこにふれるのが苦手なら素手ではなくスコップを使う、のりが手につくのが気になるならすぐにふけるようぬれタオルを置いておくなど、取り組みやすいよう道具や環境面の配慮をすることも大切です。

汚れを気にすること自体は否定せずに、汚れが気になったらいつでもふける安心感を持てるようにしましょう。汚れるのがいやだったけれど、あそんでみたら楽しかったという経験を積み重ねていくと、だんだん慣れてきて汚れても気にならなくなっていきます。

また、水あそびならば、ほかの子があそぶのを見ている→洋服のままたらいで水あそび→ぬれたらパンツ１枚に→プールに入らず水着にだけ着替えるというように段階を踏んでいくと、あそびに取り組みやすくなります。

こんなときどうする?
あそび Q&A

Q あそびが広がらず いつも同じ展開に

子どもたちにあそびを通して、いろいろな思いを経験してほしいと願っていますが、あそびが広がらずゲームやごっこあそびなど、いつも同じような展開になってしまいます。どうしたらもっと発想が膨らみ、あそびが広がるのでしょうか。(3〜5歳児)

A

保育者の思いと違う展開でもOK

保育者としては、友だちと協力する経験をしてほしい、ゲームを通して競争心を育てたいなど、いろいろなねらいを持ってあそびを考えていると思います。特定の子がいつも同じ役割をしている、ごっこあそびばかりだと常に同じような展開に見え、あそびが子どもの発達につながっているのか不安に感じることもあるかもしれません。

子どもは同じあそびを繰り返すことで安心感を得ている場合があります。保育者がこうなってほしいと思い描いている展開とは違っていても、そのときそのときで子どもが楽しんでいるかどうかが大切です。子どもが楽しめているうえで、保育者が仲立ちをしてあそびが広がるきっかけを作ってみましょう。

きっかけは保育者が手助けを

いつも同じ子が同じ役になっている場合には、「きょうは交代してみようか」と保育者が間に立って調整を。違う役になることで新しい楽しみを見つけられたり、相手の立場に立てたりします。あそび全体に目を配り、それぞれの子がいろいろなシチュエーションを体験できるよう配慮しましょう。

また、あそんでいるときの子どもの発見やイメージに目を配り、ほかの子と共有できるようにしてみましょう。子どもの発言を取り上げてみんなに伝えたり、子どもが始めたユニークな見たてを保育者自身も演じてみたりすると、新しい楽しみ方や子どもの発想が広がるヒントになります。

第6章
手あそび歌あそび

♪

音楽に合わせ手や体を動かして
楽しめる手あそび・歌あそび。
小さい子から楽しめるのも魅力です。
おなじみの歌から英語の歌まで盛りだくさん！

保育者と：コチョコチョが楽しい

いっぽんばしコチョコチョ

年齢 1 2 3 4 5 歳児

人数 1人〜

ポイント ✣ 子どもとのスキンシップを楽しめます。 ✣ 2歳児にはわざとタイミングを外してくすぐってみましょう。

あそび方

ことばかけ
お手て見せてくれる？　とってもかわいい手だね。
「いっぽんばし」してあそぼうか？

1

♪ いっぽんばし

子どもの手のひらを、ひとさし指でなでます。

2
♪ コチョコチョ

手のひらをくすぐります。

3
♪ たたいて

手のひらを軽くタッチします。

4
♪ つねって

手のひらを軽くつねります。

5
♪「かいだんのぼって

ひとさし指と中指を交互に動かし、子どもの腕をのぼります。

6
♪ コチョコチョコチョ」

子どものわきやおなかをくすぐります。

わらべうた
いっ ぽん ば し コ チョ コ チョ た た い て
つ ねっ て 「かい だん の ぼっ て コ チョ コ チョ コチョ」

保育者と：自己紹介の場面にぴったり　年齢 1 2 3 4 5 歳児

あなたのおなまえは

人数 3人〜

ポイント　✣ 名前に興味を持つきっかけになります。　✣ マイクを向けると、ひと味違う子どものようすが見られます。

あそび方

ことばかけ　みんなのお名前を聞いてみようかな。
元気にお名前を言ってね。友だちがどんな名前か聞いててね。

1

♪ あなたのおなまえは

保育者は両手を前に差し出すなどして、子どもに歌いかけます。

はるとです

2

♪「○○（です）」

保育者がマイクを向けるしぐさをしたら、聞かれた子どもは名前を言います。

3

♪ あなたのおなまえは

保育者は両手を前に差し出すなどして、別の子どもに歌いかけます。

ゆうなです

4

♪「○○（です）」

保育者がマイクを向けるしぐさをしたら、聞かれた子どもは名前を言います。

れんです

5

♪ あなたのおなまえは
「○○（です）」

別の子どもで 3、4 を繰り返します。

6

♪ あら　すてきなおなまえね

みんなで手拍子をします。

作詞／不詳　作曲／インドネシア民謡
あ　なたのおな　ま　え　は「○○(です)」あ　なたのおな　ま　え　は「○○(です)」
あ　なたのおな　ま　え　は「○○(です)」あら　すてきなおなまえ　ね

手あそび♪
歌あそび

保育者と：子どもとの掛け合いが楽しい

年齢 1 2 3 4 5 歳児

人数 1人〜

やおやのおみせ

ポイント ✣ やおやの品物以外でわざと間違えると楽しいです。 ✣ やおや以外の店で替え歌にしましょう。

あそび方

ことばかけ
みんなはやおやさんに行ったことありますか？
やおやさんには何が売っているか知ってる？

1

♪ やおやの　おみせに
ならんだ

手を８回たたきます。

2

♪ しなもの
みてごらん

両手を目の周りに当て、品物を見るしぐさをします。

3

♪ よくみてごらん

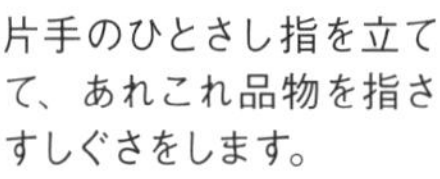

片手のひとさし指を立てて、あれこれ品物を指さすしぐさをします。

4

♪ かんがえてごらん

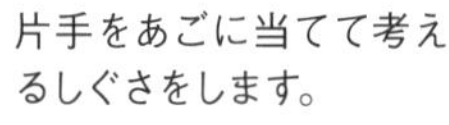

片手をあごに当てて考えるしぐさをします。

5

♪「ニンジン」

保育者がやおやにある品物の名前を言います。

6

♪「あるよ」

子どもが「あるよ」と答えます。野菜名をかえて繰り返します。

7

♪「さかな」

保育者がやおやにない品物を言います。当てる子は順にかえていきます。

8

♪「ないよ」

当てられた子どもが「ないよ」と答えます。

9

♪ ア〜ア〜

5〜8を繰り返した後は、両手をひらひらさせて下ろします。

5〜8は、子どもたちとことばのやりとりを楽しみましょう。

手あそび♪歌あそび

手で：子どもとのスキンシップに

年齢 **1** 2 3 4 5 歳児

ちょちちょちあわわ

人数 1人〜

ポイント ✣最初は子どもをひざにのせて、手を取ってあそびます。 ✣慣れたら向かい合ってまねてみましょう。

あそび方

ことばかけ

ちょちちょち（手をたたきながら）してあそぼうか？
（子どもが手をたたいたら）ちょちちょちがじょうずだね〜！

1

♪ ちょちちょち

手を2回たたきます。

2

♪ あわわ

片方の手のひらを口元に当て、3回軽くたたきます。

3

♪ かいぐり　かいぐり

両手をグーにして、ぐるぐる回します。

4

♪ とっとのめ

両手のひとさし指で目のふちを軽く触ります。

5

♪ おつむてんてん

両方の手のひらで頭を軽くたたきます。

6

♪ ひじぽんぽん

片方のひじを、もう片方の手のひらで軽く2回たたきます。

わらべうた
ちょ ち ちょ ち あ わ わ かい ぐ り かい ぐ り
とっ と の め お つ む てん てん ひ じ ぽん ぽん

手で：絵本や紙芝居の導入に

おはなし

年齢 1 2 3 4 5 歳児

人数 1人〜

ポイント ✣ これから楽しい話が始まる期待感が持てます。 ✣ 話を聞く心の準備ができます。

あそび方

ことばかけ

今からみんなが大好きな「○○（絵本や紙芝居のタイトル）」のお話を始めますよ。お座りできるかな。

1

♪ おはなし　おはなし

腕を組んで、体を左右に揺らします。

2

♪ パチパチパチパチ

手を４回たたきます。

3

♪ うれしい　はなし
たのしい　はなし

腕を組んで、体を左右に揺らします。

4

♪ しっしっ　しっしっ

ひとさし指を立てて、口に当てます。

5

♪ しずかにききましょう

両手をひざの上に置きます。

作詞／谷口和子　作曲／渡辺　茂
おはなし　おはなし　パチパチ　パチパチ　うれしい　はなし　たのしい
はなし　しっしっ　しっしっ　しずかに　ききましょう

手あそび♪歌あそび

手で：みんなでまねっこを楽しんで

年齢 1 2 3 4 5 歳児

ころりんたまご

人数 1人〜

ポイント ✣ ヒヨコやニワトリのまねをして歌います。 ✣ 卵→ヒヨコ→ニワトリと成長過程を伝えるとよいでしょう。

あそび方

ことばかけ 手をグーにできるかな？ ぐるぐる回してみよう。卵の中からヒヨコさんが出てくるよ。

1番 1
♪ ころりんたまごが

両手をグーにして、胸の前でぐるぐる回します。

2
♪ おりこうで

左手をグーにし卵に見たて、右手はパーにし左手をなでるようにします。

3
♪ ころりんしてたら

両手をグーにして、胸の前でぐるぐる回します。

4
♪ ひよこになった

胸の前で両手のひとさし指と親指を、つけたり離したりします。

2番 1
♪ ぴよぴよひよこが

胸の前で両手のひとさし指と親指を、つけたり離したりします。

2
♪ おりこうでぴよぴよしてたら

左手のひとさし指と親指をつけ、右手でなでてから、2番の 1 を行います。

3
♪ こけこになった

両手の４本の指をそろえて、親指とつけたり離したりします。

3番 1
♪ ころりん ぴよぴよ こけこっこ こけこが ないたら

1番の 1 → 4 →2番の 3 を順に行い、2番の 3 を繰り返します。

2
♪ よがあけた

手を広げて上に上げ、手をひらひらさせながら下ろします。

第6章 ♪手あそび 歌あそび

手あそび♪歌あそび

手で：子どもが大好きな動物のまね

年齢 1 2 3 4 5 歳児

パンダうさぎコアラ

人数 1人〜

ポイント ✣ 保育者との掛け合いを楽しんでもよいでしょう。 ✣ 繰り返しが多いので、小さい子も楽しめます。

あそび方

ことばかけ （動物のポーズをしながら）これは何かな？
お耳の長い動物は何でしょう？

1

♪ おいでおいで
おいでおいで

両手を出して、「おいでおいで」と手招きします。

2
♪ パンダ

パンダの模様のように手で輪を作り、両目にそれぞれ当てます。

3

♪ おいでおいで
おいでおいで

両手を出して、「おいでおいで」と手招きします。

4

♪ うさぎ

両手を頭の上でウサギの耳のように立てます。

5
♪ おいでおいで
おいでおいで

両手を出して、「おいでおいで」と手招きします。

6
♪ コアラ

両手で木に抱きつくようなしぐさをします。

7
♪ パンダ

パンダの模様のように手で輪を作り、両目にそれぞれ当てます。

8
♪ うさぎ

両手を頭の上でウサギの耳のように立てます。

9
♪ コアラ

両手で木に抱きつくようなしぐさをします。

7〜9を繰り返します。

10

♪ パンダうさぎコアラ

作詞／高田ひろお　作曲／乾 裕樹

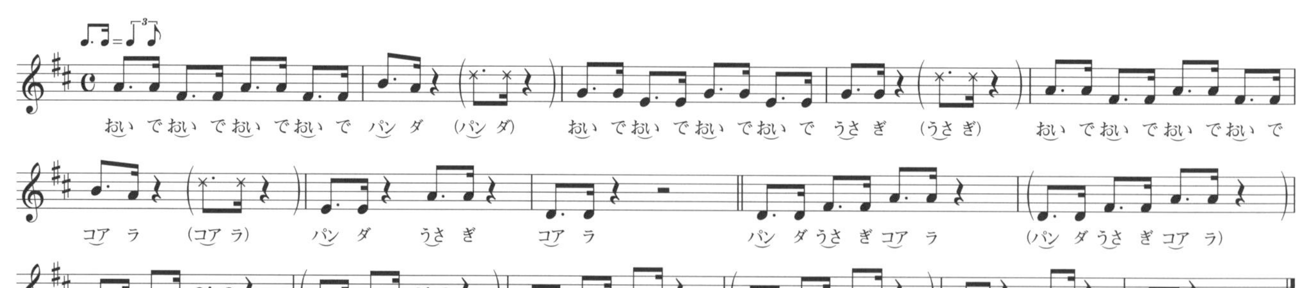

手あそび♪
歌あそび

手で：いろいろな形を表そう

年齢 1 2 3 4 5 歳児

いっぽんばし にほんばし

人数 1人〜

ポイント ✣ 指をピンと伸ばして、ゆっくり歌いましょう。 ✣ 一本橋や二本橋が何に見えるか尋ねてみましょう。

あそび方

ことばかけ （保育者が片方の手の指を立てて見せて）お手てをピンとできるかな？ （子どもができたら）じょうず！

1番 1

♪ いっぽんばし
いっぽんばし

両手のひとさし指を立てて、片方ずつ胸の前に出します。

2

♪ おやまに
なっちゃった

指先を合わせます。

2番 1

♪ にほんばし
にほんばし

両手をチョキにして、片方ずつ胸の前に出します。

2

♪ めがねに
なっちゃった

両手はチョキのまま、両目のわきに当てます。

3番 1

♪ さんぼんばし
さんぼんばし

両手の３本の指を立てて、片方ずつ胸の前に出します。

2

♪ くらげに
なっちゃった

手を下に向け、おなかの前で左右に揺らします。

4番 1

♪ よんほんばし
よんほんばし

両手の４本の指を立てて、片方ずつ胸の前に出します。

2

♪ おひげに
なっちゃった

指を立てたまま、ほおに手を当てます。

5番 1

♪ ごほんばし
ごほんばし

両手をパーにして、片方ずつ胸の前に出します。

2

♪ ことりに
なっちゃった

両手を鳥の羽のように、上下にひらひらさせます。

作詞／湯浅とんぼ 作曲／中川ひろたか

第6章 ♪手あそび 歌あそび

手あそび♪歌あそび

手で：じゃんけんの形から自由に発想して

年齢 1 **2** **3** 4 5 歳児

グーチョキパーでなにつくろう

人数 1人〜

ポイント ✣ グー、チョキ、パーの形を楽しみましょう。 ✣ 子どもの想像力、創造性が養われます。

あそび方

ことばかけ （グー、チョキ、パーを見せながら）これは何かな？ 両方の手でできるかな？

1番 1

♪ グーチョキパーで グーチョキパーで

歌詞に合わせ、両手を胸の前で順番にグー、チョキ、パーの形にします。

2

♪ なにつくろう なにつくろう

両手をパーにして左右に揺らします。

3

♪ みぎてが チョキで ひだりても チョキで

右手をチョキにし、続いて左手もチョキにします。

4

♪ かにさん かにさん

チョキにした両手を顔の横で左右に揺らします。

1番の 1・2 と同様にします。

2番 1

♪ グーチョキパーで グーチョキパーで なにつくろう なにつくろう

2

♪ みぎてが パーで ひだりても パーで

右手をパーにし、続いて左手もパーにします。

3

♪ ちょうちょ ちょうちょ

胸の前で、パーにした両手の親指どうしをくっつけひらひらと動かします。

1番の 1・2 と同様にします。

3番 1

♪ グーチョキパーで グーチョキパーで なにつくろう なにつくろう

2

♪ みぎてが チョキで ひだりてが グーで

右手をチョキにし、左手はグーにします。

3

♪ かたつむり かたつむり

チョキにした手の甲にグーの手をのせて、ゆっくり動かします。

作詞／不詳 作曲／フランス民謡
1.〜3. グー チョキ パー で グー チョキ パー で なに つく ろう なに つく ろう
み ぎ て が チョキ で ひだ り て も チョキ で か に さん か に さん
み ぎ て が パー で ひだ り て も パー で ちょ う ちょ ちょ う ちょ
み ぎ て が チョキ で ひだ り て が グー で かた つむ り かた つむ り

手で：物語になっている歌詞を楽しもう

年齢 1 **2** **3** 4 5 歳児

やまごやいっけん

人数 1人〜

ポイント ✣ あそぶ前にウサギとのやりとりをしておくといいでしょう。 ✣ 歌詞に合わせて表情豊かに歌いましょう。

あそび方

ことばかけ

（歌の前に）ぴょんぴょん…こんにちは。私、ウサギのぴょんこ。
森に（家の形を作って）このくらいの山小屋があったんだって。

1

♪ やまごや　いっけん
ありました

両手の指先を合わせて、家の屋根の形を作ります。

2

♪ まどから　みている
おじいさん

片手を額に当てて、遠くを見渡すしぐさをします。

3

♪ かわいい　うさぎが
ぴょんぴょんぴょん

両手を頭の上で立て、前後に動かします。

4

♪ こちらへ
にげてきた

曲げた両腕を思い切り振って走るしぐさをします。

5

♪ たすけて　たすけて
おじいさん

両手を握って体を縮め、怖がっているように震えるしぐさをします。

6

♪ りょうしのてっぽう
こわいんです

両手のひとさし指と親指で、てっぽうの形を作ります。

7

♪ さあさあ
はやく

片手で手招きをします。

8

♪ おはいんなさい

もう一方の手を差し出して、家に招き入れるしぐさをします。

9

♪ もう
だいじょうぶだよ

両手を交差させて胸の前で合わせ、体を左右に揺らします。

作詞／志摩 桂　作曲／アメリカ民謡
やま ごや いっ けん あり まし た まど から みて いる おじ いさ ん かわ いい うさ ぎが
ぴょん ぴょん ぴょん こち らへ にげ てき た たす けて たす けて おじ いさ ん
りょうしの てっ ぽう こわ いんで す さあ さあ はや く おは いんな さい もう だい じょう ぶだ よ

手あそび♪歌あそび

手で：大きな振りに子どもも大喜び

年齢 1 2 3 4 5 歳児

人数 1人〜

いわしのひらき

ポイント ✣ 魚が大きくなるのに合わせて、動きも大きくしましょう。 ✣ 大げさに動くと子どもも大喜びです。

あそび方

ことばかけ　みんな、「イワシ」っていう魚を知ってる？　こんなに小さな魚なんだよ。（徐々に手を大きく広げて）イワシが大きくなっていくよ！

1番 1

♪ いわしの

両手のひとさし指をそろえます。

2

♪ ひらきが

両手を外側に向けて開きます。

3

♪ しおふいて

両手をグーにしてつぼめます。

4

♪ パッ

手をパッと開きます。

5

♪ ソレッ
ズンズンチャッチャ

左手を腰に当て、右手をあごの高さに置き、左肩のほうに向けて波を打たせます。

6

♪ ズンズンチャッチャ

右手を腰に当て、左手をあごの高さに置き、右肩のほうに向けて波を打たせます。

7

♪ ズンズンチャッチャ

左手を腰に当て、右手をあごの高さに置き、左肩のほうに向けて波を打たせます。

8

♪ ホッ

右手の手の甲を左のほおに当てます。

2番 1

♪ にしんの

両手のひとさし指と中指をそろえます。

2

♪ ひらきが

両手を外側に向けて開きます。

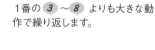

3 〜 8

♪ しおふいて　パッ
ソレッ
ズンズンチャッチャ
ズンズンチャッチャ
ズンズンチャッチャ　ホッ

1番の 3 〜 8 よりも大きな動作で繰り返します。

3番 1

♪ さんまの

両手の3本の指をそろえます。

2

♪ ひらきが

両手を外側に向けて開きます。

2番の 3 ～ 8 よりも大きな動作で繰り返します。

3 ～ 8

♪ しおふいて　パッ
ソレッ
ズンズンチャッチャ
ズンズンチャッチャ
ズンズンチャッチャ　ホッ

4番 1

♪ しゃけの

両手の4本の指をそろえます。

2

♪ ひらきが

両手を外側に向けて開きます。

3番の 3 ～ 8 よりも大きな動作で繰り返します。

3 ～ 8

♪ しおふいて　パッ
ソレッ
ズンズンチャッチャ
ズンズンチャッチャ
ズンズンチャッチャ　ホッ

5番 1 2

♪ くじらの
ひらきが

両手をそろえて下に向けた後、外側に向けて開きます。

3

♪ しおふいて

両方の手のひらを下に向けて、腕を交差して体の前に伸ばします。

4

♪ パッ

両手を上に高く上げて、大きく万歳をします。

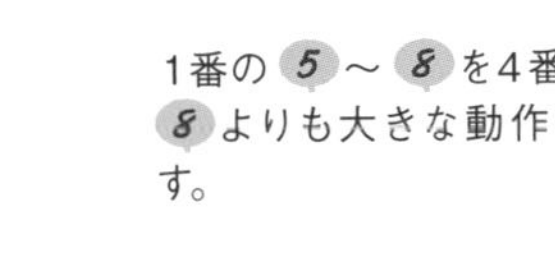

1番の 5 ～ 8 を4番の 5 ～ 8 よりも大きな動作で行います。

5 ～ 8

♪ ソレッ
ズンズンチャッチャ
ズンズンチャッチャ
ズンズンチャッチャ
ホッ

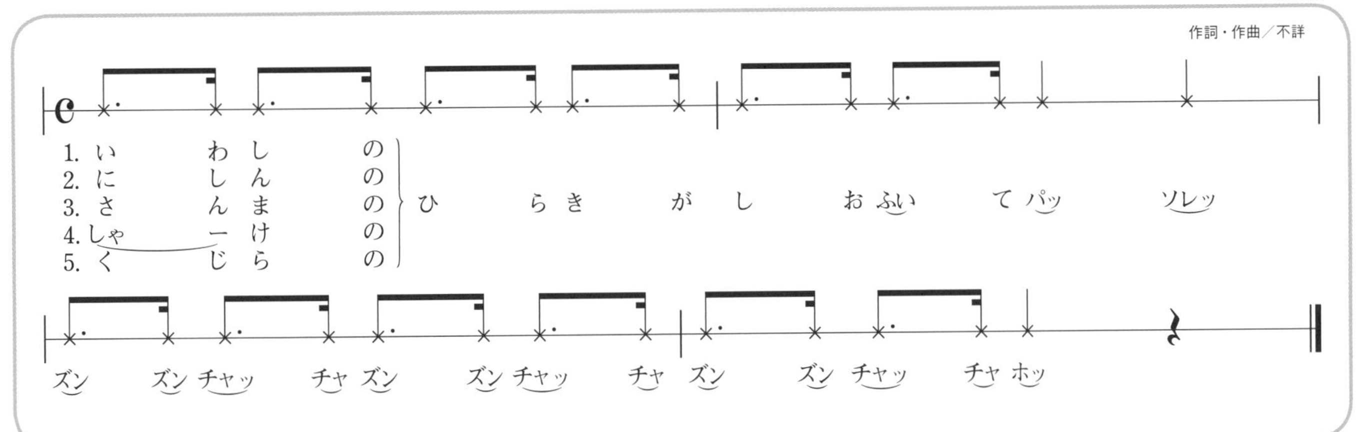
作詞・作曲／不詳
1. い わ し の
2. に し ん の
3. さ ん ま の
4. しゃ ー け の
5. く じ ら の
ひ ら き が し お ふい て パッ ソレッ
ズン ズン チャッ チャ ズン ズン チャッ チャ ズン ズン チャッ チャ ホッ

手あそび♪歌あそび

手で：熱々のおいもを想像しながら

やきいもグーチーパー

年齢 1 2 3 4 5 歳児

人数 1人〜

ポイント ✣いもほりへの期待感を高めます。　✣グーチョキパーを覚えるきっかけになります。

あそび方

ことばかけ　焼きいも食べたことある？　おいもを割ると、湯気が出てきて黄色いおいもがとってもおいしそうだよね。

1

♪ やきいも　やきいも　おなかが

手を６回たたきます。

2

♪ グー

両手をグーにして、おなかを押さえます。

3

♪ ほかほか　ほかほか　あちちの

両方の手のひらを上に向けて軽く広げ、イモを転がすように左右交互に上下に動かします。

4

♪ チー

両手をチョキにして胸の前に出します。

5

♪ たべたらなくなる　なんにも

両手でイモを持ち食べるしぐさをします。

6

♪ パー　それ

両手をパーにして胸の前に出します。

7

♪ やきいも　まとめて

手を４回たたきます。

8

♪ グーチーパー

グー、チョキ、パーを2・4・6の形で順番に出します。

作詞／阪田寛夫　作曲／山本直純

や きい もや きい も お なか がグー ほ かほ かほ かほ か あ ちち のチー
た べた らな くな る な んに もパー そ れ や きい もまと めて グー チー パー

手あそび♪
歌あそび

手で：子どもが好きなお弁当の歌

年齢 1 2 3 4 5 歳児

おべんとうばこのうた

人数 1人～

ポイント ✣ ごっこあそびの食べる場面などで歌いましょう。 ✣ 子どもの好きなメニューで替え歌にしましょう。

あそび方

ことばかけ
みんなのお弁当はどのくらいの大きさかな？
大きい？ 小さい？ 何が入っているのかな？

1 ♪ これくらいの おべんとばこに

胸の前で、両手のひとさし指で四角を２回描きます。

2 ♪ おにぎり おにぎり

両手でおにぎりを握るしぐさをします。

3 ♪ ちょっとつめて

お弁当箱に、おにぎりを入れるしぐさをします。

4 ♪ きざみしょうがに

片手を上に向けてまな板に、もう一方を包丁に見たて、刻むしぐさをします。

5 ♪ ごましお ふって

ごま塩を振るように、両手を下向きにパッパッと振ります。

6 ♪ にんじんさん

片手をチョキにして、もう一方の手は指を３本立てます。

7 ♪ ごぼうさん

片手をパーにして、もう一方の手は指を３本立てます。

8 ♪ あなの あいた れんこんさん

両手の親指とひとさし指で輪を作り、目に当てます。

9 ♪ すじの とおった

片方の腕を伸ばし、もう一方の手で手首からひじにかけてすっとなでます。

10 ♪ ふき

「ふ」で片方の手のひらに息をふきかけ、「き」でその手を前に出します。

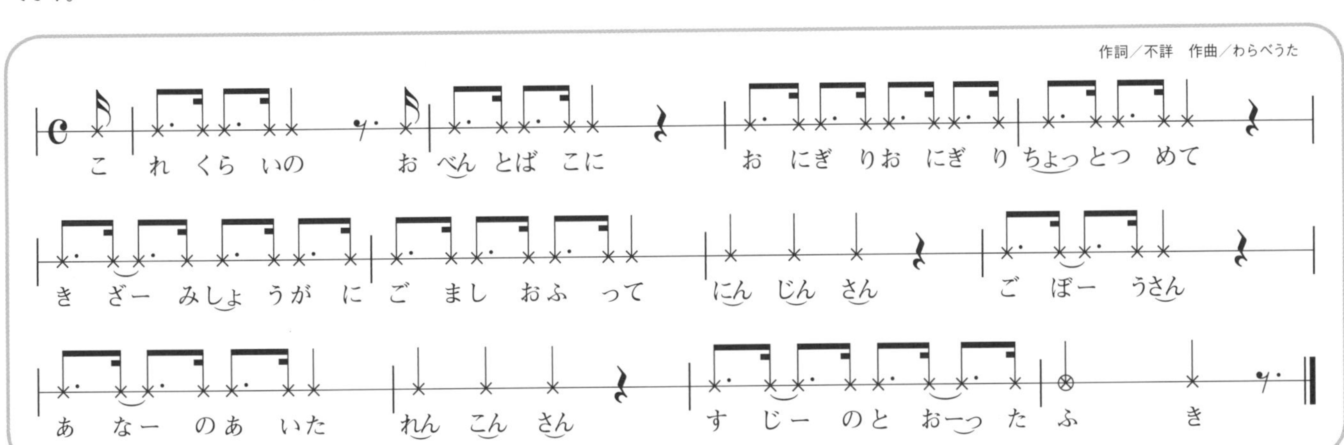
作詞／不詳 作曲／わらべうた
これくらいの おべんとばこに
おにぎりおにぎり ちょっとつめて
きざーみしょうがに ごましおふって
にんじんさん ごぼーうさん
あなーのあいた れんこんさん
すじーのとおーった ふ き

手あそび♪歌あそび

手で：カレー作りを想像しながら

カレーライスのうた

年齢 1 2 3 4 5 歳児

人数 1人～

ポイント ✣ 給食にカレーが出たときに歌うとよいでしょう。 ✣ シアターを見ながら歌うとより楽しめます。

あそび方

ことばかけ

カレーライス好きな人、手を上げて。みんな好きだよね！
カレーの中には、何が入っていますか？

1番 1

♪ にんじん

両手をチョキにして、体の横で左右に揺らします。

2

♪ たまねぎ

両手を合わせて輪にし、タマネギの形を作ります。

3

♪ じゃがいも

両手をグーにして、体の横で左右に揺らします。

4

♪ ぶたにく

右手のひとさし指で鼻を押さえます。

5

♪ おなべで

両腕で大きな輪を作り、鍋に見たてます。

6

♪ いためて

片手はそのままで、もう一方の手で鍋を混ぜるしぐさをします。

7

♪ ぐつぐつ にましょう

両方の手のひらを上に向けて指を広げ、上下に揺らします。

2番 1

♪ おしお

両手で塩のビンを持って、下向きに振るしぐさをします。

2

♪ カレールー

両手で四角を作ってカレールーに見たてます。

3

♪ いれたら

鍋にルーを入れるしぐさをします。

4

♪ あじみて

片手のひとさし指を口に当てて、なめるしぐさをします。

♪ こしょうを いれたら

両手でこしょうのビンを持って、下向きに振るしぐさをします。

♪ はい できあがり

手を5回たたきます。

♪「どーぞ」

両方の手のひらを上に向けて、体の前に出し、「どうぞ」のしぐさをします。

3番 1

♪ ムシャムシャ モグモグ

片手はお皿を持ち、もう一方の手はスプーンを持って食べるしぐさをします。

♪ おみずも

片手でコップを持つしぐさをします。

♪ ゴクゴク

コップで水を飲むしぐさをします。

4

♪ そしたら

片手をグーにして上に上げます。

5

♪ ちからが

もう一方の手もグーにして上に上げます。

6

♪ もりもり わいてきた

そのまま両方のひじを曲げたり、伸ばしたりします。

7

♪（ポーズ）

ガッツポーズをします。

手あそび♪
歌あそび

手で：ワクワク期待が膨らむ歌

年齢 1 2 3 4 5 歳児

はじまるよ はじまるよ

人数 1人〜

ポイント ✣ 歌の最後の擬音部分を軽やかに歌いましょう。 ✣ 指で表せるものを子どもと相談して替え歌をします。

あそび方

ことばかけ 「いち と いち」できるかな？ （できたら）じょうずだね！ こんどは「に と に」でやってみよう。

1番 1

♪ はじまるよったら はじまるよ
はじまるよったら はじまるよ

体の右側で３回、左側で３回手をたたき、もう一度繰り返します。

2

♪ いちといちで

右手のひとさし指を立てて胸の前に出し、続いて左手の人さし指も立てて胸の前に出します。

3

♪ にんじゃさん

手をそのままの形で縦に重ね、下の手のひとさし指を握ります。

4

♪「ドローン」

両手のひとさし指を立てたまま、体の横へ斜めに払います。

2番 1

♪ はじまるよったら はじまるよ
はじまるよったら はじまるよ

体の右側で３回、左側で３回手をたたき、もう一度繰り返します。

2

♪ にと にで

右手をチョキにして胸の前に出し、続いて左手もチョキにして胸の前に出します。

3

♪ かにさんよ

手をそのままの形で、左右に動かします。

4

♪「チョキーン」

両手をチョキのまま、胸の前に出し、立てた指をつけたり離したりして、はさみで切るしぐさをします。

3番 1

♪ はじまるよったら はじまるよ
はじまるよったら はじまるよ

体の右側で３回、左側で３回手をたたき、もう一度繰り返します。

2

♪ さんと さんで

右手の３本の指を立てて胸の前に出し、続いて左手の３本の指も胸の前に出します。

3

♪ ねこの ひげ

手をそのままの形で、ほおにつけます。

4

♪「ニャオーン」

両手の３本の指を立てたまま、頭の上に上げて、ネコの耳のようにします。

4番 1

♪ はじまるよったら　はじまるよ
はじまるよったら　はじまるよ

体の右側で3回、左側で3回手をたたき、もう一度繰り返します。

2

♪ よんと　よんで

右手の4本の指を立てて胸の前に出し、続いて左手の4本の指を立てて胸の前に出します。

3

♪ たこの　あし

手をそのままの形で、下に向けます。

4

♪「ヒューン」

両手の4本の指を立てたまま、体の横へ斜めに払います。

5番 1

♪ はじまるよったら　はじまるよ
はじまるよったら　はじまるよ

体の右側で3回、左側で3回手をたたき、もう一度繰り返します。

2

♪ ごと　ごで

右手をパーにして胸の前に出し、続いて左手もパーにして胸の前に出します。

3

♪ ては　おひざ

両手をひざの上に置きます。

手あそび♪
歌あそび

手で：生長する花を思い浮かべて

ちいさなにわ

年齢 1 2 3 4 5 歳児

人数 1人〜

ポイント ✣ 植物を育てる前に歌うとイメージがわきやすいです。 ✣ 種の大きさや芽の伸び方に変化をつけましょう。

あそび方

ことばかけ

種をまいたことありますか？ それはどんな種だった？
水をあげて肥料をあげると、どんどん大きくなるよ。

1 ♪ ちいさな にわを

胸の前で、両手のひとさし指で四角を描きます。

2 ♪ よく たがやして

両方のひとさし指を軽く曲げ、胸の前で左から右、右から左へ動かします。

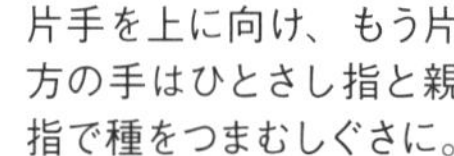

3 ♪ ちいさな たねを

片手を上に向け、もう片方の手はひとさし指と親指で種をつまむしぐさに。

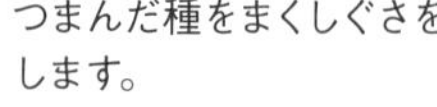

4 ♪ まきました

つまんだ種をまくしぐさをします。

5 ♪ ぐんぐん のびて

両手を合わせてくねくねさせながら、腕を上に伸ばしていきます。

6 ♪ はるに なって

上げた両手を大きく広げ、ひらひらさせながら下ろします。

7 ♪ ちいさな はなが

胸の前で、両手のひとさし指を４回軽く打ち合わせます。

8 ♪ さきました

両手を合わせて少しふくらませてつぼみに見たてます。

9 ♪「ポッ！」

両手を小さく開きます。

作詞・作曲／不詳

ちいさなにわを よくたがやして ちいさなたねを まきました
ぐんぐんのびて はるになって ちいさなはなが さきました「ポッ！」

手あそび♪歌あそび

手で：チョウチョウの成長を表現

年齢 1 2 3 4 5 歳児

キャベツのなかから

人数 1人～

ポイント ✣ チョウチョウの幼虫を飼育するときにあそぶと、期待感が増します。

あそび方

ことばかけ

きのう、キャベツをお料理しようとしたらアオムシさんがいたの。
チョウチョウの赤ちゃんは、なんだか知っていますか？

1～6番 1

♪ キャベツの なかから あおむし でたよ

両手をグーにして、リズムに合わせて、手首を外側、内側に回します。

2

♪ ピッ！ ピッ！

親指を片手ずつ順に立てます。

3

♪ とうさんあおむし

立てた両手の親指を、曲げたり伸ばしたりします。

2番 2 3

♪ ピッ！ ピッ！ かあさんあおむし

1 は1番と同様にし、2、3 の動作はひとさし指を立てて行います。

3番 2 3

♪ ピッ！ ピッ！ にいさんあおむし

1 は1番と同様にし、2、3 の動作は中指を立てて行います。

4番 2 3

♪ ピッ！ ピッ！ ねえさんあおむし

1 は1番と同様にし、2、3 の動作は薬指を立てて行います。

5番 2 3

♪ ピッ！ ピッ！ あかちゃんあおむし

1 は1番と同様にし、2、3 の動作は小指を立てて行います。

6番 2

♪ パッ！ パッ！

1 は1番と同様にし、2 の動作はパーで行います。

3

♪ ちょうちょに なっちゃった

チョウチョウに見たてて、両手のパーの親指を少し重ねてひらひらさせます。

作詞・作曲／不詳

1.～6. キャベツ の なかか ら あおむし で た よ
ピッ！ピッ！ とうさんあ おむし
ピッ！ピッ！ かあさんあ おむし
ピッ！ピッ！ にいさんあ おむし
ピッ！ピッ！ ねえさんあ おむし
ピッ！ピッ！ あかちゃんあ おむし
パッ！パッ！ ちょうちょになっ ちゃった

第6章 ♪手あそび 歌あそび

手あそび♪歌あそび

手で：役になりきってセリフを言おう

いつつのメロンパン

年齢 1 2 **3 4 5** 歳児

人数 1人～

ポイント ✣ 数に興味を持つきっかけになります。 ✣ メロンパンをほかのパンにかえてもよいでしょう。

あそび方

ことばかけ
メロンパンって食べたことあるかな？
どんなパンだったか先生に教えて。もう１回食べたいかな？

1番 **1**

♪ パンやに
いつつの　メロンパン

片手をパーにします。
※２～５番はこの指が１本ずつ少なくなります。

2

♪ ふんわり　まるくて

体の前で輪を作ります。

3

♪ おいしそう

両手をほおに当てます。

4

♪ こどもが　おみせに
やってきて

片手をパーにしてもう一方の手のひとさし指を立て、パーの手に近づけます。

5

♪「おじさん、メロンパン
ひとつ　ちょうだい」

立てたひとさし指を、子どもが話しかけるように曲げたりして動かします。

6

♪「ハイ、どうぞ」

子どもに見たてたひとさし指で、パーにしている手の親指を折り曲げます。

7

♪ メロンパン　ひとつ
かってった

ひとさし指を振りながら、もう一方の手から離していきます。

2～5番 **1**

♪ パンやに
○○○のメロンパン

２～５番は、指を１本ずつ減らし始めます。**2** 以降は1番の **2** ～ **7** と同様にします。

訳詞／中川ひろたか　作曲／イギリス民謡

全身で：小さい子も親しみやすい歌

年齢 1 2 3 4 5 歳児

げんこつやまのたぬきさん

人数 2人～

ポイント ✣ 小さい子はじゃんけんまでの歌と振りを楽しみます。 ✣ 勝ち抜き戦にしていく楽しみ方もあります。

あそび方

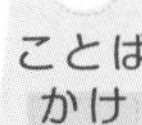
ことば
かけ

お手てをグーにできるかな？（グーにしたら）じょうずだね。
タヌキさんって、おなかがポンポコ大きいんだよね。

1

♪ げんこつやまの たぬきさん

両手をグーにして、上下を交互に入れ替えながら７回たたきます。

2

♪ おっぱいのんで

両手を口に当てて、おっぱいを飲むしぐさをします。

3

♪ ねんねして

両手を合わせて片方のほおにあて、体を傾けます。

4

♪ だっこして

体の前で抱っこのしぐさをします。

5

♪ おんぶして

両手を背中にまわして、おんぶのしぐさをします。

6

♪ またあし

両手をグーにして体の前で回します。

7

♪ た

じゃんけんをします。

わらべうた
げん こ つや まの た ぬき さん おっ ぱ いの んで
ね んね して だっ こし ておん ぶし て ま たあ した

全身で：大きく動かすと楽しさアップ

年齢 1 2 3 4 5 歳児

おおきなくりのきのしたで

人数 2人～

ポイント ✣ 有名な歌なので初めての子も楽しめます。 ✣ クリがおいしい秋にぴったりの歌です。

あそび方

ことばかけ 『おおきなくりのきのしたで』のお歌を知っているかな？ 先生が歌うので、知っているお友だちはいっしょに歌ってね。

1 ♪ おおきな

両手を広げて上に上げます。

2 ♪ くりの

頭の上で両手の先を合わせ、クリの形を作ります。

3 ♪ きの

両手を頭に置きます。

4 ♪ した

両手を肩に置きます。

5 ♪ で

両手を体の横に下ろします。

6 ♪ あなたと

相手をひとさし指で指さします。

7 ♪ わたし

自分をひとさし指で指さします。

8 ♪ なかよく

右手を左肩に、左手を右肩に順に当てます。

9 ♪ あそびましょう

そのまま体を左右に揺らします。

1～5と同様にします。

10 ♪ おおきなくりの きのしたで

作詞／不詳　作曲／イギリス曲

おお き な く り の き の し た で
あ な ー た と わ た し
な か よ く あ そ び ましょう
おお き な く り の き の し た で

全身で：みんなの息を合わせて

年齢 1 2 3 4 5 歳児

あたまのうえでパン

人数 1人〜

ポイント ✣ 手をたたいてリズムを打つ楽しさが味わえます。 ✣ あそびながら体の部位や前後などがわかります。

あそび方

ことばかけ
頭の上で手をパンッてたたけるかな？
（子どもがたたいたら）とってもいい音がしたね。

1 ♪ あたまのうえでパン

「あたまのうえで」は歌のみで、「パン」のときに、頭の上で手を1回たたきます。2〜4も同様にします。

2 ♪ おかおのよこでパン

顔の横で手を1回たたきます。

3 ♪ おへそのまえでパン

おへその前で手を1回たたきます。

4 ♪ おしりのうしろでパン

おしりの後ろで手を1回たたきます。

5 ♪ パンパンパンパン〜 パパンパン　パンパン

リズムに合わせて手をたたきます。

6 ♪「イエーイ」

ピースをします。

作詞・作曲／おざわたつゆき

あたまのうえで パン
おかおのよこで パン
おへそのまえで パン
おしりのうしろで パン
パンパンパンパン
パンパンパンパン
パン
パパンパン
パンパン

手あそび♪
歌あそび

全身で：表情豊かに元気よく踊ろう

年齢 1 2 3 4 5 歳児

おにのパンツ

人数 1人～

ポイント ✣ 節分の季節にぴったりの歌です。 ✣ だんだんスピードを上げていくと楽しいです。

あそび方

ことばかけ

鬼ってどんなパンツをはいていると思う？
トラの毛皮でできてるんだって！　はいてみたいね。

1 ♪ おにの

両手のひとさし指を、頭の上に立てます。

2 ♪ パン

手を１回たたきます。

3 ♪ ツは

片手をチョキにします。

4 ♪ いい

両手のひとさし指と親指で丸を作ります。

5 ♪ パンツ

2・3を繰り返します。

6 ♪ つよいぞ つよいぞ

両腕でガッツポーズをしながら上下に揺らし、得意そうな顔をします。

7 ♪ トラの

両手を頭の上に当てて、トラの耳のようにします。

8 ♪ けがわで できている

両手を胸に当てて、爪を立てるようにして上下に動かします。

9 ♪ つよいぞ つよいぞ

両腕でガッツポーズをしながら上下に揺らし、得意そうな顔をします。

10 ♪ ごねん

片手をパーにして、体の前に出します。

11 ♪ はいても

パンツをはくしぐさをします。

12 ♪ やぶれない

片手を顔の前で左右に振ります。

13 ♪ つよいぞ つよいぞ

両腕でガッツポーズをしながら上下に揺らし、得意そうな顔をします。

14 ♪ じゅうねん

両手をパーにして、体の前に出します。

15 ♪ はいても　やぶれない つよいぞ　つよいぞ

11～13を繰り返します。

16

♪ はこうはこう

パンツをはくしぐさをします。

17

♪ おにのパンツ

1～3を
繰り返します。

18

♪ はこうはこう
おにのパンツ

16・17を
繰り返します。

19

♪ あなたもわたしも
あなたもわたしも

相手を指さしたあと、自分を指さし、それを繰り返します。

20

♪ みんなで
はこう

パンツをはくしぐさをします。

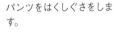

21

♪ おにの

両手のひとさし指を、頭の上に立てます。

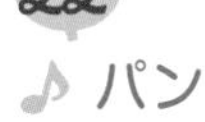

22

♪ パン

手を１回たたきます。

23

♪ ツ

片手をチョキにします。

24

♪ はこうはこう～
おにのパンツ

16～23を
繰り返します。

作詞／不詳　作曲／ルウィジ・デンツァ

おにのパンツはいいパンツ　つよいぞ　つよいぞ
トラのけがわでできている　つよいぞ　つよいぞ
ごねんはいてもやぶれない　つよいぞ　つよいぞ
じゅうねんはいてもやぶれない　つよいぞ　つよいぞ
はこう　はこう　おにのパンツ　はこう　はこう　おにのパンツ
あなたもわたしも　あなたもわたしも　みんなではこう　おにのパンツ

全身で：ユニークな動作が魅力的

だいくのキツツキさん

年齢 ▶ 1 2 3 **4 5** 歳児

人数 ▶ 1人〜

ポイント ✣ 表情や声のトーンをかえると盛り上がります。 ✣ アクションを大きく元気よくやると楽しいです。

あそび方

ことばかけ：キツツキという鳥、知ってる？
くちばしで木にトントントントンッて穴を開けて家を作るんだよ。

1 ♪ みどりのもりかげに

手を６回たたきます。

2 ♪ ひびくうたは

両耳に手を当てます。

3 ♪ だいくの キツツキさん

両手をグーにして、上下を交互に入れ替えながらたたきます。

4 ♪ せいだすうた

両手でガッツポーズをします。

5 ♪ ホールディーアー

前かがみになり、両手でひざを数回たたきます。

6 ♪ ホール

両手でひざを１回たたきます。

7 ♪ ディヒッ

手を１回たたきます。

8 ♪ ヒア

両方の指を１回鳴らします。

9 ♪ ホールディクック
ホールディヒッヒア
ホールディクック〜

6〜8を５回繰り返します。

10 ♪ ホールディヒッヒア
ホ

6〜8を繰り返した後、前かがみになり、両手でひざを１回たたきます。

手あそび♪
歌あそび

ふたりで：表情豊かにふれあおう

年齢 1 2 3 4 5 歳児

パンやさんにおかいもの

人数 2人～

ポイント ✣ パンの種類をかえてポーズを考えても楽しいです。 ✣ 大きな振りでわかりやすくゆっくりと歌います。

あそび方

ことばかけ
みんなはどんなパンが好き？
朝、パンを食べてきた人はいるかな？

お客さん
パンやさん

1番 1
♪ パンパンパンやさんに おかいもの
ふたりで向かい合ってパンやさんとお客さんになり、手を７回たたきます。

2
♪ サンドイッチに
お客さんはパンやさんのほおを両手で挟みます。

3
♪ メロンパン
お客さんはパンやさんの両目を「あかんべぇ」のように下げます。

4
♪ ねじりドーナツ
お客さんはパンやさんの鼻をつまんでねじります。

5
♪ パンのみみ
お客さんはパンやさんの両耳を引っ張ります。

6
♪ チョコパンふたつ
お客さんはパンやさんのわきの下をくすぐります。

7
♪ くださいな
向かい合って手を２回たたき、「な」で両手を上に向けて差し出します。

2番 1
♪ ホイホイたくさん まいどあり
向かい合って手を7回たたきます。

2 ～ 6
♪ サンドイッチに～
パンやさんはお客さんのほおを両手で挟みます。（以降もパンやさんから）

7
♪ ハイ どうぞ
向かい合って手を２回たたき、「ぞ」で両手を上に向けて差し出します。

作詞／佐倉智子　作曲／おざわたつゆき

1. パン パン パン やさん に お かい もの
2. ホイ ホイ た く さ ん ま いど あり
サ ン ドイッ チ に メ ロン パン ね
じ りドー ナ ツ パ ンの みみ チョ コ パ ンふ たー つ く ださ いな
1.
2.
ハ イ ど う ぞ

手あそび♪
歌あそび

ふたりで：夢中になるふれあいあそび

年齢 1 2 3 4 5 歳児

おてらのおしょうさん

人数 2人〜

ポイント ✣ 2歳児は「めがでて」からの動作を楽しみます。 ✣ 繰り返すごとにできるようになる過程も楽しいです。

あそび方

ことばかけ

さきちゃんの手、先生の手って順番に手をたたいてね。
歌いながら手をたたくとじょうずにできるようになるよ。

1
♪ せっせっせの

ふたりで向かい合って両手をつなぎ、上下に振ります。

2
♪ よいよいよい

手をつないだまま両手を交差させます。

3
♪ お

それぞれ左手の手のひらを上向きにして、右手で1回たたきます。

4
♪ て

右手で相手の左手の手のひらをたたきます。

5
♪ ら

手を1回たたきます。

6
♪ の

右手で相手の左手の手のひらをたたきます。

3・4を7回
繰り返します。

7
♪ おしょうさんが
かぼちゃの
たねをまきま

8
♪ し

手を1回たたきます。

9
♪ た

お互いの両手を合わせます。

10

♪ めがでて

自分の両手を合わせます。

11

♪ ふくらんで

手首と指先をつけたまま、両手をふくらませます。

12

♪ はながさいたら

手首をつけたまま指を広げ、花が咲いたような形にします。

13

♪「じゃんけん」

両手をグーにして回します。

14

♪「ぽん」

ふたりでじゃんけんをします。

♪「あいこでしょ」

あいこの場合は、勝負がつくまで 13 、14 を繰り返します。

3 〜 6 のアレンジバージョン

3

♪ お

4

♪ て

5

♪ ら

6

♪ の

7 以降、「お しょう さん が か ぼ ちゃ の た ね を ま き ま し」までは、リズムに合わせて自分の手と相手の手を交互にたたいていきましょう。

わらべうた
せっ せっ せ の よい よい よい
お て ら の お しょう さん が
か ぼ ちゃ の た ね を ま き ま し た
め が で て
ふ く ら ん で
は な が さ い た ら「じゃん けん ぽん」
「あい こで しょ」

ふたりで：楽しいじゃんけんあそび

おちゃらか

年齢 1 2 3 **4 5** 歳児

人数 2人～

ポイント ✣ 慣れたらスピードアップすると盛り上がります。 ✣ 世代間交流など、お年寄りとも楽しめます。

あそび方

ことばかけ 「おちゃらかホイ」で勝った人は両手を上げて喜んで！ 負けた人は泣くまねをします。あいこも練習してみましょう。

1 ♪ おちゃ

向かい合って、左の手のひらを上に向け、右手で1回たたきます。

2 ♪ らか

右手で相手の左の手のひらをたたきます。

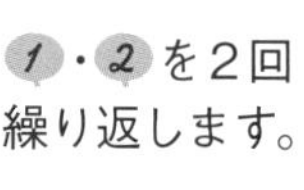

1・2を2回繰り返します。

3 ♪ おちゃらか おちゃらか

4 ♪ ホイ

じゃんけんをします。

1・2を繰り返します。

5 ♪ おちゃらか

6 ♪ かったよ

勝ったら両手を上げます。

♪ まけたよ

負けたら泣くまねをします。

♪ あいこで

両手を腰に当てます。

1・2・4を繰り返します。

7 ♪ おちゃらか　ホイ

わらべうた

お ちゃら か お ちゃら か お ちゃら か ホイ

お ちゃら か {かっ た よ / まけ た よ / あい こ で} お ちゃら か ホイ

手あそび♪
歌あそび

ふたりで：協力し合う気持ちを育てる　年齢▶ 1 2 3 4 5 歳児

なべなべそこぬけ

人数▶ 2人〜

ポイント ✣ できるようになると、気持ちがよいあそびです。　✣ 体をひねらないよう、最初は保育者が手伝います。

あそび方

ことばかけ
友だちと両手をつないでみてね。
まず最初に先生がやってみるから見ててくださいね。

1 なべなべそこぬけ
そこがぬけたら

向かい合って両手をつないで左右に振ります。

2 かえりましょう

両手をつないだまま、背中合わせになります。

3 なべなべそこぬけ
そこがぬけたら

背中合わせのまま、握っている両手を左右に振ります。

4 かえりましょう

両手をつないだまま、向かい合わせに戻ります。

わらべうた

なべ なべ そこぬけ そこが ぬけたら かえりましょう

第6章 ♪手あそび 歌あそび

手あそび♪歌あそび

ふたりで：息を合わせて楽しむ

年齢 1 2 3 **4 5** 歳児

アルプスいちまんじゃく

人数 2人～

ポイント ✣ 最初はゆっくり何度かやってみます。 ✣ できるようになったら、テンポを速くして楽しみましょう。

あそび方

ことばかけ：難しそうに見えるけど、同じポーズの繰り返しだから大丈夫だよ。先生のまねっこをしてみて。初めはゆっくり歌うね。

1 ♪ア

手を１回たたきます。

2 ♪ル

お互いの右手をたたきます。

3 ♪プ

手を１回たたきます。

4 ♪ス

お互いの左手をたたきます。

5 ♪いち

手を１回たたきます。

6 ♪まん

お互いの両手を打ち合わせます。

7 ♪じゃ

手を１回たたきます。

8 ♪く

お互いに両手の指を組んで、手のひらどうしを向けて打ち合わせます。

9 ♪こや

手を２回たたきます。

10 ♪り

右ひじを立てて、左手の先をひじに当てます。

11 ♪の

10と反対の手で行います。

12 ♪う

両手を腰に当てます。

13 ♪えで

左手を前に伸ばし、右手を曲げて自分の左ひじに当てます。左手は相手の右ひじに当てます。

14 ♪ア

手を１回たたきます。

15
♪ ル

お互いの右手をたたきます。

16
♪ ぺ

手を１回たたきます。

17
♪ ン

お互いの左手をたたきます。

18
♪ お

手を１回たたきます。

19
♪ ど

お互いの両手を打ち合わせます。

20
♪ り

手を１回たたきます。

21
♪ を

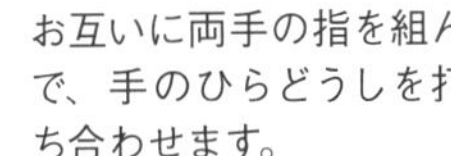

お互いに両手の指を組んで、手のひらどうしを打ち合わせます。

22
♪ さぁ

手を２回たたきます。

23
♪ お

右ひじを立てて、左手の先をひじに当てます。

24
♪ ど

と反対の手で行います。

25
♪ りま

両手を腰に当てます。

26
♪ しょう

左手を前に伸ばし、右手を曲げて自分の左ひじに当てます。左手は相手の右ひじに当てます。

～25を繰り返します。

27
♪ ランラララ
ラララララ
ランラララ…

28
♪「ヘイ！」

お互いの両手を高く打ち合わせます。

作詞／不詳　作曲／アメリカ民謡
アルプス いちまんじゃく こやりの うーえで アルペン
おどりを さぁおどりましょう ラン ラララ ララララ
ラン ラララ ラララ ラン ラララ ララララ ララララ ラ 「ヘイ！」

第６章 ♪手あそび 歌あそび

大勢で：掛け合いで盛り上がろう

あぶくたった

年齢▶ 1 2 3 4 5 歳児

人数▶ 大勢

ポイント ✣ 大勢でのやりとりが楽しめます。 ✣ 自然に鬼ごっこのルールがわかるようになります。

あそび方

ことばかけ 先生が「トントントン」って言ったら、
みんなで「何の音？」って聞いてくれる？

1

♪ あぶくたった
にえたった

手をつないで輪になり、しゃがんでいる鬼の周りを回ります。

2

♪ にえたかどうだか
たべてみよう

1 を繰り返した後、止まります。

3

♪ むしゃ　むしゃ
むしゃ

手を離して、鬼の頭を触りながら食べるまねをします。

4

♪ まだにえない

手をつないで輪に戻ります。

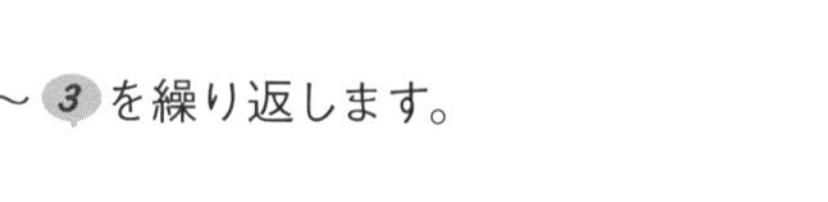

1 〜 3 を繰り返します。

5

♪ あぶくたった　にえたった
にえたかどうだか　たべてみよう
むしゃ　むしゃ　むしゃ

6

♪ もうにえた

鬼の頭から手を離します。

7

♪「とだなにいれて」

みんなで鬼を抱えるようにして少し離れた位置に移動させます。

8

♪「かぎをかけたら
がちゃ　がちゃ　がちゃ」

鍵をかけるまねをして、鬼以外の子は元の場所に戻ります。

9

♪「おふろにはいって
じゃぶ　じゃぶ　じゃぶ」

体を洗うしぐさをします。

とんとん
とん

10

♪「ごはんをたべて
むしゃ　むしゃ　むしゃ」

ごはんを食べるしぐさをします。

11

♪「おふとんしいて
さぁ　ねましょ」

布団を敷くしぐさをして、両手を合わせて片方のほおに当てます。

12

♪ 鬼「とんとんとん」

鬼はみんなのそばに来て、ドアをノックするしぐさをします。

何の音？

水の音

13

♪ みんな「なんのおと？」

両手を合わせて片方のほおに当てたまま、鬼に聞きます。

12・13を繰り返します。

14

♪ 鬼「みずのおと」

鬼が言います。

ワァー
キャー
おばけの音！

15

♪ みんな「あ～よかった」

みんなが答えます。

7以降の動作や、14で鬼が答える「○○の音」の部分は、子どもたちといっしょに考えてみましょう。
実際に家に帰ってからの行動（歯を磨く、パジャマを着るなど）を聞いたり、外ではどんな音が聞こえるか（風の音、自動車の音など）を尋ねたりして、子どもの自由な発想を引き出します。

16

♪ 鬼「とんとんとん」
みんな「なんのおと？」

17

♪ 鬼「おばけのおと」

鬼が答えたら、みんなは逃げて、鬼がそれを追いかけます。

第6章 ♪ 手あそび　歌あそび

わらべうた
あ ぶ く たっ た に え たっ た
に え た か どう だ か
た べ て み よう
む しゃ む しゃ む しゃ
まだにえない
もうにえた

※7以降は、子どもたちとのことばのやりとりを楽しみましょう。

英語：導入にぴったりの定番曲

Hello！

年齢 1 2 **3 4** 5 歳児

人数 1人～

ポイント ✣ あいさつの歌で自然と英語に親しめます。 ✣ 大きな動作で元気よく行いましょう。

あそび方

ことばかけ
英語であいさつできるかな？
Helloは一日中使える便利なことばだよ。元気に歌おうね。

♪ Hello,

右手を上げて左右に振ります。

♪ Hello,

左手を上げて左右に振ります。

♪ Hello,how are you?

右手をぐるりと回した後、目の前の人に尋ねるように、手のひらを上にして胸の前へ出します。

♪ I'm fine,

右手を左胸の前に置きます。

♪ I'm fine,

右手の上に左手を交差するように置きます。

♪ I hope that you are,too.

胸の前で両手を交差させたまま、体を左右に揺らします。

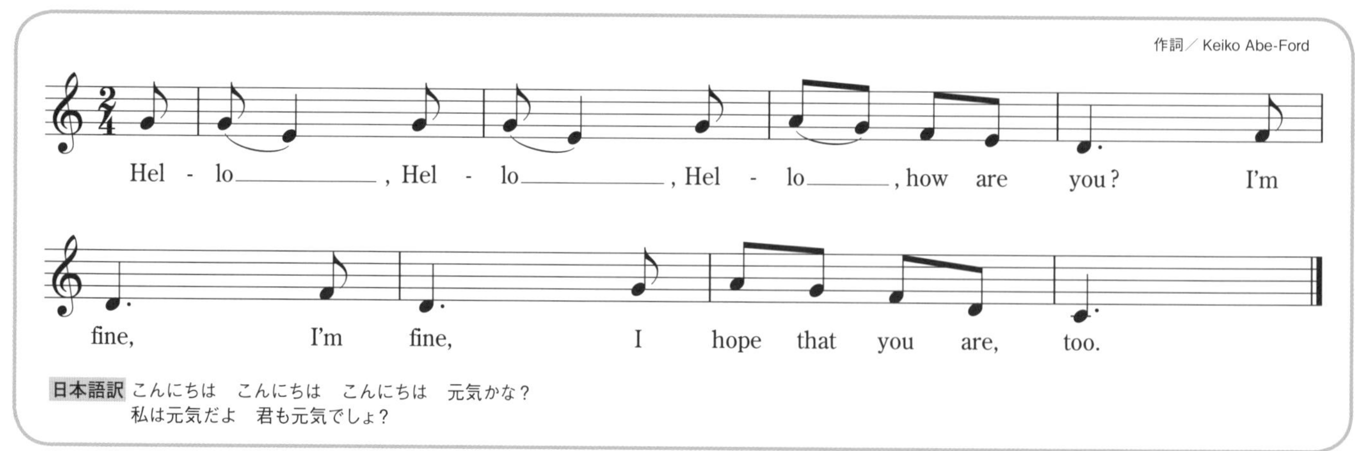

作詞／Keiko Abe-Ford
Hel - lo, Hel - lo, Hel - lo, how are you? I'm
fine, I'm fine, I hope that you are, too.
日本語訳 こんにちは　こんにちは　こんにちは　元気かな？
私は元気だよ　君も元気でしょ？

手あそび♪
歌あそび

英語：おなじみの歌で英語に親しむ

年齢 1 2 **3 4** 5 歳児

Twinkle,twinkle,little star

人数 1人～

ポイント ✣ 親しみのあるメロディーは英語でも歌いやすいです。 ✣ たなばたの時期にぴったりの歌です。

あそび方

ことばかけ：流れ星を見たことがあるかな？　流れ星にお願い事をすると願いがかなうんだって。今度見つけてみようね。

1 ♪ Twinkle,twinkle, little star

両手を上げて、ひらひらさせます。

2 ♪ How I wonder what you are

両手をひらひらさせながら、大きく腕を広げて下ろします。

3 ♪ Up above the world so high

片手を腰に、もう一方の手を目の上にかざします。

4 ♪ Like a diamond in the sky

3とは反対の手で、同じ動きをします。

5 ♪ Twinkle,twinkle, little star

両手を上げて、ひらひらさせます。

6 ♪ How I wonder what you are

両手をひらひらさせながら、大きく腕を広げて下ろします。

7 ♪（最後に）

最後に両手を合わせてほおに当て、寝るしぐさをします。

作詞／ジェイン・テイラー　作曲／フランス民謡

Twin-kle, twin-kle, li - ttle star How I won-der what you are Up a - bove the world so high
Like a dia - mond in the sky Twin-kle, twin-kle, li - ttle star How I won-der what you are

日本語訳 きらきらきらめく　小さなお星様　あなたは一体何物なの？　お空のはるか向こうのほうに
ダイヤモンドのように輝いている　きらきらきらめく　小さなお星様　あなたは一体何物なの？

手あそび♪
歌あそび

英語：英語の体の名称が覚えられる

年齢 1 2 3 **4 5** 歳児

Head,Shoulders,Knees and Toes

人数 1人～

ポイント ✤ リズムにのせて英語の体の名称が自然に覚えられます。 ✤ 全身を大きく動かしましょう。

あそび方

これから体の歌を英語で歌うよ。聞いたことのある英語が出てくるかな？　最初は先生の言う英語に合わせて動いてね。

♪ Head,

両手を頭の上に置きます。

2

♪ shoulders,

両手を肩の上に置きます。

3

♪ knees and

両手を両ひざの上に置きます。

♪ toes,
knees and toes,

両手を両足のつま先の上に置き、3・4を繰り返します。

1～4を繰り返します。

♪ Head,shoulders,
knees and toes,
knees and toes,
and

♪ Eyes and

両手のひとさし指で両目を指します。

♪ ears and

両手で両耳を触ります。

♪ mouth and

両手のひとさし指で口を指します。

♪ nose,oh,

両手のひとさし指で鼻を指します。

1～4を繰り返します。

♪ Head,shoulders,
knees and toes,
knees and toes！

Head＿, shoul-ders, knees and toes, knees and toes, Head＿, shoul-ders, knees and toes, knees and toes＿, and＿
Eyes and ears and mouth＿ and＿ nose, oh, Head＿, shoul-ders, knees and toes, knees and toes！
日本語訳 頭に 肩に ひざと つま先、ひざと つま先、頭に 肩に ひざと つま先、ひざと つま先、
目に 耳に 口に 鼻、 頭に 肩に ひざと つま先、ひざと つま先

手あそび♪歌あそび

英語：韻を踏んでリズミカルに

I'm a Little Teapot

年齢 1 2 3 **4 5** 歳児

人数 1人〜

ポイント ✣ 全身を大きく使って表現しましょう。 ✣ 英語の響きや発音、リズムを楽しみます。

あそび方

ことばかけ ティーポットでお茶を入れるのを見たことがあるかな？
お湯を注いでお茶にしましょう。愉快なポットの歌が始まるよ。

1 ♪ I'm a little teapot,

親指で自分の胸を指さします。

2 ♪ short and

ひざを少し曲げて、片手を上げ、背が低いしぐさをします。

3 ♪ stout,

両足を広げてひざを少し曲げ、両手を大きく広げます。

4 ♪ Here is my handle,

左腕を輪のようにして、手を腰に当て、取っ手のまねをします。

5 ♪ here is my spout.

右手を下向きにして右腕を耳につけるように伸ばし、ポットのポットの注ぎ口のようにします。

6 ♪ When I get all steamed up,

足踏みをしながら、体全体を揺らします。

7 ♪ then I shout,

両手を口の脇に当て、叫ぶしぐさをします。

8 ♪ Tip me over and pour me out.

5の動作をして、右足で立ち、そのまま体を傾けて注ぎ口から注ぐしぐさをします。

I'm a lit - tle tea - pot, short and stout, Here is my handle, here is my spout.
When I get all steamed up, then I shout, Tip me over and pour me out.

日本語訳 私は小さなティーポット、小さくてズングリよ　これが取っ手で、これが注ぎ口
お湯が沸いてくると叫びます　傾けて注いで！と

第6章 ♪手あそび 歌あそび

手あそび♪
歌あそび

英語：かわいいサルのユーモラスな歌

Five Little Monkeys

年齢 ▶ 1 2 3 **4 5** 歳児

人数 ▶ 1人～

ポイント ✣ 英語の数への興味が持てます。 ✣ 繰り返しのおもしろさを体感できます。

あそび方

ことばかけ：みんなはベッドで寝ますか？　ベッドで飛び跳ねたことはある？
ベッドでジャンプしたおサルさんはどうなったでしょう？

1番 ①

♪ Five little monkeys

右手を腰に当てて、左手はパーにして前に出します。

②

♪ jumping on the bed.

①のまま、左手を上下に動かします。

③

♪ One fell down and

左手の親指を右手で握って、下に落とすようにします。

④

♪ broke his head.

両手で頭を抱えて痛そうなしぐさをします。

⑤

♪ Mama called the doctor and the

（お母さんになって）番号を押し、受話器を耳に当てて電話をかけるしぐさをします。

⑥

♪ doctor said,

（お医者さんになって）左手を腰に当て、右手のひとさし指を左右に大きく振ります。

⑦

♪ “No more monkeys

両腕を少し曲げながら広げ、肩をすくめます。

⑧

♪ jumping on the bed.”

右手のひとさし指を上下に動かします。

2番 ①

♪ Four little monkeys ～

左手の４本の指を広げて前に出します。１番の②～⑧を繰り返します。

3番 ①

♪ Three little monkeys ～

左手の３本の指を広げて前に出します。１番の②～⑧を繰り返します。

4番 ①

♪ Two little monkeys ～

左手をチョキにして前に出します。１番の②～⑧を繰り返します。

5番 ①

♪ One little monkey ～

左手のひとさし指を立てて前に出します。１番の②～⑧を繰り返します。

♪ No more monkeys

両腕を少し曲げながら広げ、肩をすくめます。

♪ jumping on the bed.

右手のひとさし指を上下に動かします。

♪ Mama got on and

（お母さんになって）自分の胸をひとさし指で指します。

♪ jumped instead.

リズムに合わせてその場でジャンプします。

♪ The monkeys called the doctor and the

番号を押し、受話器を耳に当てて電話をかけるしぐさをします。

♪ doctor said,

（お医者さんになって）左手を腰に当て、右手のひとさし指を左右に大きく振ります。

♪ “No more mothers

両腕を少し曲げながら広げ、肩をすくめます。

♪ jumping on the bed.”

右手のひとさし指を上下に動かします。

1. Five lit - tle mon - keys
2. Four lit - tle mon - keys
3. Three lit - tle mon - keys } jump-ing on the bed. One fell down and broke his head.
4. Two lit - tle mon - keys
5. One lit - tle mon - key
6. No mo - re mon - keys jump-ing on the bed. Mama got on and jumped in - stead. The

1.~5. Ma - ma called the doc - tor and the doc - tor said, “No more mon - keys jump - ing on the bed.”
6. mon - keys called the doc - tor and the doc - tor said, “No more moth - ers jump - ing on the bed.”

日本語訳
①5匹の小ザルが　ベッドで飛び跳ねた
※{ 1匹が落ちて　頭をぶつけた
ママは電話で　お医者さんを呼んだ
お医者さんは小ザルに言った
「ベッドで跳ねてはいけません」 }

②4匹の小ザルが　ベッドで飛び跳ねた　※繰り返し
③3匹の小ザルが　ベッドで飛び跳ねた　※繰り返し
④2匹の小ザルが　ベッドで飛び跳ねた　※繰り返し
⑤1匹の小ザルが　ベッドで飛び跳ねた　※繰り返し

⑥ベッドの上では　だれも跳ねてない
かわりにママが　飛び跳ねた
小ザルたちは電話で　お医者さんを呼んだ
お医者さんはあきれて言った
「ベッドでママは跳ねちゃダメ」

手あそび♪
歌あそび

英語：バスにのったような気分で

The Bus Song

年齢 ▶ 1 2 3 4 **5** 歳児

人数 ▶ 5人～

ポイント ✣ バスが身近に感じられる歌です。 ✣ さまざまな人やものになりきる擬音あそびです。

あそび方

ことばかけ
バスにのってお出かけしたことあるよね？
きょうのバスにはいろいろな人がのっているよ。どんな人かな？

1番 1

♪ The people on the bus go

輪に並べた椅子に座ってみんなで歌います。

2

♪ up

椅子から立ち上がります。

3

♪ and down,

椅子に座ります。

2・3を２回繰り返します。

4

♪ up and down, up and down.

5

♪ The people on the bus go

輪に並べた椅子に座ってみんなで歌います。

6

♪ up and down,

リズムに合わせて椅子から立ち上がった後、座ります。

7

♪ All through the town.

全員立って、右隣の椅子に移動します。

2～7番 1

♪（それぞれの歌い出しで）

輪に並べた椅子に座ってみんなで歌います。

2番 2

♪ swish,swish,swish.～swish,swish,swish.

両手のひとさし指を立てて、左右に動かします。

3番 2

♪ round,round,round.～round,round,round.

両脇で車輪のように両腕を回します。

4番 2

♪ wah,wah,wah.～wah,wah,wah.

両手を目に当てて、赤ちゃんの泣きまねをします。

5番 ②

♪ zzz,zzz,zzz.～
zzz,zzz,zzz.

腕組みをして、いびきをかいて寝るしぐさをします。

6番 ②

♪ shhh,shhh,shhh.～
shhh,shhh,shhh.

唇にひとさし指を当てて、シーッと静かにさせるしぐさをします。

7番 ②

♪ honk,honk,honk.～
honk,honk,honk.

左手でハンドルを握り、右手でクラクションを鳴らすしぐさをします。

2～7番 ③

♪（それぞれの①と同じ歌詞で）

輪に並べた椅子に座ってみんなで歌います。

2番

3番

4番

5番

6番

7番

2～7番 ④

♪（それぞれの②と同じ歌詞で）

それぞれの②と同様にします。

2～7番 ⑤

♪ All through the town.

全員立って、右隣りの椅子に移動します。

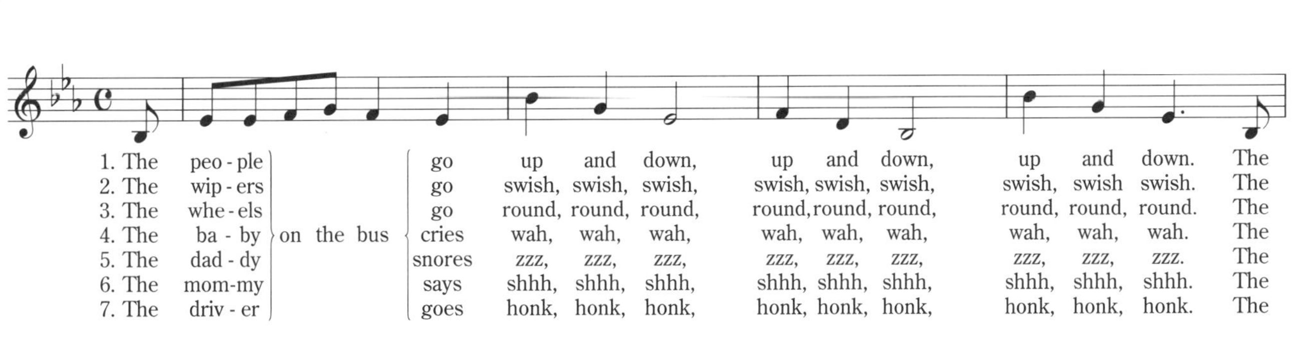

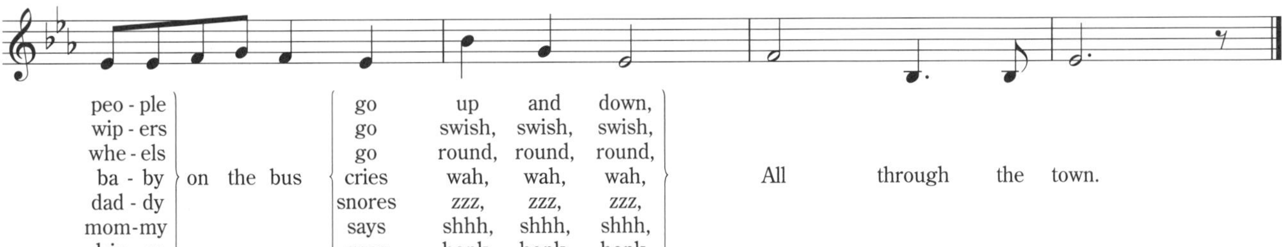

日本語訳 ①バスにのっている人たちは上がったり、下がったり… ※1
街の中をずーっと ※2
②バスのワイパーはスウィッシュ、スウィッシュ、スウィッシュ… ※1※2
③バスの車輪はグルグル、グルグル、グルグル… ※1※2
④バスの中の赤ちゃんが泣いているよ、ワー、ワー、ワー… ※1※2
⑤バスの中のお父さんはいびきをグー、グー、グー… ※1※2
⑥バスの中のお母さんは「お静かに」と、シーッ、シーッ、シーッ… ※1※2
⑦ バスの運転手はクラクションをホンク、ホンク、ホンク… ※1※2
※1 ②～⑦番の各フレーズを繰り返す
※2 ②～⑦番まで共通で歌う

こんなときどうする？

あそびQ&A

Q あそびのルールを守らない

あそびのルールを守っていなかった子に対し、ルールをきちんと守っていた子が文句を言ってトラブルになります。わざとルールを破ったのではなく、ルールがわからなかったようなのですが、双方の言い分をどう受け止めたらよいでしょうか。（3～5歳児）

A

安全面のルールは必ず守るよう伝える

あそびの前に、追いかけっこで相手を突き飛ばさない、平均台にのっている子を押さないなど、子どもの安全に関するルールはきちんと守るよう伝えましょう。

もしも安全面のルールを破った場合には、相手の子が危ない目にあったこと、痛かったことなどを話し、しっかりルールを守る大切さを伝えます。

ルールが完全には理解できない子も

子どもによって月齢の差や性格の違いもあるので、ルールがよく理解できてしっかり守ろうとする子もいれば、あまりわからず自分なりにしか守れない子もいます。ルールを守っている子が不満に感じて、トラブルになるのは多々あることです。

ルールがわかっていない子には繰り返していねいに説明をします。そのうえで間に入り、相手はルールがわからなかったのだということと、相手はルールがあるのに守らなかったから怒っているのだという双方の言い分に気づけるように橋渡しを。相手の気持ちを考えられる機会を作りましょう。

次はどうすればいいか話し合う

保育者はルールを破るのはいけないことだからみんな守ろうねというだけではなく、どうして守れなかったのか、次はどうしたらよいのかを子どもたち自身が考えられるようにしたいものです。

「今はこうするときだったんだよ、と教えてあげようよ」「今度は順番にしてねって言おうか」など、お互いの気持ちを代弁し、わかりやすい言葉でつないでいきましょう。繰り返していくと、自分たちで言えるようになっていきます。

ルールを守ることだけにこだわらず、あそびを通していろいろな心の葛藤を体験して、子どもたちで折り合いをつけて次につなげていけるようにしていきましょう。

Q あそんでいるうちに動きが乱暴になる

あそびに夢中になってくると動きが大きくなり、ほかの子にぶつかったり、押しのけてしまったりすることがあります。注意をすると、「ぶつかるつもりはなかった、わざとやったんじゃないのに…」と不満げで反省しているようすがありません。(3～5歳児)

A

動きを予想して環境面の配慮を

子どもが動き回るのに十分な場所があるのか、ぶつかって危ないものがないのか、子どもの動きを予想してあそぶスペースのチェックをします。

少人数のグループに分けて保育者がひとりずつ入る、道具の数を調整するなど、あそびに応じて環境面のくふうをしましょう。あそびに夢中になり動きがダイナミックになってきたら小休止をはさむなど、タイミングを見て声をかけることも必要です。

あそぶ前にひと声かけておく

何度も同じようなことがある場合には、「今から鬼ごっこをやるけれど、思い切りやりすぎると、きのうみたいになるから気をつけようね」など、あそぶ前に声をかけておきましょう。

相手の気持ちに気づけるように

鬼ごっこで逃げたくてほかの子を押してしまったり、あそびに夢中で気づかないうちに当たってしまったときには、相手の気持ちを代弁して気づけるようにしましょう。

自分が夢中になりすぎて押してしまった場合、本人も「しまった、いけなかった」と感じていることが多いもの。いきなり結果だけを見て注意をされると、気持ちに収まりがつけにくくなります。

「どうして当たったの？」と理由を聞いて「鬼から逃げたかったら当たっちゃったんだね」と気持ちをことばにして整理しましょう。そのうえで、保育者が橋渡しをして、相手の押された子がどんなふうに思ったのかに気づけて、「ごめんね」と伝えられるとよいでしょう。

こんなときどうする?

あそび Q&A

Q あそびをじゃましたり ずるをしたりする

「つまらないからやめよう」とあそびを中断させたり、みんなで使っているおもちゃを取り上げたりして、あそびのじゃまをする子がいます。だんだん周りの子がいっしょにあそぶのをいやがってきています。どうしたらよいでしょうか。（3～5歳児）

A

甘えたい気持ちから注目させたい

あそびのじゃまをしたりずるをして保育者や友だちを困らせている場合、そのときの行動だけを見て判断しないようにしましょう。何が理由なのか、子どもの日々のようすにも目を向けます。

単にじゃまをしたい、勝ちたいからずるをするだけではないこともあります。家庭や友だち関係のトラブルなどが原因でさみしさを感じていて、甘えたい気持ちからわざと悪いことをしてみんなの注目を引こうとしている場合も。

社会性がだんだん育ってくると甘えてはいけないのがわかっていてがんばろうとする分、素直に気持ちを伝えられなくなる面もあります。ほんとうは甘えたいがためにサインを出している子どもの気持ちを受け止めましょう。

勝負にこだわるのも成長過程の一つ

負けたくないからあそびを途中でやめる、勝ちたいからずるをするなど、勝ち負けへのこだわりが理由のこともあります。いちばんになりたい気持ち、勝ちたい気持ちが強くなること自体は成長段階の一つといえるでしょう。

その場合には、いきなり注意するのではなく、ずるをして勝ってもうれしいのかどうか本人が考えられるようことばをかけましょう。

また、どんなあそびをしたいのかみんなで話し合う場を設けてもよいでしょう。約束事なども保育者がアドバイスしながら決めていきます。みんなで決めたあそびなので楽しく遊べるきっかけになるかもしれません。

第7章

屋外あそび

思い切り体を動かしてあそべる
屋外ならではのあそびが大集合！
みんなで盛り上がる鬼ごっこや
ゲームもたっぷり掲載しています。

屋外あそび

ふれあい：子どもたちがお弁当の具に

年齢 1 2 3 4 5 歳児

人数 3人〜

大きなお弁当

ねらい
- みんなであそぶ楽しさを味わう
- 友だちとイメージを共有する

あそび方

ことばかけ
きょうは大きなお弁当箱を持ってきたの。
（大きな四角のラインを引いて）中には何を入れようかな。

おいしそうな卵焼き食べてみよう
ムシャムシャ

1 子どもたちはジャンプ

地面に大きく描いた四角をお弁当箱とし、その中に子どもたちが入ります。その周りを保育者が『おべんとうばこ』を歌いながら歩きます。子どもたちは手を頭の上にのせてジャンプします。

2 保育者が食べるまねをする

歌い終わったら、保育者はひとりの子どもを卵焼きなどのお弁当の具に見たて、「食べてみよう、ムシャムシャ」と言いながら食べるまねをします。

3 食べられた子は外へ

食べられた子どもは外へ出て、保育者といっしょに四角の周りを歩き、繰り返してあそびます。いろいろなおかずに見たててあそびます。全員食べられたらおしまいです。

ポイント

・お弁当のおかずを子どもたちと決めながらあそびましょう。
・あそんだら「おいしかったわ」と感想を伝えるといいでしょう。

年齢のアレンジ

3歳なら…

あそび方は同じです。「からあげになる」「卵焼きがいい！」など、子どもが自分でなりたいお弁当のおかずを指定して、あそびます。

屋外あそび 

ふれあい：おうちを探して飛び回ろう　年齢 1 2 3 4 5 歳児

カラスのおうち

人数 2人～

ねらい
- 保育者とのスキンシップを楽しむ
- 集中力を養う

あそび方

ことばかけ
大きな声で歌ってあそぼうね。
みんなでぎゅっとなると楽しいよ。

1 カラスのまねで動き回る

みんなで『七つの子』を歌いながら、手を羽ばたかせカラスが飛ぶまねをして歩きます。

2 おうちを見つける

保育者が「カラスのおうちはどこですか?」と聞きます。別の保育者が腕を大きく輪にして「ここですよ」と答えます。

3 カラスはおうちに帰る

子どもたちは、カーカーと手を羽ばたかせながら、カラスのおうちへ行きます。保育者は、子どもたちを迎え入れ、ぎゅっと抱きしめます。

4 また外へ飛び出す

しばらくしたら、保育者が「行ってらっしゃい」と言い、子どもたちを送り出します。子どもたちはおうちから飛んで行き、またあそびます。

ポイント

・事前に歌を知っていると、あそびに入りやすいでしょう。
・あそびを通して保育者と積極的にふれあうようになります。

年齢のアレンジ

5歳なら…

カラスになって『七つの子』を歌います。保育者が「七つの子」と言ったら7人で集まり手をつなぎます。「五つの子」「三つの子」など楽しみましょう。

屋外あそび

ふれあい：手をつなぎ一体感を楽しむ

年齢 1 2 3 4 5 歳児

みんなでたいこ

人数 3人～

ねらい
- 友だちとの仲間意識を強める
- 大きい、小さいを体で理解する

あそび方

ことばかけ
お友だちの手は優しく握って、元気に歌ってね。
歌詞の大きい、小さいは声も大きく、小さくするよ。

1 「大きな」は大きく表現

保育者も入りみんなで手をつないで輪を作ります。みんなで『大きなたいこ』を歌い、歌詞に合わせて、「大きな」のところは輪を広げます。「ドーンドーン」の音を表すところは、大きくジャンプします。

2 「小さな」は小さく表現

「小さな」のところは小さく輪を縮めて、小さく足踏みをして音を表します。歌詞に合わせて大小を表現しましょう。

『大きなたいこ』
大きなたいこ　ドーンドーン
小さなたいこ　トントントン
大きなたいこ　小さなたいこ
ドーンドーン　トントントン

ポイント

・慣れてきたらスピードもかえて、速くしたり遅くしたり変化をつけてあそびましょう。
・保育者が大げさに強弱をつけ表現しましょう。

年齢のアレンジ

3歳なら…

プールであそびます。みんなで輪になり内側を向いて立ちます。「大きな…」では思い切り水の表面をたたき、「小さな…」では水面を小さくたたきます。

屋外あそび

ふれあい：みんなで息を合わせて

年齢 1 2 3 4 5 歳児

やってきた やってきた

人数 5人〜

ねらい
- リズム感を養う
- 歌を口ずさみながら動くのを楽しむ

あそび方

ことばかけ
先生といっしょに歌いながらあそびましょう。
みんなで手をつないであそぼうね。

やってきた
やってきた
ピョン
ピョン

やってきたと
おもったら…

いつのまにか
ねちゃった
ゴロン・・・

1 輪になって跳びはねる

全員で手をつなぎ、輪になります。『ひらいたひらいた』のメロディーで、ピョンピョン跳びはねながら、「やってきたやってきた　いったいだれがやってきた　ウサギさんがやってきた」と歌います。

2 外側に開く

「やってきたとおもったら…」では、手をつないだまま外側に開いていきます。

3 寝るしぐさでおしまいに

最後のフレーズ「いつのまにか　ねちゃった」は、真ん中に全員集まり、ゴロンと寝転がり寝るしぐさをします。「すわっちゃった」など歌詞をかえて楽しみます。

ポイント

- 慣れてきたら、スピードをかえて楽しみましょう。
- 人数を増やしたり、動きをダイナミックにしてみましょう。

あそびにプラス

食べ物の名前で

上記と同じ歌で「やってきたやってきた　ハンバーガーがやってきた…いつのまにか　食べちゃった」とみんなでムシャムシャ食べるまねをします。

食べちゃった
ムシャ
ムシャ
ムシャ

第7章 屋外あそび

屋外あそび

ふれあい：元気にあいさつできるかな　年齢 1 2 3 4 5 歳児

あいさつでお友だち

人数 6人～

ねらい
- 元気にあいさつをする
- 友だちとあそぶ楽しさを知る

あそび方

ことばかけ：だれかに肩をトントンされたらストップしてね。
元気にあいさつできるかな？　手を離さないようにね。

1 みんなで自由に歩き回る

みんなで好きな歌を歌いながら（または流している曲のリズムに合わせて）歩き回ります。

2 「こんにちは」のあいさつ

保育者が子どもの肩をたたき、互いに立ち止まり「こんにちは」とあいさつをして手をつなぎます。保育者が子どもの手を引きリードします。

3 子ども主体であいさつ

子どもがリードするようにします。ひとりで歩いている子を探して肩をたたき、立ち止まって「こんにちは」とあいさつをして手をつなぎます。

4 「またね」でおしまい

3を何度か繰り返し、最後に保育者が「おうちに帰る時間ですよ」と合図します。みんなで「またねー」と言い合って手を離します。

ポイント

・最初は保育者が手を引いてリードしていきましょう。
・人数は保育者を含めて大勢いたほうが楽しめます。

年齢のアレンジ

4歳なら…

子どもだけで行います。子どもが友だちの肩をたたいて、互いに「こんにちは」とあいさつをして手をつなぎ、繰り返して自分たちで人数を増やしていきます。

ふれあい：みんなで食べよう

年齢 1 2 3 4 5 歳児

カレーライスいただきます

人数 大勢

ねらい
- 想像力をはぐくむ
- 友だちとのスキンシップを楽しむ

あそび方

ことばかけ
カレーライスができたら、みんなで食べようね。
おいしく食べられるように、大きな声で歌いましょう。

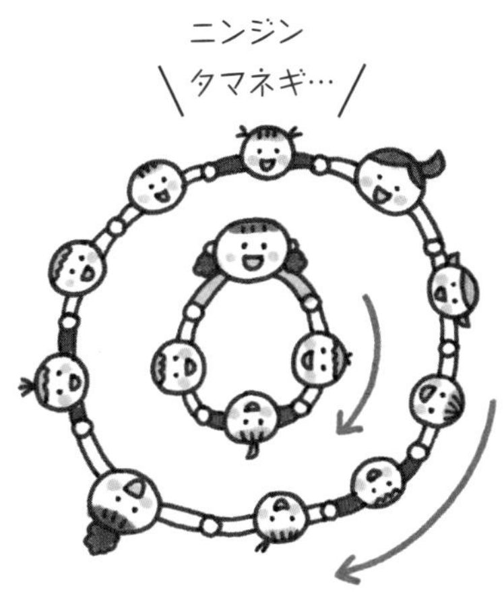
ニンジン
タマネギ…

ムシャ
ムシャ
コチョ
コチョ
コチョ
コチョ…
ムシャ
ムシャ…

1 輪になり歌いながら回る

保育者ひとりと子ども３人で小さな輪になり、その外側にほかの全員で大きな輪になります。矢印の方向に回転しながら、『カレーライスのうた』を歌います。ニンジン、タマネギなどを、復唱していきます。

2 「いただきます」をして

輪の外側の保育者が「煮えたかな？」と聞きます。内側の輪の子どもたちが「まだでーす」と答えたらもう一度歌います。「もう煮えた」と答えたら、外側の人たちが「カレールウ入れて、いただきます」と言い３回手をたたきます。

3 くすぐりっこ

外側の円の人たちは、内側の人をムシャムシャ食べるまねをしたり、くすぐったりします。内と外の子どもを入れ替えて、繰り返しあそびましょう。

ポイント

- たたいたりひっかいたりしないよう、保育者がようすを見て間に入りましょう。
- 『カレーライスのうた』を事前に歌い親しんでおきましょう。

年齢のアレンジ

5歳なら…

小さな輪はなしで始めます。「ニンジン」「タマネギ」の歌詞のところでは、その具材になりたい子が自ら中に入り、小さな輪を作ります。続きは同じです。

ニンジン
タマネギ

屋外あそび

ふれあい：友だちの名前もバッチリ！ 年齢 1 2 3 4 5 歳児

チョウチョウはだれが好き？

人数 6人〜

ねらい
✣ 友だちの名前を覚える ✣ 友だちとかかわる楽しさを知る

あそび方

ことばかけ
チョウチョはだれの所にとまるかな？
チョウチョのみんなは優しくお花（友だち）にとまってね。

チョウチョ
チョウチョ

なのはに
あいたら…
ピタッ…

わ〜！
たかしくんに
とまれ！

1 歌いながら歩く

両手をひらひらさせながら、『蝶々』を歌い歩き回ります。歌は3・4回繰り返しましょう。

2 「あいたら…」でストップ

3・4回目の「なのはにあいたら…」のところで飛ぶのをやめて、少し間を持たせます。

3 友だちにくっつく

保育者が「たかしくんに　とまれ！」と子どもの名前を言ったら、子どもたちはその友だちにくっつきます。

ポイント

・子どもたちの名前を互いに確認しておくといいでしょう。
・子どもたちが友だちの名前を早く覚えるきっかけにもなります。

年齢のアレンジ

2歳なら…

「なのはにあいたら　あきこ先生にとまれ！」と、間を持たせずメロディーにのせて保育者の名前を言います。子どもはその保育者の所に集まります。

あきこ先生に
とまれ！

屋外あそび

ふれあい：おしくらまんじゅうの変形あそび

年齢 1 2 3 4 5 歳児

おいしい タイヤキ

人数 8人～

ねらい ✣ 全身を使って元気にあそぶ ✣ 力の加減を知る

あそび方

ことばかけ みんなでいっしょに動いてぽかぽかに温まろうね。お友だちをたたいたり、ひっかいたりしないでね。

タイヤキ
タイヤキ…
ユサ
ユサ
あんこだよ！
タイのなかみは
なんだろな？
捕まえた！

1 輪になって腕を組む

保育者がふたり入り、7対3に分かれます。7人は「タイヤキの皮」、3人は「あんこ」です。「タイヤキの皮」は「あんこ」を真ん中にして輪になり、外側を向いて隣の人と腕をしっかり組みます。

2 唱えながら押す

全員で「タイヤキ　タイヤキ　おいしいタイヤキ　タイのなかみは　なんだろな?」と唱えながら、おしくらまんじゅうの要領でギュウギュウと「あんこ」を押します。これを何度か繰り返します。

3 「あんこ」が外へ脱出

保育者が「あんこだよ！」と言ったら、真ん中の「あんこ」は「タイヤキの皮」の足元をくぐって外へ出ようとします。「タイヤキの皮」は「あんこ」を捕まえようとします。捕まった子はもう一度「あんこ」になり、繰り返しあそびましょう。

第7章 屋外あそび

ポイント

・子どもが互いを知り、安心できる関係になってから行いましょう。
・保育者がひとり「あんこ」に加わり子どものようすを見ましょう。

年齢のアレンジ

2歳なら…

保育者を含め6人程度で行います。全員外側を向いて一つの輪になって座り、腕を組みます。船に見たて、「大きな波がザブーンときたよ」と、左右に大きく揺れるなどしてあそびます。

大きな波が
ザブーンときたよ
キャー！
キャー！
ザブーン！

屋外あそび

ふれあい：数に合わせて集まろう

年齢 1 2 3 4 5 歳児

きょうのごはんは？

人数 6人～

ねらい

✣ あそびを通して友だちとふれあう　✣ テンポよくあそぶ楽しさを味わう

あそび方

ことばかけ

パクパクするときにお友だちをひっかかないようにね。
顔じゃなくておなかや脇の下をくすぐるといいよ。

パン パン
いただきます
パク パク
コチョ
コチョ
パク パク

1 唱えながら歩き回る

手拍子をしながら、「イチゴ、ニンジン、サンマ、シイタケ、きょうのごはんは　なんだろな」と唱えながら歩き回ります。イチゴ…1、ニンジン…2、サンマ…3、シイタケ…4 のように、それぞれが数を表すことを確認しておきます。

2 合図で友だちと組む

保育者が「きょうのごはんは、ニンジン」と言って指を２本出したら、子どもたちは友だちとふたりで手をつなぎ、その場に座ります。

3 パクパク食べるまねっこ

保育者の合図で手を２回たたき、「いただきます」と言って、いっしょに座った子の体を互いにパクパク食べるまねをしたり、くすぐりっこをします。これを繰り返します。ニンジンはふたり、サンマは３人、シイタケは４人、全部は全員で集まります。

ポイント

・人数によってはあぶれてしまうので、保育者が加わります。
・友だちになかなか声がかけられない子はフォローをしましょう。

年齢のアレンジ

1歳なら…

みんなで小さな輪になり、両手のひらを前に出します。保育者がイチゴ、ニンジン…と時計回りに手のひらをつついていきます。「…なんだろな」で止まった子の手をくすぐります。

屋外あそび

ふれあい：いろいろな砂を発見！

年齢 1 2 3 4 5 歳児

砂場で砂糖作りごっこ

人数 2人～

ねらい

✣ 土や砂の違いに気づく　✣ ざるやふるいにかけて落ちた砂の粒の大きさの違いを知る

あそび方

ことばかけ

砂をふるったら、こんなにきれいでさらさらな砂ができたよ。
ふるいには大粒の砂が残っているね。

いちばんさらさらのお砂糖ください！
さとう
少しお待ちください
小さい石が残った

1 砂をふるいにかける

目の大きさの違うざるやふるいをいくつか用意します。乾いた砂場の砂をふるったり、それでできたサラサラの砂や、ざるに残った粗い砂など、砂の種類に分けて別の容器に入れます。これを砂糖に見たてます。

2 買い物ごっこに発展

「お砂糖やさん」になって、買い物ごっこをしてあそびます。葉っぱをお金のかわりに使ってもいいでしょう。

ポイント

・保育者がお客さんになってもいいです。
・ざるやふるいは目の粗いもの、細かいものを用意しましょう。

用意するもの

・ざるやふるい　・葉っぱ
・容器

年齢のアレンジ

3歳なら…

画用紙にスティックのりで絵を描いて、その上から細かい砂を入れたペットボトルで砂をふりかけます。のりに砂がくっつき、余計な砂を落とせば絵が完成します。

屋外あそび

ふれあい：行き先はボールが決める

年齢 1 2 3 4 5 歳児

ど〜こ行き

人数 4人〜

ねらい
✣ ルールを守ってゲームを楽しむ　✣ ねらった所にボールを投げたり転がしたりする

あそび方

ことばかけ
円の中には4か所の行き先が書いてあります。円にボールを投げたり転がしたりして、入った所の行き先に行ってタッチしてきてね。

どーこ行き
えんちょうせんせい
すべりだい
げたばこ
すなば
1m
タッチ!
タッチ!
ぼくは
すべりだい
園長先生!

1 行き先を決める

ラインを引き、そこから1mほどの所に円を描いて四つに区切ります。「すべりだい」「げたばこ」「えんちょうせんせい」など行き先を決め、ひらがなで四つ書きます。行き先はみんなで決めるとよいでしょう。

2 ボールを投げる

ラインに子どもたちが並び、保育者の合図で「ど〜こ行き」と言いながら、円を目がけて新聞紙を丸めてテープでとめたボールを投げたり転がしたりします。ボールが転がった所がその子の行き先です。外れたら自分で拾ってまた投げます。

3 タッチしてくる

行き先が決まったら、走って行ってタッチして戻ってきます。

ポイント

・タッチして戻ってきた順に点数をつけると盛り上がります。
・保育参観で保護者がおんぶして行って戻ってくるなどでも楽しめます。

用意するもの

・新聞紙で作ったボール

年齢のアレンジ

4歳なら…

円の中には行き先を書かず、行き先をあらかじめ決めておきます。円の中を目がけてボールを投げたり転がしたりし、ボールが円に入ったら、そこに行ってタッチして戻ってきます。

入った!
ハズれた!

ふれあい：肩をたたいておうちに帰ろう　年齢 1 2 3 4 **5** 歳児

ただいまったら行ってきます

人数 大勢

ねらい
- 複雑なルールを理解してあそぶ
- 友だちとのやりとりを楽しむ

あそび方

ことばかけ：どんどん新しいおうちを見つけるよ。「ただいま」と肩をトントンされたら逃げないでストップしてね。

1 3人グループの子とフリーの子に分かれる

3人一組のグループを数グループと、5人以上のフリーになる人を作ります。グループになった3人は横に並び、右隣の子の肩に右手をのせてつながります。保育者の合図であそびをスタートします。

2 肩をトントンで「ただいま」

フリーで歩いている子はグループの左端の子の肩をトントンとたたき、「ただいまー」と言って肩に手を置きつながります。同時に、右端にいる子が「行ってきます」と言い、手を振りながらグループから離れます。

3 どんどん入れ替わって

2 でグループから離れた子はフリーになります。このように、グループとフリーのメンバーが次々と入れ替わっていきます。

ポイント

- 交代がいやなグループはトントンされないように逃げ回ればOKです。
- 肩に置いた手を離さないようにしましょう。

あそびにプラス

じゃんけんをして

「ただいま」と言ってグループの左端の子の肩をトントンたたいたら、じゃんけんをします。勝てばグループに加わることができ、右端の子が離れます。

屋外あそび

鬼ごっこ：クマさんと追いかけっこ

年齢 **1 2** 3 4 5 歳児

はらぺこクマさん

人数 3人〜

ねらい

- 保育者とのやりとりを楽しむ
- 体を動かす楽しさを知る

あそび方

ことばかけ

先生がクマさんになるから、みんなついてきてくれる？
「クマさん、おなかがすいてるかい？」って聞いてね。

「すいてるかい？」と唱えながら歩く

保育者がクマ役になり、先頭に立って歩きます。子どもたちはその後ろを「クマさん、おなかがすいてるかい？」と唱えながら歩きます。

2

「あーよかった」のやりとりを楽しんで

クマ（保育者）が「すいてないよ」と答えたら、みんなで「あーよかった」と言い、またクマについて歩きます。1・2のやりとりを数回繰り返します。

「すいてるよ」で追いかけっこ

1のセリフの後に、クマは「すいてるよ」と大きめの声で言います。子どもたちは逃げ、クマが追いかけます。

クマが子どもを捕まえてくすぐる

クマは、子どもひとりを捕まえて、食べるまねをしてくすぐります。

ポイント

- 慣れてきたら「すいて…」と間を持たせると盛り上がります。
- 子どものリクエストに応えて何度も繰り返しあそびましょう。

あそびにプラス

おうちを作って

地面に円を描いて「おうち」を作り保育者がひとり入ります。「おうち」に逃げればクマに捕まらないルールにしてあそびましょう。

鬼ごっこ：鬼が隠れる鬼ごっこ

隠れんぼ鬼

年齢▶ 1 2 3 4 5 歳児

人数▶ 4人～

ねらい
- 友だちとのかかわりを楽しむ
- 数を数える

あそび方

ことばかけ

この鬼ごっこは、鬼が隠れてほかの人が探します。鬼を見つけたらだれにも教えないで、いっしょにそっと隠れてね。

1、2、3
…29、30

どこだ？
どこだ？

まゆちゃん
次の鬼ね！
いた！

1 30の間に鬼が隠れる

鬼をひとり決めます。鬼以外の子どもたちは目を閉じて30まで数えます。その間に鬼が隠れます。

2 みんなで鬼を探す

30数え終わったら、子どもたちはそれぞれ散らばって鬼を探します。

3 鬼といっしょに隠れる

鬼を見つけた子はそっと鬼といっしょに隠れます。最後まで鬼を見つけられなかった子が次の鬼になります。

ポイント

- 30数えたらすぐ探します。
- 鬼の隠れ場所を同時に見つけた場合は、鬼の所に着くのが遅かった子が次の鬼になります。

年齢のアレンジ

2歳なら…

ニワトリ（保育者）と卵（子どもふたり）になって３人で隠れます。別の保育者と子どもたちで探し、見つかったら「コケコッコー」と鳴きまねをします。

ニワトリさん
見つけた
コケ
コッコー！

屋外あそび

鬼ごっこ：指名した子はどっちかな？

年齢 1 2 3 4 5 歳児

当てっこ鬼

人数 大勢

ねらい
✣ たくさんの友だちとあそぶことを楽しむ　✣ 少し複雑なルールのゲームに挑戦する

あそび方

ことばかけ
選ばれた４人は、みんなにないしょでひとり鬼を決めてね。
じゃんけんで決めてもいいよ。

1 輪になって回る

４人を選びます。４人はほかの子にはないしょでひとり鬼を決め、小さな輪を作ります。その外側にほかの全員が輪を作り手をつなぎます。外側の輪の足元のどこかに印をつけておき、みんなで歌を歌いながら時計回りに回ります。

2 ひとりの子を指名

歌が終わったら立ち止まり、印の所に立った子が内側の輪のひとりを指名し、「さきちゃん、あそびましょ」と声をかけます。指名した子が鬼でなかったら、またみんなで歌いながら回ります。

3 鬼なら追いかけっこ

指名した子が最初に決めた鬼だったら、その子は「鬼だぞー！」と言い、みんなは一斉に逃げます。鬼はみんなを追いかけ、だれかひとりを捕まえたらその子は外側の輪に行くことができます。また鬼を決めて最初から始めます。

ポイント

・みんなで歌える曲にしましょう。リズムでもかまいません。
・４人が鬼を決められるように保育者が声をかけましょう。

あそびにプラス

人数を増やして

内側の輪の人数を増やしたり、鬼をふたりに増やしてあそびましょう。指名する人数もふたりにし、どちらかが鬼だったら鬼はみんなを追いかけます。

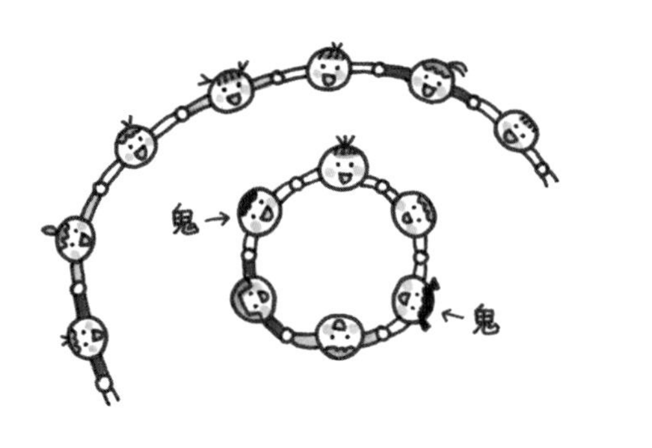

屋外あそび 

鬼ごっこ：よよいのよいで盛り上がる　年齢▶ 1 2 3 4 5 歳児

体でじゃんけんあそび

人数▶ 6人〜

ねらい
✣ 友だちとの結びつきを強める　✣ じゃんけんを楽しむ

あそび方

ことばかけ
鬼といっしょに体でじゃんけんするあそびです。負けた子、あいこだった子は円から出て、あいた円に逃げましょう。

1 鬼を囲んで輪になる

鬼をひとり決めます。ほかの子どもたちは鬼を囲むように輪になり、足元にひとり分の円を描いておきます。

2 体でじゃんけんし一斉にポーズ

みんなで、「じゃんけんポーズでよよいのよい」と唱え、体で「グー」「チョキ」「パー」の好きなポーズをとります。

3 負けた子とあいこの子は移動

鬼に負けた子と、あいこだった子（同じポーズをした子）は、自分の足元の円から出て、ほかの円に移らなければなりません。

4 鬼はあいた円に

負けた子、あいこだった子が移動している間に、鬼はあいている円に入ります。円に入れなかった子が次の鬼になります。

ポイント

・最初にみんなでじゃんけんのポーズを練習しておきましょう。
・親子のレクリエーションでも楽しめます。

年齢のアレンジ

3歳なら…

体でじゃんけんをし、保育者と同じポーズをしないようにあそびます。違うポーズをした子は続けてあそび、同じポーズをした子はその場に座ります。

屋外あそび

鬼ごっこ：火を消されたら復活！

年齢 1 2 3 4 5 歳児

人数 6人～

ろうそく鬼ごっこ

ねらい

✣ ルールを守って友だちと楽しむ　✣ 友だちと協力してあそぶ

あそび方

ことばかけ

タッチされたら、両手を上げて「ろうそく」になります。
でも友だちに息を吹きかけてもらうと元に戻れます。

タッチ！
鬼
ろうそく

お誕生日
おめでとう
フーッ！
よかった

1 タッチされたらろうそくに

鬼をひとり決めます。合図で鬼はほかの子たちを追いかけます。鬼にタッチをされた子は「ろうそく」になって固まります。

2 息を吹きかけると復活

ろうそくになった子は、鬼ではない子に「お誕生日おめでとう、フーッ」と息を吹きかけてもらったら、また動いて逃げることができます。時間を決め鬼を交代しましょう。

ポイント

・誕生会後のあそびにも取り入れましょう。
・友だちを助けようとする気持ちが育ちます。

年齢のアレンジ

3歳なら…

鬼にタッチされると「ろうそく」になってしまうあそびです。全員が「ろうそく」になったら鬼を交代しましょう。

タッチ！
鬼
ろうそく

鬼ごっこ：何回拍子をしたかな？

年齢 1 2 3 4 5 歳児

人数 10人～

パンパンパンで集合！

ねらい

✣ 数に興味・関心を持つ　✣ 友だちとあそぶことを楽しむ

あそび方

ことばかけ

先生が手をたたくから聞いててね。
せーの、パンパンパン！　はい、何回たたいたでしょうか？

今、何回
たたいたかな？
せーの、パンパンパン
それまで！
鬼
入れて！
こっち
こっち

1 鬼が何回か拍手をする

鬼をひとり決めます。鬼は「せーの、パンパンパン（拍手の回数）、それまで！」と言います。

2 たたいた回数で集合！

鬼以外の子どもたちは、鬼が何回拍手をしたかをよく聞き、拍手をした回数と同じ人数でグループを作ります。グループに入れなかった子が次の鬼になります。グループに入れなかった子が複数いる場合は、その中からひとりを選びます。

ポイント

・あそびの前に、まず拍子が何回だったか当てっこあそびをしましょう。
・3～5歳の異年齢でのあそびにもぴったりです。

年齢のアレンジ

3歳なら…

拍子はせず、「ふたり組」「3人組」など、保育者が言った人数でグループを作ります。わかりやすいように小さい数にしましょう。

3人組！
入れて！
こっちだよ！

屋外あそび

鬼ごっこ：おばけになって追いかけよう

年齢 1 2 3 4 5 歳児

おばけなんてないさ

人数 4人～

ねらい ✣ 大きな声で歌うことを楽しむ　✣ 自分の判断でゲームが進行することを知る

あそび方

ことばかけ：大きな声で歌ってね。「おばけですか？」と聞かれたときに「はい、おばけです」と言ったら追いかけます。

1 歌いながら歩く

みんなで『おばけなんてないさ』を歌いながら歩き回ります。1コーラス歌ったら立ち止まります。

2 保育者とのやりとりで

保育者がひとりの子どもに「あなたは、おばけですか？」と尋ねます。聞かれた子は、自分の判断で「おばけではありません」「おばけです」のどちらかを答えます。「おばけではありません」と答えたら、もう1回歌います。

3 「おばけです」で逃げる

「はい、おばけです」と答えたら、みんなはおばけに捕まらないように、一斉に逃げます。おばけになった子は、「待てー」と言って友だちを追いかけ、だれかを捕まえます。また1から始めます。

ポイント

・最初は保育者ふたりがやりとりをして見本を見せましょう。
・「おばけ…」と間をあけると、より盛り上がります。

年齢のアレンジ

3歳なら…

「あなたは、おばけですか？」の問いに、別の保育者が「おばけではありません」か「おばけです」と答えます。「おばけです」と答えたら子どもたちは逃げます。

あなたは
おばけですか？
おばけ
です
お～ば～け～
キャー！
キャー！

鬼ごっこ：子ブタの家を吹き飛ばそう

年齢 1 2 3 4 5 歳児

3匹のオオカミ

人数 9人～

ねらい

- 友だちと協力し合う
- 大勢であそぶ楽しさを味わう

あそび方

ことばかけ

子ブタさんたちはオオカミに捕まらないように逃げましょう。
オオカミは3匹で協力して子ブタを捕まえてね。

子ブタ　子ブタ
子ブタはどこだ？

フーのフーのフーッ！
フーッ！

タッチ
逃げろ
こっち
こっち

1 三つの家に分かれる

オオカミを3人選びます。残りの子は、それぞれ「ワラ」「木」「レンガ」の家ゾーンへ分かれて入ります。オオカミたちは三つの家のゾーンの真ん中に立ち、「子ブタ、子ブタ、子ブタはどこだ」と唱えながら歩き回ります。

2 オオカミがやってくる

3匹のオオカミは、「ワラの家吹き飛ばそう、フーのフーのフーッ！」と息を吹くまねをします。「木の家」の場合は「木の家吹き飛ばそう、フーのフーのフーッ！」になります。家を吹く順は自由です。

3 子ブタたちは別の家へ

言われた家の子ブタたちはそれぞれ別の家に走り、オオカミはそれを追いかけます。全部の家の子ブタを移動させたいときは、「お引っ越し！」と言います。タッチされた子ブタはオオカミと交代です。これを繰り返してあそびます。

ポイント

・吹き飛ばすときは3匹のオオカミが声をそろえましょう。
・子どもがわかりやすいように、家を○△□の形で分けましょう。

年齢のアレンジ

3歳なら…

オオカミ役を保育者が行います。オオカミはわざと転んだり、子ブタを捕まえ損ねたりすると盛り上がります。捕まった子ブタはみんなを応援します。

子ブタは
どこだ？

鬼ごっこ：身近なものでできる鬼ごっこ

年齢 1 2 3 4 5 歳児

人数 6人～

物、モノ、色鬼

ねらい
- 色への興味・関心を深める
- 観察力を高める

あそび方

ことばかけ　キュウリは何色？　ミカンは何色？　これから言うものの色にぴったりの色のものを見つけたら、タッチしてみよう。

1 鬼が「～の色」と言う

ひとり鬼を決めます。鬼は「キュウリの色」など身近なものの名前を言います。

2 ほかの子はその色を探す

鬼以外の子は、キュウリに似た色のものを探してタッチします。タッチできたら鬼に捕まりません。

3 探している子にタッチ！

鬼は、色を探している子を見つけてタッチします。鬼にタッチされた子は次の鬼になります。鬼にタッチされずに全員が色のものにタッチできた場合、色は保育者が判定し、違った色のものにタッチしていたら、その子が次の鬼になります。これを繰り返してあそびます。

ポイント

・チューリップ（赤、白、黄）など色が複数あるものは、どれかに合っていればOKとします。
・あそぶ範囲を決め、保育者の目が届くようにしましょう。

年齢のアレンジ

3歳なら…

保育者が鬼になり、「キュウリみたいな緑」とわかりやすく色を指定します。子どもたちは「緑」を探しタッチします。

鬼ごっこ：ハンカチ落としの応用あそび　年齢 1 2 3 4 5 歳児

円切り鬼

人数 7人〜

ねらい
- ルールを守ってあそぶことを楽しむ
- 鬼に切られるドキドキ感を味わう

あそび方

ことばかけ：ずっと鬼の動きを見てみましょう。鬼に勝てるかもしれないよ。すぐに走りだせるように、手は優しく握ってね。

1 鬼は歌いながら円の外側を走る

鬼をひとり選びます。鬼以外は全員で手をつなぎ輪になります。鬼は「円切り、円切り、どこ切ろう」と唱えながら、外側を走ります。

2 ふたりの友だちの手を離す

鬼は自分の好きな所で、大きな声で「切った！」と言いながら、つないでいる手をチョップして離します。

3 切られたふたりは元の位置へダッシュ

鬼は時計回りに逃げます。つないだ手を切られた左右のふたりは、それぞれ反対の方向に走り、1周して元の位置に戻ろうとします。

4 鬼は1周して手をつなぐ

鬼は1周して、切り離したふたりがいたどちらかの位置につき、手をつなぎます。戻ってくるのが遅れた子が次の鬼になります。

- 走る方向を間違えた子にはみんなで声をかけるようにしましょう。
- 鬼と切られた子たちがぶつからないよう、保育者は声かけをしましょう。

年齢のアレンジ

4歳なら…

鬼が「せーなか、背中、だーれの背中」と唱えながら輪の外を回り、ひとりの友だちの背中にタッチして走り逃げます。タッチされた子は鬼を追いかけます。

鬼ごっこ：おしりの追いかけっこ

年齢 1 2 3 4 5 歳児

おしりにタッチ

人数 6人〜

ねらい

- 友だちと楽しくあそぶ
- 友だちとタッチし合うことを楽しむ

あそび方

ことばかけ

先生がスタートって言ったら、友だちのおしりにタッチします。自分のおしりをタッチされないようにしてね。

1 合図で追いかけっこ開始

子どもたちは園庭に散らばります。保育者は審判です。「用意、スタート」の合図で、子どもたちは友だちのおしりにタッチしようと追いかけます。逆に自分は、友だちにおしりをタッチされないように、おしりをかばいます。

2 タッチされなかったら勝ち

おしりにタッチされた子がいたら、保育者が「なおちゃん、アウト！」と名前を言ってジャッジします。タッチされた子はその場にしゃがみます。最後までタッチされずにいた子が勝ちです。

ポイント

・人数が多いほうが楽しいあそびです。

・園庭が広い場合はエリアを決めてあそびましょう。

年齢のアレンジ

2歳なら…

子どもたちはシールを首から下げて歩き回り、保育者のおしりや背中に、そっとシールをはります。保育者はわざと油断しているように見せましょう。

運動：傘袋のロケットで飛ばしっこ

年齢 1 2 3 4 5 歳児

人数 2人〜

飛んでけ ロケット

ねらい
✣ 力を加減して投げることを知る ✣ ビニールの音や感触を楽しむ

あそび方

ことばかけ
優しく投げても、いっぱい飛ぶよ。飛ばしたら、自分で取りに行こうね。（飛んだら）じょうずに飛ばせたね！

色画用紙をテープでとめる
じょうず
それ〜
わぁ 飛んだ！
えいっ

1 それぞれ自由に飛ばす

傘袋に空気を入れて口をねじってセロハンテープでとめ、色画用紙の羽根をつけて傘袋ロケットを作ります。ひとりひとり、ロケットを自由に飛ばします。飛ばしたらそれぞれ自分で拾いに行きます。

2 高い所から飛ばす

じょうずに飛ばせるようになったら、少し高い所に登って、ひとりずつ飛ばします。その際保育者は投げる子のそばにつき、下にも保育者がつくようにします。

ポイント

・小さい子はぶつからないよう、同じ方向へ投げるようにしましょう。
・保育者が必ず複数人付き添いましょう。

用意するもの

・傘袋ロケット

年齢のアレンジ

3歳なら…

友だちとペアになって飛ばしっこをしたり、ラインを引いてだれが遠くに飛ばせるか、競っても楽しめます。

屋外あそび

運動：思い切りボールをたたいて

ビーチアタック！

年齢 1 2 3 4 5 歳児

人数 1人〜

ねらい
- 腕を大きく振る基礎につなげる
- 集中力や身体能力を高める

あそび方

ことばかけ

腕を大きく動かそうね。ボールがいっぱい飛んでいくよ。
返ってくるボールに気をつけようね。

行くよ
ビーチ…

アタック！
バシッ！

次は
よけられるかな？
キャー!!
ボョョ〜ン

1 体を反らして構える

ビーチボールの空気口にゴムひもをつけ鉄棒からぶら下げます。子どもはボールの前に立ち、保育者が「行くよ、ビーチ…」と言ったら、腕を上げ体を反らして構えます。

2 思い切りたたく

保育者の「アタック!」のかけ声とともに、ビーチボールを思い切りたたきます。

3 よけたり受けたり

はね返ってきたビーチボールに頭や顔が当たらないようによけたり、両手で受け止めたりしながら、何度もたたいてあそびましょう。ビーチボールなので当たっても安心です。

ポイント

・安全のため、一つの鉄棒に1個のボールをぶら下げ行います。
・ボールは、子どもが手を伸ばして届く高さにぶら下げます。

用意するもの

・空気口にゴムひもをつけたビーチボール

年齢のアレンジ

4歳なら…

紙風船を投げ合って、飛んできたものを受けられるようにあそびます。紙風船の動きはゆっくりなので、やりやすいです。

そーれ！

屋外あそび

運動：じょうずに通ろうフープトンネル　年齢 1 2 3 4 5 歳児

トンネルくぐって！

人数 1人〜

ねらい　✣ バランス感覚を養う　✣ 保育者とのタッチで達成感を味わう

あそび方

ことばかけ
先生、トンネルを作ったよ。くぐってみようか。
トンネルでつまずかないように、ゆっくりくぐろうね。

1 トンネルをくぐる

フープをひもでロープにくくりつけ、トンネルを作ります。子どもがかがんでフープのトンネルを歩いてくぐります。保育者は必ず隣に付き添いましょう。

2 最後にハイタッチ

全部のフープをくぐり終えたら、「タッチ！」と言って保育者と子どもがハイタッチします。

ポイント

・フープは浮かせず、地面につけてひもで結びます。
・保育者が必ずつき、バランスを崩しやすい所は手を貸しましょう。

用意するもの

・フープで作ったトンネル

年齢のアレンジ

4歳なら…

３人がそれぞれフープを立てて持ち、別のひとりがくぐります。コーンを回ったら３人はフープの向きを変え、またくぐって戻ってきます。フープを持つ子とくぐる子を交代します。

運動：フープであちこち出かけよう

年齢 1 2 3 4 5 歳児

電車でゴー！

人数 2人～

ねらい
- 保育者とのふれあいで親しみを深める
- ごっこあそびで想像力を養う

あそび方

ことばかけ
フープの電車でお散歩するよ。
電車を落とさないようにしっかり握っていてね。

1 フープに入り出発する

保育者と子どもが1個のフープに入り、フープを子どもの腰の位置で持ちます。「出発しまーす」の合図で、保育者が前になって進みます。

2 ぐるっと回転する

「回りまーす」と子どもに声をかけ、フープを持ったままゆっくり回転します。

3 ほかの電車と連結

別の保育者と子どものフープの後ろから、保育者がフープを握って連結します。しばらく連なってあそび、離れます。

4 子どもが運転士に

今度は子どもが前に進むように保育者が誘導します。「運転士さん、次はどこに行きますか?」と声をかけ、子どもが行きたい方向に進みます。

ポイント

- 保育者は子どもの高さに合わせてフープを持ちましょう。
- 個々の発達に合わせて、歩く速さに配慮しましょう。

用意するもの

- フープ（ペア数）

年齢のアレンジ

5歳なら…

ふたり一組になり1個のフープに入ります。手を使わず腰だけで支えて進みます。保育者の笛の合図で運転士がかわります。

屋外あそび

運動：くねくねと縄をたどろう

年齢 1 2 3 4 5 歳児

ニョロニョロヘビ

人数 2人～

ねらい
- 足を開いて歩くことを楽しむ
- バランス感覚を育てる

あそび方

ことばかけ
ヘビさんってどのくらい長いのかな？
みんなで力を合わせてヘビさんを引っ張ってみよう。

よいしょ
よいしょ

しゅっぱ～つ

ぐるんとしているね

1 縄を引っ張り出す

箱に入った長縄をヘビに見たてます。「よいしょ、よいしょ」と言いながらみんなで縄をズルズルと引っ張り出します。出したら全体をみんなで見ながら再び箱のほうへ戻ります。

2 縄をまたいで歩く

保育者が先頭になり、子どもたちが後ろに順に並び、縄をまたいで立ちます。「ヘビさんの頭を目ざして出発！」と保育者が言い、みんなで端から縄をまたいで歩きます。

3 蛇行して進む

蛇行している所は、「ぐるんとしているね」などと言いながら、縄の先端（ヘビの頭）まで歩きます。

ポイント

・縄を出すときはわざと蛇行させて置きましょう。
・子どもの数に合わせて保育者が複数つくようにしましょう。

用意するもの

・長縄（縄跳びをつなげても）

年齢のアレンジ

5歳なら…

「結ぶ」ことができるようになったら、何本か縄跳びを用意し、2チームに分かれて、どちらが早く縄跳びを結べるか競争してあそびましょう。

ここ結んでないよ
できた

屋外あそび

運動：みんなでボールを弾ませよう

年齢 1 2 3 4 5 歳児

ビーチボールの散歩

人数 3人〜

ねらい
- 友だちと協力してあそぶ
- ボールの動きを楽しむ

あそび方

ことばかけ
ボールくんといっしょにお散歩に出かけよう。
慌てなくていいからゆっくり歩こうね。

ゆっくり
ボールが
笑ってる
ジャーンプ！
えいっ

1 ゆっくりボール運び

バンダナの端を子ども３人と保育者で持ちます。その上に顔を描いたビーチボールをのせます。保育者が「ゆっくりお散歩しようね」と言い出発します。みんなで協力しながら、ビーチボールくんが落ちないように、運びながら周辺を歩きます。

2 その場でジャンプ

時々立ち止まって、ビーチボールくんを小さくバウンドさせたり、大きくジャンプさせるなど弾ませてあそぶと楽しいです。

ポイント

・保育者がバックで進み、子どもたちをリードしながら歩きます。
・保育者はすぐフォローできるように片手をあけておきます。

用意するもの

・バンダナ　・ビーチボール

年齢のアレンジ

4歳なら…

大きなレジャーシートをみんなで持ち、ビーチボールをのせます。シートの上でボールを弾ませたり転がしたり、ボールの数を増やしたりしてあそびます。

運動：ねらいを定めてボール転がし

年齢 1 2 3 4 5 歳児

人数 3人〜

ねらって転がせ！

ねらい
- 目標に向かってボールを転がす
- ボールであそぶ楽しさを知る

あそび方

ことばかけ

あせらないで、しっかりねらって転がそうね。
（なかなか転がせない子には）「せーの」で転がしてみようか。

1 それぞれスタンバイ

ひとりの子どもがボールを持ち、構えます。奥には、ボールを受ける保育者と子どもが立ちます。間には保育者と子どもが足を開いて立ちます。

2 ボールを転がす

投げる役の子は、間に立っているだれかの足の間をねらってボールを転がします。奥に立っている保育者か子どもがボールを受けます。足の間に投げられた子は、ほかの子と交代します。

ポイント

・子どものようすを見ながらボールを転がす距離を調節しましょう。
・保育者がふたりくらいつくとよいでしょう。

用意するもの

・大きめのボール

あそびにプラス

ボーリング形式で

ペットボトルのラベルをはがし、油性ペンで絵を描くなどしてピンを作ります。数本作り、ボーリングのピンにして倒してあそびましょう。

屋外あそび

運動：タオルで投げっこあそび

タオルボンバー

年齢 1 2 3 4 5 歳児

人数 1人〜

ねらい
- 物を投げる基礎を育てる
- 投げてあそぶことを楽しむ

あそび方

ことばかけ
優しく投げるだけでも遠くに飛ぶよ。
わざと人に向かって投げるのはやめましょう。

1 ひとりで投げてあそぶ

端を結んだタオルボンバーをひとり1本持ち、下から投げる練習をします。タオルの端をちょっとつかんで反動を加えるだけでよく飛びます。みんなで一斉に投げてどのくらい飛ぶか競争してもいいでしょう。

2 フープに向かって投げる

投げることに慣れたら、保育者が持つフープに向かって投げ、くぐらせてあそびましょう。うまくできないときは、入るように保育者がフープを調整します。

ポイント

- ・ひとりであそぶときは、投げたら自分で取りに行きます。
- ・ねらった場所にはなかなか飛ばないことも楽しみましょう。

用意するもの

・タオルボンバー　・フープ

年齢のアレンジ

5歳なら…

子どもがふたりで新聞を広げて持ちます。別のひとりがタオルボンバーを新聞に向かって投げ、ふたりは新聞にタオルが当たらないように左右に動きます。

屋外あそび

運動：いろいろなジャンプを楽しんで

年齢 1 2 **3 4 5** 歳児

川越え 山越え

人数 3人〜

ねらい
✤ 順番を守ることを身につける　✤ 歌に合わせて跳ぶことを楽しむ

あそび方

ことばかけ
最初の川は小さいよ、どんどん跳び越えてね。
縄跳びに捕まらないように大きくジャンプしてみよう。

川　川　よいしょ、川　越えて〜
山　山　よいしょ、山　越えて〜

1 左右に揺れる川を越える

子どもたちは1列に並びます。保育者が縄跳びの端と端を持ち、左右に小刻みに揺らしながら「川　川　よいしょ、川越えて」と唱えます。子どもが順番にジャンプ（またいでもOK）をして川（縄）を越えます。

2 上下に揺れる山を越える

今度は、保育者が上下に縄跳びを小刻みに揺らし、「山　山　よいしょ、山越えて」と唱えます。子どもが順番にジャンプ（またいでもOK）をして山（縄）を越えます。

ポイント

・保育者は規則的に縄を揺らすようにしましょう。
・ジャンプが苦手な子はまたぐことを楽しみましょう。

用意するもの

・縄跳び

年齢のアレンジ

5歳なら…

ふたりの子どもが縄跳びの端と端を持ち、揺らす役を行います。縄の操作を子どもが行うので、縄の揺れが不規則になり、盛り上がります。

山　山　よいしょ
山　越えて…

屋外あそび

運動：走って、取って、逃げて！

年齢 1 2 3 4 5 歳児

人数 4人〜

しっぽ取りあそび

ねらい
✣ ルールを守ってあそぶ　✣ 思い切り体を動かす

あそび方

ことばかけ

おしりにしっぽをつけます。友だちにしっぽを取られないように逃げましょう。そして、友だちのしっぽを取ってしまいましょう。

1 しっぽをつけてスタート

子どもは好きな色のスズランテープを、ズボンやスカートの腰に挟み、しっぽにします。保育者の合図でスタートします。

2 取ったり取られたり

子どもたちは、友だちを追いかけてしっぽを取ったり、自分のしっぽを取られたりします。しっぽを取られてしまったら、保育者に新しいスズランテープをつけてもらいます。

3 しっぽはコレクションに

友だちから取ったしっぽは、自分の画用紙の輪にテープではっていきます。

ポイント

・しっぽを取られて悔し泣きをする子もいます。心の葛藤を大切にして保育者はフォローしましょう。

用意するもの

・30 ㎝ほどのスズランテープ
・画用紙の輪　・テープ

年齢のアレンジ

2歳なら…

保育者がスズランテープのしっぽをつけて逃げ、子どもたちがそれを取ろうと追いかけます。スズランテープは子どもの取りやすい長さに調整しましょう。

屋外あそび 

運動：協力し合ってボールを送ろう

年齢 1 2 3 4 5 歳児

おむすびコロコロ

人数 5人〜

ねらい
- 体のバランス感覚を養う
- 友だちといっしょにあそぶことを楽しむ

あそび方

ことばかけ
後ろの友だちに、しっかりボールを渡そうね。
ボールが逃げないように見ててね。

1 列に並ぶ

子どもたちが1列に並び、先頭と最後尾に保育者がつきます。ぶつからないように、少しずつ間隔をあけ、全員足を開いて立ちます。

2 先頭からボールを転がす

先頭の保育者がボールを持ち、「おむすびコロコロ転がりまーす！」と言って、足の間からボールを転がします。

3 ボールを最後まで送ろう

子どもひとりひとりが必ずボールに触り、後ろへ送ります。最後尾の保育者がそれを受け取ります。次は全員反対の向きになり、ボールを持った保育者が先頭になります。繰り返しあそびましょう。

ポイント

- ふだんからボールにふれておくとよいでしょう。
- 転倒には十分注意しましょう。

用意するもの

- 大きめのボール

年齢のアレンジ

1歳なら…

保育者が両端に立ってボールを転がし合います。そのボールを子どもたちがつかまえます。ボールのスピードは子どもの成長に合わせ、加減しましょう。

運動：ケンケンパのアレンジあそび

年齢 1 2 3 4 5 歳児

いろいろケンパ

人数 1人〜

ねらい
- いろいろなケンケンパを楽しむ
- リズム感を養う

あそび方

ことばかけ
先生が1回やってみるから、見ててね。「ケン」のときは1本足、「パ」で両足を開きます。いくわね。（と言って見本を見せる）

1 普通のケンケンパ

地面に円を描きます。一つの円は1本足で「ケン」、二つの円は2本足で「パ」で着地することを確認します。最初は子どもたちが跳びやすい大きさの円にし、距離も配慮します。順番にケンケンパであそびます。

2 ゾウさんのケンケンパ

今度は一つ一つの円を大きく描きます。保育者が「ゾウさんのケンケンパだよ」と伝えます。子どもたちは順番に、大きくゆっくりケンケンパをします。

3 新幹線ケンケンパ

少し小さめに、数も増やして円を描きます。保育者が「新幹線のケンケンパだよ」と伝え、子どもたちは順番に、小刻みに、速くケンケンパをします。

ポイント

・最初はその場でケンケンパの練習をしましょう。
・たくさんあそんで、運動会で披露してもよいです。

あそびにプラス

小石を使って

スタート地点から自分の好きな円に向かって小石を転がします。小石の入った円は抜かして跳びます。

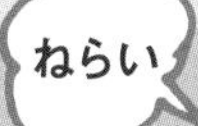

運動：ダイナミックな全身あそび

年齢 1 2 3 4 5 歳児

飛べ飛べ しっぽちゃん

人数 1人～

ねらい
- 全身運動を楽しむ
- イメージしながら運動する

あそび方

ことばかけ
しっぽが地面につかないように、振ったり走ったりしてね。
しっぽちゃんをいろいろ変身させましょう。

1 最初はみんなで

ラップの芯に2m程度に切ったスズランテープをテープでとめ、しっぽちゃんを作ります。初めはみんなでしっぽちゃんをいろいろに見たててあそびましょう。
波…下に向けて小刻みにくねらせる
虹…上に向けて左右に振る
空飛ぶドラゴン…頭の上に掲げて走る
竜巻…頭の上でくるくる回す

2 自由に変身させて

みんなで楽しんだ後は、アレンジしながら、それぞれ自由に見たててあそびましょう。

ポイント

・スズランテープは子どもの身長の2倍くらいにするといいでしょう。
・なかなか自分から動けない子は、保育者が誘導しましょう。

用意するもの

・スズランテープのしっぽ

あそびにプラス

かけっこに

はちまきに 2m 程度のスズランテープをつけて、かけっこをします。引きずらずに、ゴールを目ざします。ほかの子がテープを踏まないよう注意しましょう。

屋外あそび

運動：手を使わずに背中ですもう

年齢 1 2 3 4 5 歳児

背中ずもうではっけよい

人数 2人～

ねらい
✣ 全身を思い切り使ってあそぶ　✣ 勝敗を楽しむ

あそび方

ことばかけ
「はっけよい、のこった」と言ったら、背中で押し合います。
手を使ったらルール違反ですよ、気をつけてね。

1 土俵を作る

色画用紙を切り、シールで飾って割り箸に挟み、軍配を作ります。地面には円を描いて土俵を作ります。保育者が行司をつとめます。慣れてきたら子どもが行司をやっても楽しめます。

2 合図ですもうをとる

子どもふたりが土俵に上がり、見合って、行司の「はっけよい、のこった」の合図で背中を向け合い、すもうをとります。行司は「のこったのこった」と声をかけます。土俵から出たり、ひざやしりもちをついた子が負けです。

ポイント

・清めの塩などを用意すると臨場感が出ます。
・土俵は少し小さめにすると勝負がつきやすくなります。

用意するもの

・手作りの軍配

あそびにプラス

しこ名をつけて

子どもたちはそれぞれ、自分のしこ名を考え、土俵に上がるときに、行司がその子のしこ名を呼びます。しこをふんだりすると緊張感が高まります。

運動：全身を使ってボールをアタック　年齢▶ 1 2 3 4 5 歳児

どこでアタック!?

人数▶ 4人〜

ねらい
- 体の部位を確認しながらボールを返す
- 友だちとのあそびを楽しむ

あそび方

ことばかけ：口、耳、指などは、痛いし危ないのでやめようね。
友だちが打ちやすいように、いいボールを投げてみよう！

1 向かい合わせで唱える

2チームに分かれて、縦に並びます。それぞれのチームの先頭の子が少し距離をとって向かい合い、片方の子がボールを持ちます。ふたりで声を合わせ「アタック、アタック、どこでアタック!?」と言います。

2 体の部位を言って投げる

ボールを持った子が「右手!」と体の部分の名前を言います。そして、ボールをワンバウンドさせて相手に投げます。右手をねらう必要はありません。

3 言われた部位で打ち返す

ボールを受ける子は、言われた右手で「アタック!」と言って打ち返します。クリアできたら投げ手と受け手を交代し、それもクリアできたらふたりとも後ろの子と交代します。「左足」「おしり」などいろいろな部位を言って楽しみましょう。

ポイント

・順番を待つ子は、危険のないよう少し離れて待つようにします。
・3回までと回数を決めておき、クリアできなくても次の子と交代しましょう。

用意するもの

・大きめの柔らかいボール

年齢のアレンジ

4歳なら…

ボールをバウンドさせるのではなく、ゆるく転がしてあそびます。足で打ち返す場合はあまり強くならないよう声をかけましょう。

屋外あそび

運動：目と口と手を同時に動かして

年齢 1 2 3 4 5 歳児

キャキャキャッチ！

人数 2人〜

ねらい
- ボールを高く、遠くに投げる
- 友だちとボールを投げ合うことを楽しむ

あそび方

ことばかけ：ボールから目を離さないようにしてね。
少しずつ高く（遠く）投げられるようにしようね。

1 ひとりでキャキャキャッチ

ひとり1個のボールを持って立ち、「せーの」で自分の真上にボールを投げ上げます。ボールが宙に浮いている間に「キャキャ…」と言い、ボールが落ちてきて受けるときに「キャッチ」と言います。

2 ふたりでキャキャキャッチ

ふたり一組になり、ひとりがボールを1個持って、距離を少しあけて向かい合います。ボールを「せーの」で向かいの子に投げます。受ける子はボールが宙に浮いている間に「キャキャ…」と言い、ボールを受けたら「キャッチ」と言います。

ポイント

- ふたりで行うときは少し山なりに投げるようにしましょう。
- 慣れてきたらふたりの間隔を広げていきましょう。

用意するもの

- 大きめの柔らかいボール

年齢のアレンジ

3歳なら…

ひとりがビーチボールを持ってラインに立ち、少し離れて受ける子が数人立ちます。保育者の合図でボールを転がし、指名された子がボールを受けます。

屋外あそび

運動：歌に合わせてジャンプ

年齢 1 2 3 4 5 歳児

こっち そっち ジャンプ

人数 1人～

ねらい
- 数字に興味を持つ
- 歌に合わせてジャンプを楽しむ

あそび方

ことばかけ：みんなでこの歌を覚えてね。歌詞に合わせてその数字の所にジャンプするよ。始めはゆっくり歌いましょうね。

1 歌詞に合わせてジャンプ

地面に5個の円を描き、その中にそれぞれ1～5の数字をランダムに書きます。『いちにのさん』の歌詞に合わせて数字を選び、片足や両足でジャンプしてあそびます。

2 数字をランダムにして

慣れたら少し難しくしましょう。歌詞をかえて、「にのしのさんの…」というように数字をランダムにして歌うと盛り上がります。

ポイント

・指を1本2本と出すなどして、歌詞を覚えてから行いましょう。
・円を大きくして2、3人でいっしょにやっても楽しめます。

年齢のアレンジ

3歳なら…

円を3個描き、「赤」「青」「黄」の色とします。そして歌詞を「赤、青、黄」にかえて歌い、歌詞に合わせてジャンプします。その色のフープを置いても OK。

屋外あそび

運動：リズムに合わせてケンケンパ

年齢 1 2 3 4 **5** 歳児

もしもしカメさん

人数 5人～

ねらい
- 友だちとペースを合わせる
- 歌いながら体を動かすことを楽しむ

あそび方

ことばかけ：みんなと声を合わせて歌いながらあそぼうね。カメさんだから最初はゆっくりいくよ。

1 円の中に入ってスタート

直径 30 ㎝ほどの円 18 個を、地面に輪になるように描きます。円二つ分くらいの間隔をあけて、5 人の子どもが一つの円にひとりずつ入ります。

2 歌に合わせてケンケンパ

『うさぎとかめ』の歌を歌いながら、みんなでリズムに合わせてケンケンパで進み回ります。「ケン」は円の中に片足を入れ、「パ」は円をまたいで両足を広げます。

ポイント

- 意外とハードなので、1 番を歌ったら少し休憩します。
- 最初はカメのイメージでゆっくり跳び、慣れてきたらだんだん速くしましょう。

あそびにプラス

連なってケンケンパ

間隔をあけずにひとり一つの円に入り、前の子の両肩に手を置きます。みんなでリズムに合わせて「ケンケンパ」で進み回ります。

屋外あそび

ゲーム：洗濯じょうずにできるかな？

年齢 1 2 3 4 5 歳児

せんたく せんたく

人数 6人〜

ねらい ✣手、指先を使う ✣洗濯をイメージしてあそぶ

あそび方

ことばかけ
（干すコーナーで）タオルを引っ張ってね。
（畳むコーナーで）角と角をくっつけて畳もうね。

タオルを引っ張ってね

スタート

角と角をくっつけてね

ゴール

1 合図でスタート

２本の棒にロープを渡し、洗濯ばさみに挟んでタオルを下げる「もの干しコーナー」と、テーブルを置いて「畳むコーナー」を作り、それぞれに保育者がつきます。子どもたちは、保育者の合図でスタートします。

2 もの干しコーナーで

「もの干しコーナー」に走ります。洗濯ばさみからタオルを外し、タオルを持ったまま「畳むコーナー」に走ります。

3 畳んだらゴールへ

「畳むコーナー」に着いたら、テーブルの上でタオルを畳んでその場に置き、ゴールへ走ります。

ポイント

・速さではなく、クリアして自信がつけられるようにしましょう。
・洗濯ばさみがつまめるようになったら外して取るようにしましょう。

用意するもの

・もの干しセット ・タオル
・テーブル

年齢のアレンジ

4歳なら…

最初に「洗うコーナー」を設けます。コーンを置いて子どもが洗濯機になったつもりで３周してから、「もの干しコーナー」へ進むようにします。

屋外あそび

ゲーム：じょうずにくぐってバトンタッチ

年齢 1 2 **3** 4 5 歳児

フープくぐリレー

人数 8人〜

ねらい
- フープに興味を持ってあそぶ
- 友だちとのもののやりとりを楽しむ

あそび方

ことばかけ：フープ、うまくくぐれるかな？　お友だちにぶつからないように気をつけようね。フープを渡すときは優しくね。

1 フープを持つ

2チームに分かれ、フープが当たらないくらいの間隔をあけて並び、向かい合って立ちます。各チームの端の子がフープを持ちます。

2 合図でフープをかぶる

保育者の「用意、スタート」の合図で、フープを頭からかぶり、ストンと地面に落とします。

3 フープでバトンタッチ

落としたらフープの外に出てフープを隣の子に渡します。フープを受け取った子も同様にして、順にフープを渡します。先に全員がフープをくぐったチームの勝ちです。

ポイント

- 隣の子に渡すときにトラブルのないよう目を配りましょう。
- 初めにフープを隣の子に渡すまでの一連の動作を保育者が見せましょう。

用意するもの

- フープ（チーム数）

あそびにプラス

ふたりでくぐって

チームの中でふたり一組になります。ふたりでフープを頭からかぶり、外へ出て隣のふたりにフープをバトンタッチしていきます。

屋外あそび

ゲーム：息を合わせて卵を運べ

年齢 1 2 3 4 5 歳児

人数 12人～

カニたま競争

ねらい
✣ 友だちと協力して運ぶことを体験する　✣ ルールを守って楽しくあそぶ

あそび方

ことばかけ
ボールはカニさんの卵だから優しく運んでね。
落とさないでゴールできるかな？

1 ペアで体の間にボールを挟む

チームに分かれ、チームの中でペアを作ります。先頭のふたりが体と体の間にボールを挟み、両手をつないでスタートラインに立ちます。

2 カニ歩きでゴールを目指す

保育者の合図でスタートし、ボールを落とさないようにしながらカニ歩きでゴールに向かって進みます。ゴールしたら次のペアがスタートします。途中でボールを落としたら、その場から再スタートします。

ポイント

・ボールは大きめのものを使いましょう。
・ふたりでかけ声をかけると運びやすくなることを伝えます。

用意するもの

・大きめのボール（ペア数）

年齢のアレンジ

5歳なら…

ルールは同じです。ふたりが互いに背中を合わせ、ボールを背中に挟み、腕を組んで進みます。

ゲーム：ゴールへ向かって走ろう

年齢 1 2 3 4 5 歳児

赤ずきんちゃん 気をつけて

人数 3人〜

✣ 全速力で走る　✣ 想像していろいろな場面を楽しむ

あそび方

ことばかけ

オオカミに捕まらないでゴールできるかな？
オオカミがよそ見をしている間にゴールしてね。

1 子どもたちは街でスタンバイ

保育者がオオカミ、子どもが赤ずきんちゃんです。スタートが「街」、ゴールとの間は「森」で、オオカミゾーンです。赤ずきんちゃんは街で待機します。

2 オオカミが戸をたたいて

オオカミが「トントントン」と言ったら、赤ずきんちゃんは「何の音？」と聞きます。

3 やりとりを楽しんで

オオカミが「風の音」と答えたら、赤ずきんちゃんは、「あーよかった」と言います。「雨の音」「葉っぱの音」など、いろいろな音でやりとりを繰り返します。

4 街を出てゴールを目ざす

何度かやりとりを繰り返した後、オオカミが「オオカミが来た！」と叫んだら、子どもたちは街から出てゴールに走ります。捕まったらアウトです。

ポイント

・街、森、ゴールの境界線はしっかり引き、エリアをわかりやすくします。
・オオカミはよそ見や、寝たふりをしてフェイントをかけると盛り上がります。

年齢のアレンジ

5歳なら…

オオカミ役に子どもたちが挑戦しましょう。オオカミが赤ずきんちゃんを捕まえたら交代します。友だちと連携して逃げ出して楽しみましょう。

ゲーム：チームプレーが鍵を握る

大きなカブリレー

年齢 1 2 3 4 5 歳児

人数 12人～

ねらい
- 想像力を養う
- チームのみんなと協力し一体感を味わう

あそび方

ことばかけ
みんなで力を合わせてカブを抜くよ。
強く引っ張りすぎると、お友だちが痛くなるから気をつけてね。

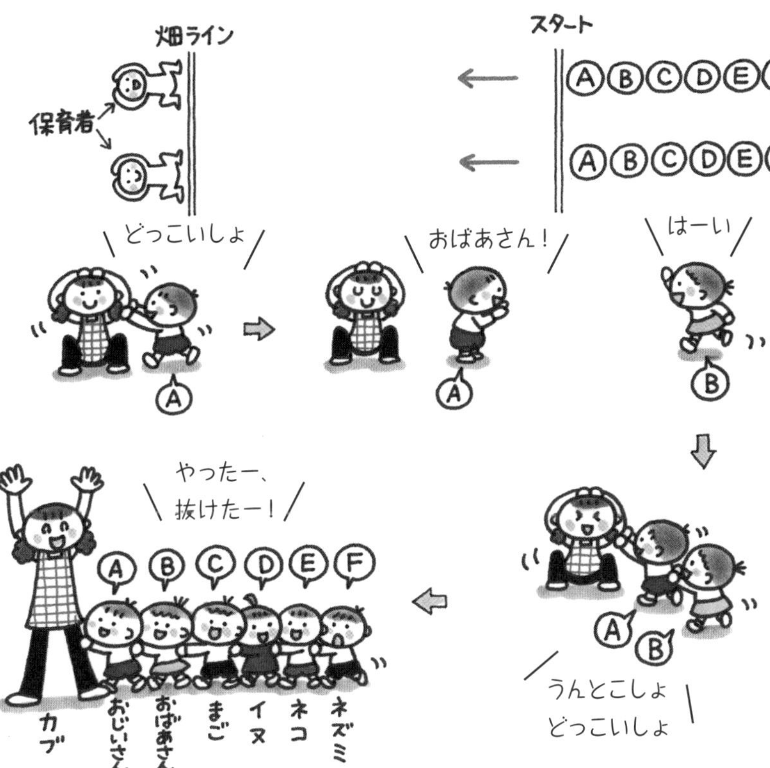

1 それぞれの役を決定

子どもたちが２チームに分かれます。それぞれのチームで相談して「おじいさん」「おばあさん」「まご」「イヌ」「ネコ」「ネズミ」の役を決め、順にスタートにつきます。保育者は「カブ」の役になり、頭の上に手を置いて、畑のラインの所に座ります。

2 カブを抜こうとする

保育者の合図で「おじいさん」がスタートし、カブまで走ります。「うんとこしょ、どっこいしょ」とカブ（保育者の腕）を引っ張ります。カブは抜けず、おじいさんは大きな声で「おばあさん」を呼びます。同様に「ネズミ」まで繰り返します。

3 先にカブが抜けたら勝ち

チーム全員そろったら、かけ声に合わせて全員でカブを引っ張ります。抜けたら立ち上がってバンザイをします。先にカブが抜けたチームの勝ちです。

ポイント

- 事前に「大きなかぶ」の絵本を読んで内容を知っておきましょう。
- カブ役の保育者が「おばあさん呼んで」などとフォローしましょう。

年齢のアレンジ

5歳なら…

「おじいさん」は戻って「おばあさん」を連れてきます。「ネズミ」まで同様にします。カブが抜け、先に全員がスタートラインに並んだチームの勝ちです。

屋外あそび

ゲーム：全員からはんこをもらおう

年齢 1 2 3 4 5 歳児

人数 8人～

はんこをペッタン

ねらい
- 宅配便について知る
- チームのみんなと競争を楽しむ

あそび方

ことばかけ
宅配便の人は忙しいから、どんどんはんこを押してもらおう。はんこは優しく押してね。

宅配便です、こんにちは
はんこペッタンくださいな
Aチーム

Bチーム

出発！
ペッタン
ペッタン

1 全員でそろって唱える

2チームに分かれて列になり、向かい合って立ちます。それぞれのチームの端に立った子が宅配便の人です。全員で「宅配便です、こんにちは。はんこペッタンくださいな」と唱えます。

2 順にはんこをペッタン

保育者の「出発」の合図で、宅配便役の子は隣の子に片方の手のひらを出し、「ペッタン」とはんこを押してもらいます（はんこはグーにした手を縦にして押します）。宅配便役の子はさらに隣の子にはんこを押してもらいます。

3 列の端までペッタン

宅配便役の子はこれを列の最後まで繰り返します。列の端まできたら最後尾につきます。先についたチームの勝ちです。

ポイント

・必ずはんこの音「ペッタン」を言いましょう。
・宅配便役の子を交代してあそびましょう。

年齢のアレンジ

5歳なら…

宅配便役の子が最後尾についたら、次に2番目の子が宅配便役になり続きます。最後の子が「ついた」と言い全員座ります。先に座ったチームの勝ちです。

ペッタンついた
ペッタン
早く！

屋外あそび

ゲーム：数を数えてボールを回そう

年齢 1 2 3 4 5 歳児

ボールがドッカン！

人数 大勢

ねらい
- 数に興味・関心を持つ
- 友だちといっしょにゲームを楽しむ

あそび方

ことばかけ
みんなで数えながらボールを回しましょう。
1から数えて10は「ドッカン」と言うよ。

1 唱え言葉でスタート

全員で輪になり、みんなで「せーの、ボールドッカン、気をつけて！」と言います。

2 ボールを回してドキドキ

ボールを持った保育者が「1」と言い、左隣の子どもにボールを渡します。渡された子は「2」と言い、さらに左隣の子に渡します。このように数を言いながら順にボールを回していきます。

3 10のところでドッカン

「9」の次は「10」とは言わず、みんなで「ドッカン」と言います。そのときボールを持っていた子がアウトです。アウトになった子からまたゲームをスタートします。

ポイント

- 数を間違える子がいたら保育者が声をかけて数を伝えましょう。
- あまり「ドッカン」を強烈にしすぎないようにしましょう。

用意するもの

- 大きめのボール

あそびにプラス

名前を呼びながら

ボールを2個にし、両サイドから自分がボールを渡す相手の名前を言いながら、手渡していきます。どこかでボールが2個集中した子が「ドッカン」です。

第7章 屋外あそび

屋外あそび

ゲーム：ボールを離さずゴールしよう

年齢 1 2 3 4 5 歳児

ピョンピョン競争

人数 9人～

ねらい
- バランスをとりつつジャンプすることで足腰を鍛える
- ボールあそびを楽しむ

あそび方

ことばかけ：足にボールをしっかり挟んでジャンプをしよう。あせらなくていいから、ボールを落とさないように気をつけようね。

1 ボールをひざに挟む

ウサギチーム・カエルチーム・カンガルーチームなどに分かれ、20mぐらいのコースを設定します。それぞれのチームの先頭の子は、ボールをひざに挟んでスタンバイします。

2 ゴールまでジャンプ

保育者の合図でスタートします。ボールをひざに挟んだまま、ジャンプをして一直線に進みます。ゴールをしたら次の子がスタートします。早く全員がゴールしたチームの勝ちです。

ポイント

・ボールを落としたらその場からやり直します。
・チーム対抗ではなく個人の競走にしても楽しめます。

用意するもの

・ボール

年齢のアレンジ

1歳なら…

地面にはしごのようなしましまを描きます。保育者が子どもの両手を持って誘導し、ジャンプします。線を引いた部分を踏まないようにゴールします。

屋外あそび

ゲーム：出会った地点で勝負！

年齢 1 2 3 4 5 歳児

人数 8人～

じゃんけん綱渡り

ねらい
✣ じゃんけんの勝ち負けを味わう　✣ 相手チームとの対戦を楽しむ

あそび方

ことばかけ
チームで力を合わせてがんばろう。お友だちを応援してね。
じゃんけんに負けたら「渡って！」と大きな声で言いましょう。

スタート

勝った！
負けた

渡って！
行くよー

1 ロープを踏まずに進む

ロープを伸ばして地面に置きます。2チームに分かれ、ロープの両端にそれぞれのチームが1列に並びます。保育者の「スタート」の合図で各チームの先頭の子が、ロープをまたいで進みます。

2 負けたら味方を呼ぶ

出会った地点でじゃんけんをします。勝った子はそのまま進みます。負けた子はロープから脇にそれ、自分のチームに向かって「渡って！」と大きな声で呼びかけます。

3 先にたどりついたら勝ち

声が聞こえたら、負けたチームの2番目の子が進み出し、相手チームと出会った所でじゃんけんをします。どちらかのチームが、相手チームの所まで行きついたら終了です。

ポイント

・ロープを踏んで転ばないように気をつけましょう。
・「渡って」と叫んだ子は自分のチームに戻り、最後尾につきます。

用意するもの

・綱引き用のロープ

年齢のアレンジ

5歳なら…

2チームの間に巻いたロープを置きます。スタートの合図でロープの片方の端を自分のチームのスタート地点に持って行き、セットしたら先頭の子が進み出します。

急げ
行くよ

屋外あそび

ゲーム：チームワークがものをいう

年齢 1 2 3 4 5 歳児

ヘイ！タクシー

人数 10人〜

ねらい
- 友だちのペースを考えながら走る
- 友だちと協力し合って達成感を味わう

あそび方

ことばかけ
タクシーは壊れやすいので注意しましょう。
「いち、に」と声をかけ合って、息を合わせて進んでね。

1 お客をのせスタンバイ

新聞紙の真ん中をくり抜いてタクシーを作ります。５人で１チームになり、お客さんになる人をひとり選びます。タクシーを地面に置いてお客さんを入れたら、４人でタクシーの四隅を持ち上げます。

2 息を合わせお客を運ぶ

1の状態で全チームがスタートラインにつき、保育者の合図で一斉にスタートします。タクシーが破れないように、みんなで「よいしょ、よいしょ」と声を出しながら進みます。

3 早かったチームが勝ち

コーンを回って早く帰ってきたチームの勝ちです。お客さんとタクシー役を交代しましょう。

ポイント

・途中で新聞紙タクシーが破れてしまったら、スタート地点へ戻り新しいタクシーで出発し直します。
・タクシーは多めに用意します。

用意するもの

・コーン（チーム数）
・新聞紙タクシー

年齢のアレンジ

5歳なら…

保育者の合図で、タクシー役の４人は、畳んである新聞紙タクシーを広げて、お客さんをのせてからスタートします。お客さんがどうのるかはチームで判断します。以降のあそび方は同じです。

屋外あそび

ゲーム：くじ引きですごろくあそび

年齢 1 2 3 4 5 歳児

うらしま すごろく

人数 6人～

ねらい
- ことばを楽しむ
- いちばんになる楽しさを知る

あそび方

ことばかけ
普通に進んでも、ジャンプで大きく進んでもどちらでもいいよ。だれが早くゴールにつけるかな。

1 くじ引き係とこまを決定

スタートとゴールのラインを引きます。くじ引き係を3人決め、ほかの子たちはこまになります。くじ引き係は、だれがどのこまの担当になるかを決めます。引いたボールの色で進み方が決まります。

緑…カメ（2歩）
赤…おとひめ（4歩）
黄…たまてばこ（5歩）
青…うらしまたろう（7歩）

ただし、「たまてばこ」はおじいさんになって座り1回休みです。

2 ボールの色で進む

こまの子は、スタートラインに立ちます。くじ引き係は、箱からボールを取り出し、ボールの色を大きな声でこまに伝えます。こまはその色に合わせて歩を進めます。先にゴールした子が勝ちです。

ポイント

- くじ引き係とこまを交代してあそびましょう。
- こまの子はどの色が何歩になるかしっかり覚えます。

用意するもの

- くじ用のカラーボール
- 箱

あそびにプラス

すごろくを円に

すごろくのマス20個程度を円形に描き、スタートラインを引きます。青…たろう（3歩）のみ変更し、あそび方は同じです。最初に1周した子が勝ち。

屋外あそび

ゲーム：動物の鳴き声で話そう

お宝探しゲーム

年齢 1 2 3 4 5 歳児

人数 6人～

ねらい
✣ ルールを守るとゲームがより楽しくなる喜びを知る　✣ 連帯感を味わう

あそび方

ことばかけ
グループで鳴き声を決めましょう。イヌだったら「ワンワン」だね。
「お宝あったぞー」は「ワンワンワン…」って言うのよ。

1 鳴き声を決めてスタート

複数枚の「お宝カード」をあらかじめ園庭に隠しておきます。3人一組になり、グループ間でそれぞれの動物の鳴き声を決めます。すべて会話はグループごとに決めた鳴き声で行います。保育者の合図で、お宝探しをスタートします。

2 必ず3人でお宝ゲット

3人でいっしょに探しても、3人がそれぞれ散らばって探してもかまいません。ただし、お宝を見つけても3人がそろってからでないとゲットできません。メンバーを呼ぶときはすべて鳴き声です。

3 多く集めたチームの勝利

制限時間を決め、その時間になったら終了です。時間内にいちばん多くカードを集めたグループの勝ちです。

ポイント

・子どもたちには、お宝カードを隠した範囲をあらかじめ伝えておきます。範囲外には行かないように気をつけましょう。

用意するもの

・お宝カード

年齢のアレンジ

2歳なら…

カードの絵をチューリップなどの絵にして、見つけやすい場所に隠しておきます。それを子どもたちが探します。ひとり5枚分くらいの絵カードを用意しましょう。

ゲーム：鳴き声を手がかりに仲間探し　年齢▶ 1 2 3 4 5 歳児

動物ランド

人数▶ 大勢

ねらい
✣ ルールを守って楽しくあそぶ　✣ 仲間意識を高める

あそび方

ことばかけ
自分が引いた動物カード以外の鳴き声を出してはダメです。
仲間を探しているときも自分のカードを見せないようにしてね。

1 動物カードを引く

あらかじめ用意した、イヌやネコ、ブタやウシなどの動物カードを、子どもたちに見えないように保育者が持ちます。子どもたちはほかの子に見せないように、動物カードを引きます。

2 鳴き声で仲間を探す

保育者が「動物ランドオープン！」と言います。子どもたちは自分が引いた動物カードの鳴き声を出しながら、仲間を探します。

3 仲間で集まろう

同じ動物が集まったら座りましょう。保育者はようすを見てストップをかけます。同じ動物が全員集まれたら、その動物グループの勝ちです。

ポイント

・動物カードは１種類の動物につき必ず２枚以上用意します。
・それぞれの動物が同じ数でなくてもかまいません。

用意するもの

・５種類の動物カード

年齢のアレンジ

3歳なら…

動物カードを２種類のみにし、子どもがカードを引いて円に入ります。ふたりの保育者が同時にその動物の鳴き声を出します。子どもは自分が引いたカードの鳴き声の所へ走ります。

屋外あそび

ゲーム：タッチするか逃げきるか

じゃんけんかけっこ

年齢 1 2 3 4 5 歳児

人数 6人〜

ねらい
- 体を思い切り動かしてあそぶ
- 勝敗を楽しむ

あそび方

ことばかけ

歌い終わったらじゃんけんをします。勝った人は負けた人を追いかけて、負けた人はタッチされないように逃げてね。

じゃんけん
ぽん

やった１点！

1 歌いながら回転する

地面に二重の円を描きます。内側の円に子どもたちが入り、ふたり一組になって向かい合い、両手をつなぎます。みんなで歌を歌いながら、くるくる回転します。

2 じゃんけんで勝負

歌い終わったら、向かい合ったふたりで、じゃんけんをします。勝負が決まるまでじゃんけんを続けます。

3 追いかけっこする

じゃんけんに負けた子は二重の円の外に向かって逃げ、勝った子が追いかけてタッチします。内と外の円の間でタッチしたらじゃんけんに勝った子に１点、逃げきったら負けた子に１点入ります。繰り返しあそんで５点取った子の勝ちです。

ポイント

・歌は、クラスで歌っている曲でかまいません。
・子どもたちみんなで歌に合う踊りを考えるとより楽しめます。

年齢のアレンジ

4歳なら…

決まったエリアを設けずにあそびます。歌い終わったらじゃんけんをして、勝った子が負けた子を追いかけます。保育者の合図があるまで逃げきれたら勝ちです。

じゃんけんぽん
待てー

屋外あそび

ゲーム：2チームで追いかけっこ

年齢 1 2 3 4 5 歳児

人数 6人～

ウサギとウシ

ねらい
- のびのびと体を動かすことを楽しむ
- 集中力を養う

あそび方

ことばかけ
「ウサギ」って先生が言ったら、ウサギチームは追いかける人、ウシチームは逃げる人になるのよ。1回やってみましょう。

1 2チームが向かい合う

ウサギとウシの2チームに分かれます。2mくらいの間隔をあけてラインを引き、2チームが向かい合って立ちます。10mくらい後ろにはそれぞれのチームの安全エリアがあります。

2 合図で追いかけっこ

保育者が「ウ・ウ・ウ…」と、少しもったいぶってから、「ウサギ」と言います。呼ばれたウサギチームがウシチームを追いかけ、タッチします。タッチされた子は相手チームになってしまいます。タッチされる前に安全エリアに逃げこめばセーフです。何度か繰り返してあそび、人数の多かったチームの勝ちです。

ポイント

- 保育者は「ウメボシ」や「ウマ」など引っかけると盛り上がります。
- チームの名前を子どもたちと考えても楽しいです。

用意するもの

- 紅白ぼうし

年齢のアレンジ

3歳なら…

チームには分かれず、保育者が鬼になります。10数えてから追いかけ始め、子どもたちは安全エリアに逃げこめばセーフです。

屋外あそび

ゲーム：ケンケンでくつ探し

年齢 1 2 3 4 5 歳児

くつくつどーこだ

人数 7人～

ねらい

✣ 片足で立ったり移動したりする　✣ 友だちとのあそびを楽しむ

あそび方

ことばかけ

ケンケンが速いのはだれかな？
自分のくつ、間違えないで選んで、素早く履いてね。

1 箱に片方のくつを入れる

子どもたちが全員入る大きさの円を描きます。子どもたちは自分のくつを片方だけ、保育者の持つ箱に入れ、円の中に片足立ちします。

2 片足立ちのまま目を閉じて唱える

子どもたちは片足立ちで目を閉じ手で顔を隠して、「ケンケンケンケンだれが速い？　くつくつどーこだ」と唱えます。保育者は箱を持ち円の周りを回ります。

3 「こーこだ」の合図で箱を探す

「どーこだ」と唱え終えたとき、保育者は立ち止まり「こーこだ」と言って箱を地面に置きます。子どもたちは目を開け箱を探します。

4 ケンケンでくつを探す

箱を見つけてケンケンで行き、自分のくつを探します。自分のくつを履いて早く円に戻ってきた子が勝ちです。

・くつを履いているほうの足に、もう片方の足をのせて立ってもOKとします。
・くつを取りに行くときに足を着いた子は円に戻り出直します。

用意するもの

・くつを入れる箱

年齢のアレンジ

4歳なら…

あそびエリアを限定し、その中に円を五つ描き島を作ります。島から島へケンケンして渡ってあそびます。疲れたら島で休みましょう。

屋外あそび

ゲーム：チームで協力し合って

年齢▶ 1 2 3 4 5 歳児

目玉焼きタッチ

人数▶ 大勢

ねらい ✣ゲームを楽しむ ✣判断力をつける

あそび方

ことばかけ
白身さん、後ろに気をつけてね。
どっちのチームが多く捕まえられるかな？

1 チームに分かれスタート

あらかじめ地面に「目玉焼き」の絵を大きく描いておきます。2チームに分かれ、1チームが白身、もう1チームが黄身になり、それぞれ絵の中に入ります。保育者の合図で、白身たちはスタート地点から一斉にスタートします。

2 走ったりジャンプしたり

白身たちは黄身にタッチされたり、白身ゾーンからはみ出したらアウトです。走ったりジャンプするなどしながら時計回りに2周します。黄身たちは黄身ゾーンからはみ出さないようにしながら、白身たちにタッチしましょう。

3 アウトが少ないほうが勝ち

白身のだれかひとりが2周したら、白身と黄身を交代してあそびます。アウトになった子どもが少ないチームの勝ちです。

ポイント

・1周回ったら声に出して仲間に知らせるようにします。
・黄身は黄身ゾーンから出てしまったらアウトになります。

年齢のアレンジ

4歳なら…

ジャンプできる距離に三つの円を描き、3対3に分かれます。1チームは円から円へジャンプして移動し、もう一方のチームは円の外からタッチします。

ゲーム：協力し合って川を渡ろう

年齢 1 2 3 4 5 歳児

大きな川があったとさ

人数 8人～

ねらい
- 友だちと相談しながらあそぶ
- 友だちとの結束を強める

あそび方

ことばかけ
川に落ちたら最初からやり直しになります。
友だちと力を合わせて川を渡ろうね。

1 段ボール板をセット

スタートとゴールの間を川に見たてます。4人一組でチームに分かれ、1チームで2枚の段ボール板を持ちます。そのうち1枚の段ボール板をスタートラインの向こう側にセットします。

2 チームで協力し合って

「スタート」の合図でセットした段ボール板にチーム全員がのり移ります。全員がのったら、2枚目の段ボール板を協力して持ち、セットします。

3 全員で渡ってゴール

2枚目の段ボール板に全員でのります。そのとき、段ボール板からはみ出してはいけません。これをゴールまで繰り返します。先にゴールしたチームの勝ちです。途中、段ボール板からはみ出た子がいた場合、最初からやり直しです。

ポイント

・ゲーム後は、勝敗に関係なく「Aちゃんは B くんが川に落ちないように手伝ってくれたね」などと協力したところを褒めましょう。

用意するもの

・大きめの段ボール板
（チーム数×２）

年齢のアレンジ

4歳なら…

スタートからゴールまでの距離（川幅）を短くします。1チームを３人にし、段ボール板の代わりにフープを使い、フープの中から出ないように川を渡ります。

屋外あそび

ゲーム：動物たちを誘って出かけよう　年齢▶ 1 2 3 4 **5** 歳児

急げ！鬼退治

人数▶ 大勢

ねらい
- わくわくしながらあそびに参加する
- 友だちといっしょにあそぶことを楽しむ

あそび方

ことばかけ
うまく動物をそろえてゴールできるかな？
鬼役になった子もばれないように動物の鳴きまねをしてね。

1 それぞれの役を決定

3人一組の桃太郎チームを二つ作ります。それ以外の子は桃太郎に内緒でイヌ・サル・キジ・鬼になります（最低各ふたり）。桃太郎はスタートの位置につき、それ以外はスタートとゴールの間のエリアに立ちます。

2 鳴き声をヒントに

保育者の合図で、桃太郎がスタートします。動物たちは「ワンワン」「ウキキ」「ケンケン」と鳴き声を出します。鬼も引っかけでどれかの動物の鳴き声を出します。桃太郎は「鬼退治に行きましょう！」と動物たちに声をかけ、イヌ・サル・キジを1匹ずつゲットして手をつなぎゴールを目ざします。

3 仲間をそろえたらゴールへ

桃太郎が声をかけた子が鬼だったら、鬼は「ガオー、鬼だぞ！」と答え、桃太郎はスタートに戻ってやり直します。動物たちを連れていて鬼に出会ってしまったら、動物を手放してスタートし直さなければなりません。各動物を1匹ずつ仲間にしたらみんなで手をつないでゴールへ走ります。

ポイント

・動物が重なったら別の子に声をかけます。
・あそぶ人数によって桃太郎の人数は調整しましょう。

あそびにプラス

動物を増やして

スタートやゴールは設定しません。動物の人数を増やし、制限時間内で、鬼に声をかけずにたくさんの動物をゲットした桃太郎チームの勝ちです。

こんなときどうする?

あそび Q&A

Q 自分のしたいあそびをほかの子に強いる

リーダータイプでみんなを引っ張っていく子ですが、周りの子の意見に耳を傾けずいつも自分のやりたいあそびばかりしようとします。いっしょにあそんでいるほかの子たちは、ほんとうは違うあそびがしたいのではと気がかりです。(4・5歳児)

A

楽しんでいるかどうかを見極める

まず、いっしょにあそぶのが楽しくていつもあそんでいるのかどうかを探ってみましょう。保育者には、周りの子があそびを強いられているように思えても、リーダータイプの子のあそびに独創性があったりダイナミックだったりして魅力を感じて楽しんでいることもあります。

強い口調で誘っている、違う子とあそばせない、ほかのあそびの提案を拒否するなど、気がかりなようすがないかを見極めましょう。

いやがっていたら保育者が仲立ちを

もしも周りの子がほんとうは別のあそびがしたいのに言い出せないようなら「違うあそびがいいって、いっしょに言ってみようか」「いやって言っていいんだよ」と保育者が間に入って気持ちの仲立ちを。

あそびを強いる子にも「みんなは違うあそびがいいみたいだけど、どうかな?」「きょうは違うのやってみる?」と相手の気持ちに気づくようなことばをかけましょう。

離れる時間が必要なことも

関係がかなり煮詰まっているようであれば、保育者があそび以外の時間で物理的に離れられるシーンを作っていくことも必要です。グループ分けや席替えのときに配慮しましょう。

年齢が上がってくると、きのういやなことがあった、あしたもあるかもしれないと過去や未来の認識がどんどんできてきます。ささいなことからでも園に行くのがいやになってしまう場合もあるので、保育者が子どもたちの関係をよく見ていくことが必要です。

Q 特定の子としかあそべない

あまり自己主張をしないタイプの子でなかなか自分からみんなの輪に入れません。誘われてもはっきりしないので周りの子も声をかけなくなってしまい仲間外れになりがちです。特定の仲よしの子としかあそべないので心配なんですが…。(3～5歳児)

A

その子の得意なあそびから始める

はっきりと意思表示をするのが難しいタイプの子にとって、みんなの輪に入っていくのは勇気がいるもの。せっかく誘ってくれてうれしい気持ちがあっても、うまく答えられないこともあります。

そんなときは、その子の好きなあそび、得意なあそびを保育者がいっしょに始めてみましょう。後から輪に加わるよりも、自分が始めたあそびにみんなが加わっていくほうがスムーズにみんなとあそべるようになります。

特定の子とだけあそぶのも自然なこと

特定の子としかあそびたがらないのも、成長過程の一つといえます。仲よしの子といつもいっしょにいたい、みんなとあそぶよりも仲よしの子とだけあそぶほうが楽しいと感じるのは、大きくなればなるほど自然なことです。

ただし、ずっといっしょにいることで関係が煮詰まってしまい、その子としかあそべない、相手の子をほかの子とあそばせないなどになってきたら保育者が間に入ってようすを見ましょう。

注意しすぎると表面的な関係に

輪に入れない子がいると、つい「いっしょにあそんだら?」「仲間外れはダメだよ」と言いたくなると思います。しかし保育者が子どもたちの関係に直接的なことばで注意ばかりしていると、表面だけ仲よくしたり、おとなの顔色を見た人間関係を作るようになることもあります。

友だちといっしょにあそんで楽しいと思える時間を共有することが子どもの成長につながっていきます。

こんなときどうする？
あそびQ&A

Q チーム対抗の勝ち負けでもめる

チーム対抗のあそびで勝負に負けると、Aくんが遅かったせいで負けたんだと責めたり、次から違うチームにしてほしいと主張したりする子がいます。Aくんはあまり運動が得意ではないのですが、双方にどういう対応をすればよいでしょうか。（3～5歳児）

A

得意なことはみんなそれぞれ

あそびのジャンルに応じて、保育者はチーム分けの際に力が偏りすぎないよう配慮しましょう。引っ張っていくタイプの子、走るのが速い子など、子どものバランスも考慮し、チームに極端に差がつかないようにしておきます。

チーム対抗では、自分が活躍したのに勝てなかった子が悔しい思いをだれかにぶつけたくなりがちです。負けてしまったのを責める子には、それぞれ得意なことが違うのを伝えましょう。

「僕は走るのが速い、Aくんは遅いからダメ」ではなく、「僕は走るのが得意、Aくんは絵を描くのが得意」と感じられるといいです。そのうえで、チームとしてのまとまりが大切なことも合わせて伝えましょう。

負けて悔しいのも体験の一つ

勝ってうれしい思いをする、負けて悔しい思いをするのも園の集団生活ならではの体験といえます。勝ち負けでいろいろな思いをすることは、心の葛藤を体験しながら成長していく機会でもあります。

勝ち負けがトラブルの原因になりチーム内で責めたからマイナスだったと考えずに、最後までがんばってゴールしたことやみんなで練習したこと、友だちを応援したことなどに目を向けていきましょう。そうすることで、みんなクラスの仲間なんだという意識にもつながっていきます。

第8章

季節あそび

草花あそびや水あそび、落ち葉あそびなど
四季を感じるあそびアイデアです。
季節あそびを通して、生き物や植物、
自然への興味を持つきっかけにしましょう。

季節あそび

年齢 1 2 3 4 5 歳児

人数 1人〜

春：子どもが好きな身近な生き物

ダンゴムシ探検隊

ねらい
- 春の自然に親しむ
- ダンゴムシに興味・関心を持つ

あそび方

ことばかけ
虫探検隊、出発しま〜す！　きょうはダンゴムシを探します。
ダンゴムシ、どんな所にいるのかな？

ダンゴムシ
いるかな？
あっ いた！

1 ダンゴムシを探す

ダンゴムシを探しに行きます。枯れ葉や植木鉢の下など、暗くてじめじめした場所にいることが多いです。枯れ葉や植木鉢をそっとどけてみましょう。

2 ダンゴムシを触る

ダンゴムシは毒を出したりかんだりしないので安全です。見つけたら触ってみましょう。丸くなったようすを観察したり、背中をそっと触ったり。あそんだ後は、ダンゴムシを見つけた場所に返しましょう。

ポイント

・ほかの虫が苦手でもダンゴムシなら大丈夫という子も多いので、虫への興味を持つ第一歩としてあそびましょう。

年齢のアレンジ

4歳なら…

ダンゴムシを園庭に放し、どこへ行くのかついていってみましょう。また、図鑑で調べると、いろいろなことがわかり、もっとおもしろくなります。

ダンゴムシ
どこ行くの？

季節あそび

春：サクラであそぶ

花びらで作ろう

年齢 1 2 3 4 5 歳児

人数 1人～

ねらい
- サクラの花に興味を持つ
- 指先を使って楽しむ

あそび方

ことばかけ：ピンクできれいなサクラの花びらがたくさんあるね。きょうは花びらでいろいろ作ってみよう！

テープを丸めて
針のようにする
花びらが抜け落ちないよう
テープでとめる
お団子
いかがですか？
1本ください！
プス

1 花びらを集める

地面に落ちているサクラの花びらを拾って集めます。

2 飾りを作る

糸の先にテープを巻いて針のようにし、花びらを通していきます。糸を輪にしてとめ、首にかけたり頭にのせます。

3 串団子を作る

花びらを何枚か松葉にさしていき、串団子を作ります。松葉がなければ、竹串を使っても作れます。

ポイント

・子どもがお団子以外のものに見たてはじめたら、その見たてを膨らませてあそびを展開しましょう。

用意するもの

・糸　・テープ

年齢のアレンジ

2歳なら…

サクラの花びらをたくさん集めて、上からひらひらとまいてあそびます。子どもどうしでサクラの花びらをまき合っても、盛り上がります。

季節あそび 

春：草花の香りを楽しもう

年齢 1 2 3 4 5 歳児

手作り香水

人数 3人～

ねらい
- 香りがする草花を知る
- 香りに興味・関心を持つ

あそび方

ことばかけ
（香水を見せながら）みんな香水って知ってる？　かいでみる？
（香水をかいでみて）手作りできるんだよ。作ってみる？

ジンチョウゲ
モクレン
ミント

1 香りのする草花をもむ

ジンチョウゲやモクレン、ミントなど香りの強い草花をビニール袋に入れてもみます。

シャカ
シャカ

2 ペットボトルに入れて振る

ペットボトルに水を入れます。1の草花を加えてふたをし、よく振ります。

あまーい
においがする

3 香りをかぐ

ふたを開けて香りをかぎます。いろいろな草花で作って、香りを比べてみましょう。

4 香水やさんのごっこあそび

いろいろな種類でペットボトルにたくさん作れば、香水やさんごっこへとあそびが広がります。

ポイント

・調味料やアロマオイル、お香など草花以外でも香りが強いものをかいでみて、香りを確かめてみるのも楽しいです。

用意するもの

・ビニール袋　・ペットボトル

年齢のアレンジ

2歳なら…

香りに興味を持つきっかけとして、植物の香りをそのまま楽しんでみましょう。ラベンダーなど香りが強い花や果物などがおすすめです。

とってもいい
においがするね

季節あそび

春：タンポポでおしゃれを

タンポポの冠

年齢 1 2 3 4 5 歳児

人数 1人〜

ねらい
- 草花で身につけるものを作って楽しむ
- 指先で細かい作業をする

あそび方

ことばかけ
タンポポの茎を長くして摘んできてくれるかな？
先生が今、冠を作っていくから見てて…。

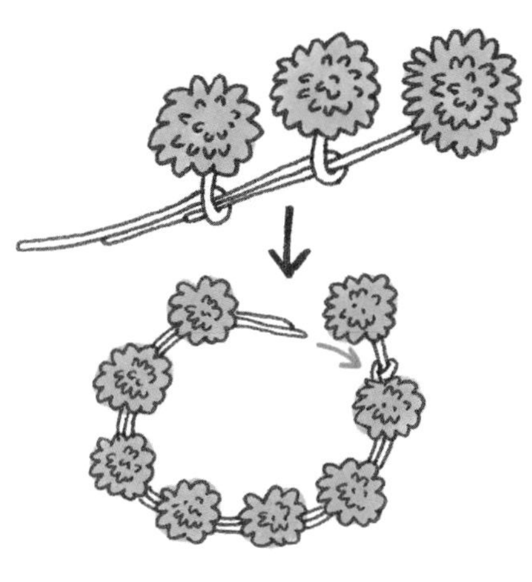

1 タンポポを摘む

なるべく茎が長くなるようにタンポポを摘んで集めます。

2 タンポポをつなぐ

1本目のタンポポの茎に2本目の茎を巻きつけ、タンポポをつなげていきます。どんどんつないでいき、冠の長さになったら輪にします。端を先頭のタンポポの茎の中へ差し込んでとめます。

3 冠を頭に飾る

タンポポの冠を頭に飾ります。長く作って首飾りにしてもいいです。

ポイント

・きれいな冠を作るには、タンポポの茎を長めに摘み、花と花の間隔を詰めてつなげるのがコツです。

あそびにプラス

腕時計&指輪

タンポポの花1本で楽しめるあそびです。茎を二つに裂いて、腕に結ぶと腕時計のでき上がり。同じようにして、指に結ぶと指輪ができます。

季節あそび

春：どんな音がするかな？

草笛いろいろ

年齢 1 2 3 4 5 歳児

人数 1人〜

ねらい
✣ 春の草花に親しみ、興味を持つ　✣ 自分で作ったものであそぶ楽しさを感じる

あそび方

ことばかけ

この草は○○（笛を作る草の名）っていってね、
こうやるといい音が出るんだよ。聞いててね。

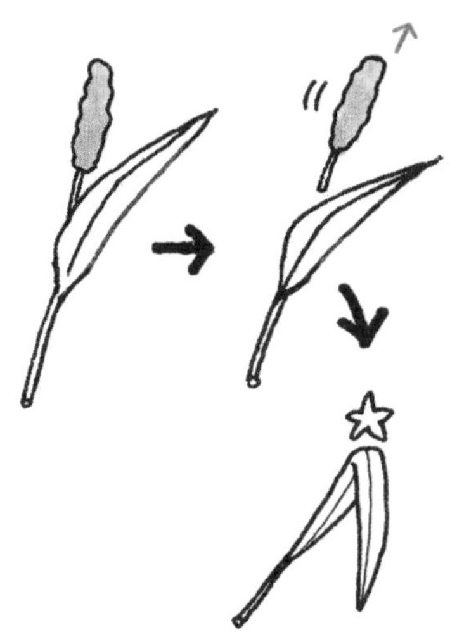

タンポポで作る

タンポポの茎を 3cm くらいに切り、細いほうを平らにつぶして吹きます。

スズメノテッポウで作る

スズメノテッポウの穂を抜き取ります。穂を抜いた葉を折り曲げた☆印の部分をくわえて吹きます。

アシで作る

アシの穂先を抜きます。抜いた穂先を開いて、中にある芯を取り除きます。穂先を巻き戻し、根元をくわえて吹きます。

ポイント

・スズメノテッポウやアシは手を切りやすいので十分に注意を。
・茎の太さによって草笛の音色が違うので、比べてみましょう。

年齢のアレンジ

1歳なら…

小さい子にも身近な春の花、タンポポの綿毛を吹いて飛ばしましょう。子どもが綿毛を自分で吹けるか挑戦してみても楽しいです。

季節あそび

春：春の光を感じる

年齢 1 2 3 4 5 歳児

お皿のステンドグラス

人数 1人〜

ねらい
- 季節による光の変化を知る
- 透過光を知り、色に興味を持つ

あそび方

ことばかけ
このお皿にペンで好きな絵を描きます。線の上を竹串でプチプチやっていくと、ほら、切り抜けるんだよ。

1 トレーに絵を描く

食品トレーに油性ペンで好きな絵を描きます。シンプルな絵のほうが切り抜きやすいので、あらかじめ見本を見せたり、保育者が描いたりしてもよいでしょう。

2 穴を開けセロファンをはる

絵の線の上に竹串で隙間のないよう穴を開け、絵の形を切り抜きます。切り抜いた絵の上にセロファンをテープではります。

3 光を透かして見る

トレーを持って太陽の光を透かして見ると、セロファンの色が鮮やかに見えます。また、窓に飾ると部屋に色とりどりの影ができてきれいです。

ポイント

・季節や時間によって太陽の高さが変わり、光に変化があることに気づけるようにしましょう。

用意するもの

- 食品トレー
- 油性ペン
- 竹串
- セロファン
- テープ

年齢のアレンジ

3歳なら…

トイレットペーパー芯２本の片面にセロファンをはります。２本をビニールテープで巻き、双眼鏡を作ります。のぞくと、セロファンの色に見えて楽しめます。

季節あそび

梅雨：雨の季節を楽しもう

年齢 1 2 3 4 5 歳児

雨降りごっこ

人数 2人～

ねらい ✤ 体を動かして楽しむ　✤ 想像を膨らませてあそぶ

あそび方

ことばかけ

きょうは雨が降ってるね。雨が好きなのはだれかな？
あれ、お部屋の中にも雨が降ってきたよ！

1 雨降りのふりをする

保育者が手を上げて「わ、雨が降ってきたよ」と雨が降っているふりをし、雨の好きな生き物になりきってあそびます。

2 カタツムリごっこ

カタツムリのように腹ばいになり、床を蹴って移動します。背中にティッシュ箱やおもちゃをのせて落とさないように動くのもおもしろいです。

3 カエルごっこ

カエルになってあそびます。腹ばいになって泳ぐまねをしたり、ジャンプで移動したりします。

ポイント

・雨続きで体を動かしたい子どもにぴったりのあそびです。
・子どもから出た発想を膨らませて、あそびに展開していくのも楽しいです。

あそびにプラス

カエル鬼ごっこ

カエルになった子どもと追いかけっこを楽しみましょう。保育者が鬼になり、子どもはジャンプで逃げます。鬼はカエルをつかまえたらくすぐります。

季節あそび

梅雨：雨上がりにあそぶ

年齢 1 2 3 4 5 歳児

雨水、見一つけた！

人数 1人〜

ねらい
- 雨に興味・関心を持つ
- 梅雨の季節に親しむ

あそび方

ことばかけ：きのうは、たくさん雨が降ってたね。先生は葉っぱの上に雨を見つけました。ほかにも、きのうの雨があるかな？

1 雨水を探す

雨上がりの日に園庭などでプラカップを持って、雨水がたまっている所を探します。前もって雨がたまるよう空き容器を置いたり、傘を逆さにかけておいてもよいでしょう。

2 雨を集める

植物や遊具についている雨、くぼみにたまっている雨などをプラカップに集めます。たくさん集めることにこだわらず、どんな所で見つけたのかなど、子どもの気づきを楽しみましょう。

ポイント

・子どもが雨をどんな所に見つけてどう感じたのか、発見や驚きの声を大切にしましょう。

用意するもの

・プラカップ

あそびにプラス

雨集めレース

雨が降りそうな日の前日に、それぞれ自分のプラカップをいろいろな場所に置いておきます。だれのプラカップにいちばん雨水がたまるのかを比べます。

季節あそび

梅雨：雨で絵をぬらしてみよう

年齢 1 2 3 4 5 歳児

雨でにじみ絵作り

人数 1人～

ねらい
- 雨降りを楽しむ
- 色に興味を持ち、水による変化に気づく

あそび方

ことばかけ

ここに先生が描いた絵があります。
この絵を雨に当てると、どうなると思いますか？

1 ペンで絵を描く

いろいろな色の水性ペンで画用紙に好きな模様を描きます。油性ペンだとにじまないので注意しましょう。

2 雨で絵をにじませる

軒先など雨の当たる場所に画用紙を持っていき、雨でぬらしてにじませます。

3 絵を乾かす

レジャーシートや新聞紙の上に絵を並べておき、乾かして完成です。

ポイント

・小さい紙で作ると、小さい子でも扱いやすくなります。

用意するもの

- 画用紙
- 水性ペン
- レジャーシートや新聞紙

あそびにプラス

カラフルペン立て

にじみ絵を小さく切って、上を切り取った牛乳パックにのりではります。ビニールテープで縁取りをすれば、カラフルなペン立てになります。

季節あそび

梅雨：雨の音ってどんな音？

年齢 1 2 3 4 5 歳児

雨の音を聞こう

人数 1人〜

ねらい
- 梅雨の季節を楽しむ
- 音に興味・関心を持つ

あそび方

ことばかけ

きょう先生、この傘を差して雨の中を歩いてきたらトントンって音がしたの。みんなは、どんな音がした？

1 準備をする

レインコートに長靴など、雨でも大丈夫な格好をします。びんや缶、段ボールなど、雨を当てて音を聞くものを持ちます。

2 雨の音を聞く

いろいろなものを通して、雨の音を聞きます。友だちが見つけた雨の音をいっしょに聞いてみたり、雨がどんな音なのかみんなで話し合ってみるのも楽しいです。

ポイント

・効果音 CD の雨の音を聞いて、何の音か当てっこをしてから実際に雨の音を聞きにいくと、より興味が持てるでしょう。

用意するもの

・びん、缶、段ボールなど

年齢のアレンジ

3歳なら…

雨が当たる場所にビニールシートを使って屋根を設けます。その下で子どもはビニールシートに当たる雨がどんな音なのか聞いてあそびます。

季節あそび

夏：涼しい気分を演出

年齢 1 2 3 4 5 歳児

水との鬼ごっこ

人数 1人〜

ねらい
✣ 室内で涼しい気分を味わう　✣ 海の中という見たてを楽しむ

あそび方

ことばかけ
さあ、先生がお水をかけますよ。
今からお部屋は海の中になります。いいですか？

1 窓の外からホースで水をかける

窓やガラス戸をしっかり閉めて水が入らないか確認しておきます。「お部屋が海の中になるよ」と声をかけ、保育者が窓の外から中にいる子どもに向け、ホースで水をかけます。

2 水で追いかける

子どもが移動したら、ホースの向きをかえて水で追いかけます。子どもの表情やようすを見ながら水のかけ方を調整しましょう。

ポイント

・部屋にいながら涼しい気分を味わえます。
・びっくりしたり興奮させすぎて危なくないよう注意を。

用意するもの

・ホース

あそびにプラス

窓に魚をペタリ

ホースで外側から水をかけながら、窓に魚形のシールつきセロファンをはったりはがしたり。よりいっそう海気分で涼しさを味わえます。

季節あそび

夏：手作りグッズで盛り上がる

水あそびグッズ

年齢 1 2 3 4 5 歳児

人数 2人～

ねらい
✣ 水に親しみ、慣れる　✣ 水の心地よさを感じる

あそび方

ことばかけ
この中に水を入れると、ほら、シャワーになったね。
次に、こっちの牛乳パックはどうかな？

1 水あそびグッズを作る

小さい子の水あそびには、まず十分に水に慣れて顔や頭に水がかかっても平気になるよう、水に親しめるグッズを用意しましょう。レジ袋やペットボトル、上を切り取った牛乳パックなどに目打ちで穴を開けます。

2 プールであそぶ

水あそびグッズに水を入れてシャワーのように水を出してあそびます。プリンやマヨネーズなどの容器を使うのもおもしろいです。

第8章 ✤ 季節あそび

ポイント

・2歳ぐらいは、友だちがあそんでいるものが魅力的に見えるもの。水あそびグッズの数は多めに用意しましょう。

用意するもの

・レジ袋や空き容器など　・目打ち

あそびにプラス

ふたで簡単グッズ

ペットボトルのふたを2点合わせてビニールテープで巻きます。水にたくさん浮かべて、水中に沈めてポンと浮いてくるのを楽しみます。

季節あそび 

夏：プールでなりきりあそび

年齢 1 2 3 4 5 歳児

ワニさんごっこ

人数 3人～

ねらい ✣ 水に親しみ、夏を感じる ✣ 見たてあそびを楽しむ

あそび方

ことばかけ

きょうは、ワニの国へ出発しまーす！
ワニの国の朝のあいさつは「おはようワニ」だよ。

1 室内でワニのポーズを練習する

基本のワニのポーズは、腹ばいで足を伸ばし両手で上体を持ち上げた形。この姿勢で手の力で進みます。

2 プールの中でワニごっこ

プールの底に手をつきワニになりきって水の中を動き回ります。ワニで歩くのに慣れたら足をバタバタさせたりしても。

3 保育者の足の間をくぐる

保育者の両足の間を洞くつに見たて、子どもがワニでくぐります。子どもに合わせて足の高さを調整しましょう。

4 保育者のカバが大波を立てる

カバになった保育者がダイナミックな動きでプールに入ります。大波を立てると盛り上がります。

ポイント

・保育者は子どものようすを見ながら水位を調整しましょう。
・水が苦手な子は無理せず見て楽しむことも大切です。少しずつ慣れるのを待ちましょう。

年齢のアレンジ

3歳なら…

ビニール袋にスポンジを入れ輪ゴムでとめて魚を作ります。顔はビニールテープをつけたりペンで描いたり。ワニさんごっこのときにプールに浮かべて、魚を捕まえてあそびます。

季節あそび

夏：夏祭りにもぴったり

魚釣りごっこ

年齢 1 2 3 4 5 歳児

人数 3人～

ねらい
- ごっこあそびを楽しむ
- どうすれば釣れるかくふうをする

あそび方

ことばかけ
みんなは、釣りってしたことありますか？
海には、どんな魚がいるかな？

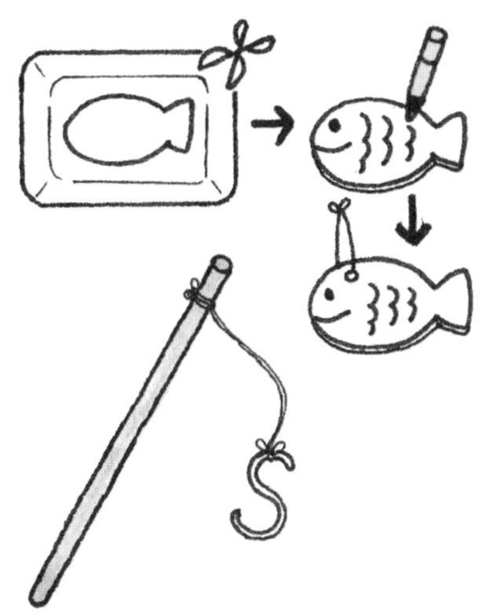

1 魚と釣りざおを作る

食品トレーを魚の形に切り抜き、油性ペンで目やうろこを描いてから穴を開けモールをつけます。棒にたこ糸とＳ字フックをつけて釣りざおにします。年齢によっては保育者が魚や釣りざおを用意しましょう。

2 プールに魚を浮かべ釣る

プールに魚をたくさん浮かべて、釣りざおのフックを魚のモールに引っかけて釣ります。小さい子は、釣りざおの糸を短めにすると釣りやすくなります。

3 波を立てる

釣るのに慣れてきたら保育者がプールに入り、２、３周歩いて流れを作ります。釣りにくくなるので盛り上がります。

ポイント

・子どもといっしょに図鑑などで海にはどんな魚がいるのか調べながら魚を作るのも楽しいです。

用意するもの

- 食品トレー
- 油性ペン
- モール
- 棒
- たこ糸
- Ｓ字フック
- はさみ

あそびにプラス

室内で釣りごっこ

雨でプールであそべない日は、部屋でブルーシートに魚を並べて釣りごっこを。また、プールに入れない子がプールサイドであそぶのにもよいです。

季節あそび

夏：草ですもうをとろう

年齢 1 2 3 4 5 歳児

オオバコの草ずもう

人数 2人〜

ねらい　✣ 草花に興味・関心を持つ　✣ 勝敗を楽しむ

あそび方

ことばかけ
オオバコですもうがとれるよ。
友だちの茎とからませて両手で持って引っ張ってごらん。

1 オオバコを摘む

ひとり１本ずつ、オオバコの茎を長めに摘んできます。

2 茎を引っ張る

相手のオオバコと交差させて両手で持ったら「はっけよい、のこった」の合図で互いに茎を引っ張ります。切れなかった茎の人の勝ちです。

ポイント

- 強かった茎を集めてどんな茎が強いのか、みんなで考えるのも楽しいです。
- 草ずもうから発想を広げ、紙ずもうや尻ずもうなどであそんでも。

あそびにプラス

松葉ですもう

オオバコのかわりに松葉を使っても、草ずもうを楽しめます。松葉を交差させて引っ張り合い、松葉が２本に分かれた人の負けです。

季節あそび

夏：たくさん水を運べたら勝ち
びしょびしょ引っ越し

年齢 1 2 3 **4 5** 歳児

人数 大勢

ねらい
✤ 水運びを楽しむ　✤ 友だちと協力してあそぶ

あそび方

ことばかけ
どのチームがいちばん水をたくさん運べるかな？
みんなで力を合わせてがんばろう！

ゴール
あー　破れちゃった
スタート
よいしょ
よいしょ
お、おもい…

1 レジ袋を選ぶ

３～４チームに分かれます。格好はぬれてもよい服装で。いろいろなサイズのレジ袋からひとり１枚ずつ袋を選びます。大きい袋はたくさん運べるけれど重くて時間がかかる、小さい袋は少ないけれど速く運べるなど、選ぶポイントをアドバイスします。

2 レジ袋で水を運ぶ

スタート地点の水が入っているたらいからレジ袋に水を入れて、ゴール地点の空のたらいまで運びます。友だちと協力して持ってもいいです。

3 たくさん運べたら勝ち

制限時間内にゴールのたらいに水をたくさん運べたチームの勝ちです。

ポイント

・いろいろな大きさのレジ袋を用意しましょう。
・どうすれば水をたくさん速く運べるか、子どもの発見を大切に。

用意するもの

・レジ袋　・たらい

年齢のアレンジ

5歳なら…

ルールを加えて、相手チームの邪魔をできるようにします。相手の体やレジ袋にはふれずにブロックを。チームで作戦を考えるのが楽しいあそびです。

季節あそび

夏：たくさん拾えるかな？

年齢 1 2 3 4 5 歳児

人数 大勢

水中おはじき拾い

ねらい
- 泳いだり潜ったりに挑戦する
- 勝敗を楽しむ

あそび方

ことばかけ
今から先生がプールにおはじきをまきます。
「ヨーイドン」で、みんなはこのおはじきを拾ってきて！

1 プールにおはじきをまく

プールの中におはじきをたくさんまきます。「赤いおはじきは３ポイント」というようにポイントアップおはじきを決めておくと、盛り上がります。

2 おはじきを拾う

「ヨーイドン」の合図でどんなスタイルでもいいので、泳いだり潜ったりして水中のおはじきを拾います。

3 拾い終わったら終了

プールのおはじきを全部拾い終わったらおしまい。おはじきのポイントがいちばん多い人の勝ちです。

ポイント

・水に慣れていないころは、水位を浅くしてあそびましょう。
・夢中になりすぎてぶつかったりしないよう見守りましょう。

用意するもの

・おはじき

年齢のアレンジ

3歳なら…

拾いやすいようにカラーパネルやスチレンボードを切って大きなものを作ります。水に顔をつけなくても拾える深さから始めるとよいでしょう。

季節あそび

夏：ぐるぐる回るのが楽しい！

年齢 1 2 3 4 5 歳児

流れるプール作り

人数 大勢

ねらい

- 水に慣れ親しむ
- 友だちと協力してあそぶ楽しさを感じる

あそび方

みんなで力を合わせて流れるプールを作るよ！
ヨーイドン！　1、2、3…（数える速さを上げていく）

1 プールで輪になり歩く

プールの中で輪になって、同じ方向にゆっくり歩きます。ぶつからないよう子どもどうしの間隔に注意しましょう。

2 みんなで走る

歩くスピードをだんだん上げていき、みんなで同じ方向に走ります。

3 体を浮かせる

プールの流れに勢いがついてきたら体の力を抜いてお風呂につかるようにします。流れにのって体が浮き、少し流されるようになります。

ポイント

・始めはゆっくり歩き、だんだんスピードアップしましょう。
・水が苦手な子は流れの外側を歩いたり、ひとりひとりのようすをよく見て配慮しましょう。

年齢のアレンジ

3歳なら…

同じようにプールで輪になり歩いたり走ったりします。流れができたら「止まれ！」の合図で水の勢いに負けないよう立っていられるかであそびます。

季節あそび

夏：アサガオで色水作り

アサガオのヨーヨー

年齢 1 2 3 4 5 歳児

人数 1人〜

ねらい

- アサガオに興味・関心を持つ
- 自然の色の美しさを感じる

あそび方

ことばかけ

アサガオをビニール袋に入れて、こうやってもみます。すると、ほら、色水ができるよ。みんなもやってみる？

1 アサガオをもむ

ビニール袋にアサガオの花とスプーンで 3、4 杯の水を入れます。手でよくもむと、色水ができます。

2 ヨーヨーを作る

ビニール袋の角を切り色水だけをプラカップなどに取り出します。色水を小さいビニール袋に入れて水を足して薄め、輪ゴムを通します。袋の口を結べば、ヨーヨーのでき上がり。

3 ヨーヨーであそぶ

輪ゴムを持って、ヨーヨーを振ってあそびます。いろいろな色のアサガオで作って、色の美しさを楽しみましょう。

ポイント

・アサガオの色によって色水の色が違うことや違う色のアサガオを混ぜるとどんな色水ができるか、発見するのも楽しいです。

用意するもの

- ・ビニール袋
- ・輪ゴム
- ・スプーン
- ・プラカップなど

年齢のアレンジ

3歳なら…

バケツやたらいで絵の具を薄めた色水を作り、それをすくってペットボトルに入れます。いろいろな色を用意して、ジュースやさんごっこであそびます。

夏：泥で思い切りあそぼう

年齢 1 2 3 **4 5** 歳児

泥んこ町作り

人数 5人～

ねらい

- 土や水を肌で感じ、いろいろな感触を味わう
- 友だちと協力して作るのを楽しむ

あそび方

ことばかけ

水たまりと水たまりをつないでみると、どうなるかな？
泥んこで大きな池や川、ダムを作ってみよう。

あっちの水たまりと
合体させてみよう！
水をこっちへ
流して…

1 準備をする

汚れてもよいよう水着などに着替えます。保育者は園庭にホースで水をまき、水たまりを作っておきます。

2 泥の町を作る

道を掘って水たまりと水たまりをつないだり、泥で山を作ったり、みんなで大きな町を作ります。

ポイント

・泥水にふれるのが苦手な子は無理に誘わず、あそぶうちに少しずつ楽しくなっていくのを待ちましょう。

用意するもの

・ホース

あそびにプラス

雨上がりに

雨上がりの水たまりから泥んこあそびを始めてみましょう。汚れてもよい服ではだしになり、土や水の心地よさをたくさん感じましょう。

季節あそび

夏：本物の道具を使うのが楽しい

年齢 1 2 3 4 5 歳児

泥んこクッキング

人数 1人～

ねらい
- 道具を使うおもしろさを感じる
- 料理に興味・関心を持つ

あそび方

ことばかけ
きょうは、いろいろな料理の道具を持ってきました。
みんな、これは何に使うのか知ってる？

1 道具を用意する

クッキーやケーキ型、めん棒など、本物の調理道具を用意しておきます。100円均一のものがおすすめです。

2 泥で料理を作る

めん棒で泥をのばしてクッキー型で抜いたり、ケーキ型で型抜きしてから泥で飾りつけたりして、泥のクッキーやケーキを作ります。草花を使ってオリジナル料理を考えたり、お皿やトレーに盛りつけたり、あそびを広げましょう。

ポイント

・道具の使い方は、保育者がモデルになると子どもがまねしてあそびが広がりやすくなります。

用意するもの

・いろいろな調理道具

年齢のアレンジ

2歳なら…

草花を使って天ぷらごっこであそびます。ぬらした草花に小麦粉に見たてた白砂をかけたり、油に見たてた泥水に草花を入れます。

季節あそび 

夏：お店やさんごっこにぴったり

年齢 1 2 3 **4 5** 歳児

泡モコモコドリンク

人数 3人～

ねらい
- 泡の感触を楽しむ
- 友だちとのやりとりを楽しむ

あそび方

ことばかけ：この中に水と洗剤を入れます。ストローでよく混ぜて、フーッと吹くとどうなるかな？　よく見ててね。

1 色水を作る

絵の具を水で溶かして、いろいろな色の色水を作ります。別の容器の水に食器用洗剤を少量入れて混ぜておきます。

2 ストローで吹く

洗剤を溶かした水にストローを差して息を吹き込むと、泡がたくさんできます。たらいの上などで行いましょう。

3 色水に泡をのせる

1の色水をコップに注ぎ、2の泡をスプーンで上にのせます。「メロンソーダ」「オレンジソーダ」など、いろいろな味に見たてます。

4 ジュースやさんごっこ

いろいろな種類をたくさん作って並べれば、ジュースやさんごっこに。やりとりを楽しみましょう。

ポイント

・泡を触った後は、よく手を洗いましょう。口についたらすぐにうがいをします。

用意するもの

・プラカップなどの容器
・絵の具　・洗剤　・ストロー
・たらい　・スプーン

あそびにプラス

泡の作り方いろいろ

ストローで吹く以外にも、水と食器用洗剤をたらいに入れて泡立て器で混ぜたり、ペットボトルに入れて上下に振ったりしても、泡を作れます。

季節あそび

夏：身近なものでシャボン玉

年齢 1 2 3 **4 5** 歳児

いろいろシャボン玉

人数 2人〜

ねらい
- 吹いたり振ったりする力加減を考える
- シャボン玉の形の変化に興味を持つ

あそび方

ことばかけ
きょうのシャボン玉は、ストローを使いません。
これだと、どんなシャボン玉ができるかな？

1 道具を用意する

ラップなどの芯やざるを用意したり、針金ハンガーの形を丸くしてモールを巻きつけ大きなシャボン玉道具を作ったりします。ほかに、どんなものでシャボン玉ができるのか子どもと探してみるのも楽しいです。

2 シャボン玉を作る

たらいにシャボン液を入れておき、いろいろな道具でシャボン玉を作ります。体全体を使ってダイナミックに楽しみましょう。

ポイント

・シャボン液を床にこぼすと、滑りやすく危険ですので注意しましょう。

用意するもの

- シャボン液
- ラップ芯
- ざる
- モールを巻いたハンガー

あそびにプラス

シャボン液の作り方

おろし金で石けんをけずり、ぬるま湯で溶かします。食器用洗剤を水で薄めても作れます。子どもとシャボン玉を吹いて試しながら作ると楽しいです。

季節あそび

夏：ダイナミックな水あそび

年齢 1 2 3 4 5 歳児

水玉合戦

人数 6人～

ねらい
- 水の心地よさを感じる
- ダイナミックにあそぶ楽しさを味わう

あそび方

ことばかけ
レジ袋の中に水を入れて、さあ、そっちに投げるよ。
大丈夫かな？　いくよー、そーれ！

1 2チームに分かれる

2チームに分かれ、互いの陣地につきます。ビニールプール2点を用意して陣地にしたり、プールが大きい場合はプールの中で互いの陣地を決めます。

2 水が入ったレジ袋を相手の陣地に投げ込む

レジ袋をチームに1枚ずつ用意します。レジ袋に水を入れ、相手の陣地に投げ込みます。保育者対子どもに分かれても盛り上がります。

ポイント

・水に慣れていない子は見ているだけでも楽しめます。
・プールに水風船を入れて、投げ合ってもおもしろいです。

用意するもの

・ビニールプール　・レジ袋

年齢のアレンジ

1歳なら…

タオルをぬらしてから空気が入るよう浮かべて、端を両手で結びます。それをつぶしても楽しいし、水の中に沈めて泡を出すのもおもしろいです。

第8章 季節あそび

季節あそび

夏：夏祭りでも盛り上がる

水でっぽう的当て

年齢 1 2 3 4 5 歳児

人数 4人〜

ねらい ✣ 力の加減や方向をくふうする ✣ 的に当てる楽しさを味わう

あそび方

ことばかけ：容器のおなかをぎゅっと押すと、水が飛び出します。さあ、みんなはあの的に当てられるかな？

的に
当たるかな？
やったー
景品ゲット！
テープで
棒にはる
折り畳んだ
トイレットペーパーに
テープではる

1 水でっぽうと的を用意する

食器洗い洗剤やシャンプーなどの空き容器を用意して、中に水を入れておきます。子どもが作った折り紙などをビニール袋に入れて景品にします。景品をトイレットペーパーにつけ棒にはって的にします。

2 水を的に当てる

的を目がけて、水でっぽうで水を飛ばします。順番にひとり５回ずつ水を飛ばし、トイレットペーパーが切れたら景品がもらえます。

ポイント

・夏祭りのゲームにしても盛り上がります。
・小さい子をお客さんにして、お店やさんごっことしてあそんでもいいです。

用意するもの

・空き容器　・的

年齢のアレンジ

3歳なら…

子どもどうしで水でっぽうを使って水のかけ合いを楽しみましょう。だれがいちばん遠くまで水を飛ばせるか、距離を競争してもいいです。

季節あそび

夏：星に興味を持つきっかけに

プラネタリウムごっこ

年齢 1 2 3 4 5 歳児

人数 5人〜

ねらい
- 星や星座への興味・関心を持つ
- ごっこあそびを楽しむ

あそび方

ことばかけ：夜、空を見たらお星さまが光ってるよね。
きょうは今からお部屋にお星さまが出てくるよ。

1 天井に星をはっておく

大きな黒い紙に星形の色画用紙をはって星空を用意し、あらかじめ天井にはっておきます。星の配置は、夏の星座表を見ながらはるといいです。保育者がプラネタリウムの司会者になって案内します。

2 星空を見る

「今からプラネタリウムを始めます」と話して、部屋を暗くします。子どもは床に寝転がります。

3 星空の説明をする

懐中電灯で星空を照らしながら、夏の第三角形（こと座のベガ：織り姫、わし座のアルタイル：彦星、はくちょう座のデネブ）についての話などをします。

ポイント

- 図鑑で星や星座について調べて興味を広げましょう。
- 保育者は司会者になりきり、あそびをリードしましょう。

用意するもの

- 色画用紙の星空
- 懐中電灯

年齢のアレンジ

3歳なら…

星座というよりも、星そのものへの興味のきっかけにしましょう。たなばたをテーマに天の川や織り姫と彦星の話をすると楽しめます。

季節あそび

夏：スリル満点のロケット

年齢 1 2 3 4 5 歳児

人数 2人～

ロケットを飛ばそう

ねらい　✣ 水圧、空気の圧縮に気づく　✣ ロケットが飛ぶことを楽しむ

あそび方

ことばかけ：ホースの先にペットボトルのロケットをはめて、水を流してみると、どうなるかな？

1 ペットボトルに絵を描く

ペットボトルに好きな絵を油性ペンで描いて、ロケットを作ります。

2 ロケットをはめる

水を出す前に、ホースの先とペットボトルの口をしっかりはめこみます。ペットボトルが人やものに当たらないよう、安全を確認しておきます。

3 ロケットを飛ばす

水を出すと、水の勢いでロケットが飛んでいきます。だれのロケットがどのぐらい飛んだのか距離を測って楽しみます。

ポイント

・事前に保育者はどんなふうに飛ぶのか試しておきましょう。
・安全に配慮したうえで、くふうする子どもの発想を大切にします。

用意するもの

・ペットボトル　・油性ペン　・ホース

年齢のアレンジ

1歳なら…

ホースに目打ちで小さな穴を約20cm間隔で開けます。先を指で押さえると、ホースの穴から水が出てくるので、子どもの上やら下から水をかけます。

秋：秋を全身で感じる

年齢 1 2 3 4 5 歳児

落ち葉シャワー

人数 1人〜

ねらい
- 秋の季節感を味わう
- 落ち葉の感触を楽しむ

あそび方

ことばかけ
葉っぱの上を歩いてみようか、いい音がするね。
柔らかいね、フッカフカ。葉っぱの上は、気持ちがいいね。

1 落ち葉の上を歩く

落ち葉が積もった上を子どもと歩きます。秋にちなんだ歌を歌いながら歩いてもいいです。

2 落ち葉を降らせる

落ち葉をふんわり持ち上げて子どもの上から降らせます。

3 落ち葉で足を隠す

子どもが落ち葉に慣れてきたら、落ち葉をかけて子どもの足を隠しても楽しいです。

ポイント

・子どもの反応を見ながら、少しずつ落ち葉に慣れるように配慮を。
・ガラスやたばこの吸殻など、危ないものがないか確認してから始めましょう。

あそびにプラス

新聞紙で落ち葉

室内で、新聞紙を細かくちぎり落ち葉に見たてても楽しめます。子どもといっしょに新聞紙をビリビリちぎった落ち葉をまきましょう。

季節あそび 

秋：散歩で拾って作ろう

秋の音マラカス

年齢 ▶ 1 2 3 4 5 歳児

人数 ▶ 1人〜

ねらい
✣ 自分で拾った自然物で楽器を作る　✣ リズム感を養う

あそび方

ことばかけ：みんなで拾ってきた木の実をこの中に入れてください。振ると、どんな音が鳴るのかな？　楽しみだね。

1 木の実を拾う

散歩でどんぐりなど、いろいろな木の実を拾ってきます。木の実から虫が出てくるのを防ぎたい場合には、いったん冷凍したり煮込んだりします。

2 空き容器に木の実を入れる

小さめのペットボトルや乳酸菌飲料の容器に木の実を入れます。

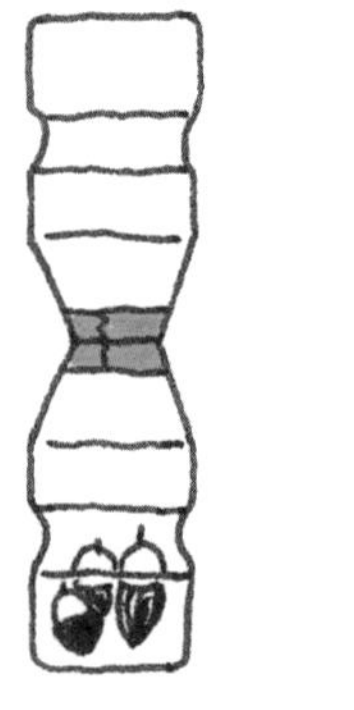

3 テープでとめてマラカスにする

ペットボトルにふたをしてビニールテープでとめます。乳酸菌飲料の容器は同じものを上下逆にして重ね、ビニールテープを巻きます。

4 マラカスを振る

マラカスを振り音を鳴らして楽しみます。どんな木の実のマラカスがいい音がするか比べてみるのもおもしろいです。

ポイント

・音楽をかけ、マラカスをいっしょに鳴らして踊るのも楽しいです。
・木の実の種類によって音の違いがあることに注目しましょう。

用意するもの

・ペットボトル　・乳酸菌飲料の容器
・ビニールテープ

年齢のアレンジ

1歳なら…

子どもが散歩で拾った木の実で保育者がマラカスを作ります。子どもといっしょに歌ったり踊ったりしながらマラカスを振って楽しみましょう。

秋：落ち葉でおしゃれ

秋色ベスト

年齢 1 2 3 4 5 歳児

人数 2人～

ねらい
- 落ち葉の色や形に注目する
- 友だちといっしょに作る楽しさを味わう

あそび方

ことば
かけ

葉っぱをベストにペタッとはりましょう。
どこに葉っぱをはったら、すてきな服になるかしら？

どこに
はろうかな？
わぁー
すてきなお洋服
どれが
いいかな？
切り取る
両面テープで
はる

1 ベストを用意する

カラーポリ袋の首と両手を出す部分を切り取り、ベストを作ります。

2 落ち葉を拾う

いろいろな色や形の落ち葉を拾って集めます。落ち葉の裏に両面テープをはっておきます。

3 落ち葉をベストにはる

ふたり組になり、お互いのベストに落ち葉をはり合って飾ります。

ポイント

- ファッションショーごっこをしてあそぶのも楽しいです。
- 親子レクリエーションで行っても。

用意するもの

- カラーポリ袋
- 両面テープ
- はさみ

年齢のアレンジ

2歳なら…

細長い色画用紙を輪にして、輪ゴムをはさんでとめます。落ち葉の裏に両面テープをはっておき、子どもがお気に入りの落ち葉をくっつけていきます。

季節あそび

秋：落ち葉を長く楽しもう

年齢 1 2 3 4 5 歳児

落ち葉の見たてあそび

人数 1人〜

ねらい
- 色や形に興味を持つ
- 葉の形から想像を膨らませる

あそび方

ことばかけ

葉っぱのざらざらしたほうの面に絵の具を塗ります。
葉っぱのスタンプは何に変身するかな？

1 落ち葉に絵の具を塗る

拾ってきた落ち葉に絵の具を塗ります。絵の具をたくさん塗りすぎると、葉脈が見えなくなってしまうので気をつけましょう。

2 紙に押し当てる

落ち葉の絵の具を塗った面を画用紙に押し当て、絵の具を写し取ります。

3 絵を描き加える

絵の具が乾いたら、落ち葉のスタンプにペンなどで自由に描き加えます。

ポイント

- 落ち葉を簡単に写せて長く見て楽しめるあそびです。
- 落ち葉の形で切り抜いて壁面飾りに使ってもすてきです。

用意するもの

・絵の具　・画用紙　・ペンなど

年齢のアレンジ

5歳なら…

落ち葉を厚めの本ではさんで押し葉を作ります。画用紙に押し葉をのりではってからクレヨンで描き足します。落ち葉の見たてを楽しみましょう。

秋：身近な草花であそぼう

年齢 1 2 3 4 5 歳児

草花あそびいろいろ

人数 1人〜

ねらい
✣ 秋の自然に親しむ　✣ 草花を使った見たてに想像を広げる

あそび方

ことばかけ
いろんな色や形の草があるね。何ができるかな？
先生はこの花でつめをきれいなピンク色にしてみるよ。

オシロイバナのマニキュア

オシロイバナの花を指先でもみ、出てきた花の汁をつめに塗ります。

イヌタデのおままごと

イヌタデの花をほぐし葉っぱにのせると、赤飯のでき上がり。

メヒシバのかんざし

メヒシバの穂をそっと1本ずつ皮を残して下げます。穂をすべて下げたら、髪の毛に挿してかんざしにします。

メヒシバのパラソル

メヒシバの穂を1本ずつ丸めて、穂の付け根で束ね、1本裂いた穂で結びます。結んだ部分を指で上下させると、パラソルのように開いたり閉じたりします。

ポイント

・毎日のあそびのやりとりの中で、草花の名前や草花あそびを伝えていくと、草花への関心が深まります。

あそびにプラス

ごっこあそびに

草花あそびからお店やさんごっこに展開しても楽しめます。マニキュアやさん、かんざしやさんなどになり、お客役とのやりとりを広げましょう。

季節あそび

年齢 1 2 3 4 5 歳児

人数 1人～

秋：自分で作ってあそぶのが魅力

松ぼっくりけん玉

ねらい

- 松ぼっくりに興味・関心を持つ
- 自分で作ったものであそぶ楽しさを味わう

あそび方

ことばかけ

始めに、松ぼっくりに毛糸をぐるぐる巻きつけます。
毛糸は好きな色を選んで作ってね。

1 松ぼっくりに毛糸を巻く

拾ってきた松ぼっくりに毛糸をぐるぐる巻きつけます。ほどけないよう巻き始めと巻き終わりを結び、20cmほど残して切ります。

2 紙コップに模様を描く

ペンやクレヨンで模様を描いた紙コップに、毛糸の先をテープでとめます。

3 紙コップに入れてあそぶ

松ぼっくりを紙コップの中に入れて、けん玉のようにあそびます。

4 紙コップにのせてあそぶ

紙コップの中に入れられるようになったら、底に小さな穴を開けて底の上にのせてあそびます。うまくひざを曲げるのがコツです。

ポイント

・松ぼっくりのけん玉になじんだら、本物のけん玉に挑戦してみましょう。

用意するもの

・毛糸　・紙コップ　・はさみ
・ペンやクレヨン　・テープ

年齢のアレンジ

3歳なら…

松ぼっくりでペンダントを作ります。同じように松ぼっくりに毛糸を巻き、毛糸を長めに切ります。首にかければすてきな秋色のペンダントに。

季節あそび

秋：自然物で自由に作る

年齢 1 2 3 4 5 歳児

枝や木の実で作ろう

人数 1人〜

ねらい

- 自然物の形や色から想像を広げる
- 自然物を集める過程を楽しむ

あそび方

ことばかけ

この赤い実きれいだね。ウサギの目にぴったりかしら。
これとこれをくっつけたら何かいいのができるかな？

何を作ろうかな
ケーキにどんぐり
くっつけよう

1 木の実や枝を集める

散歩などで「これは何になるかな？」など声をかけながら材料になる木の実や枝を拾ってきます。

2 木の実や枝で作る

木の実や枝をボンドでくっつけて、動物やケーキなど思い思いの作品を想像を膨ませて作ります。木の実にペンで色づけしても楽しいです。

第8章

季節あそび

ポイント

・木の実や枝だけでなく野菜や果物の種や干した皮を加えると、バリエーションが増えて楽しいです。

用意するもの

・ボンド　・ペンなど

年齢のアレンジ

2歳なら…

集めてきた木の実を種類別に分けてあそびましょう。牛乳パックをつなげた分類箱に、木の実の形や色を比べながら友だちと相談して入れていきます。

これ、
どこかな？

季節あそび

年齢 1 2 3 4 5 歳児

人数 3人～

秋：落ち葉で地面に絵を描こう

落ち葉で大きな絵

ねらい
- 落ち葉の色や形に興味を持つ
- 友だちと協力して作る楽しさを味わう

あそび方

ことばかけ
だれか地面に大きな絵を描いてくれる人いますか？
きれいな落ち葉を並べて、秋色の絵を完成させましょう。

いっぱい
持ってきたよ
タイヤに
枝をのせて…

1 地面に絵を描く

3～4人くらいのチームに分かれます。何を描くか話し合って決め、地面に枝で大きな絵を描きます。

2 落ち葉や枝を並べる

落ち葉や枝をたくさん拾って集めてきます。地面の絵の上に落ち葉や枝をのせていきます。ゲーム感覚でチームごとに完成を競ってあそんでも楽しいです。

ポイント

・落ち葉を並べているときに、葉の色の美しさに気づけるようなことばをかけたり、子どもの発見に共感していきましょう。

年齢のアレンジ

3歳なら…

画用紙に落ち葉をのりではり、葉を何かに見たててクレヨンで描き足します。子どもの想像が広がるよう、ヒントを伝えてもいいです。

のり

冬：クリスマスに作りたい

年齢 1 2 3 4 5 歳児

松ぼっくりツリー

人数 1人～

✣ 季節の行事に興味・関心を持つ　✣ 指先を使って細かいものを作る

あそび方

ことばかけ

松ぼっくりをクリスマスツリーに変身させましょう。
ボンドは少しだつけて、ビーズをそーっとのせます。

松ぼっくりにボンドをつける

ボンドを小皿に出しておきます。つまようじでボンドをとり、松ぼっくりにつけます。

2 ビーズをはる

ボンドをつけた所に、ビーズやスパンコールなどをのせてはります。

3 綿を詰める

松ぼっくりの笠の間に、綿を詰めます。

4 ミルク容器に松ぼっくりをはる

ミルク容器の周りにアルミホイルを巻いて、幹を作ります。松ぼっくりと幹をボンドではり合わせます。

・キラキラするビーズなどを使って華やかに作れば、プレゼントにぴったり。

用意するもの

・松ぼっくり　・つまようじ
・ボンド　・ビーズやスパンコール
・ミルク容器　・アルミホイル　・綿

年齢のアレンジ

3歳なら…

松ぼっくりに毛糸をぐるぐる巻きつけて作ります。カラフルな毛糸を巻いて輪切りの枝にのせれば、かわいいクリスマスツリーのでき上がり。

季節あそび

冬：雪でダイナミックにあそぶ

年齢 1 2 3 4 5 歳児

霧吹きで雪原アート

人数 3人〜

ねらい
- 体全体を使って絵を描く
- 雪に興味を持ち、雪に触れて体感する

あそび方

ことばかけ
きょうは真っ白い雪がたくさん積もってるね。
真っ白い雪の画用紙にスプレーで、さあ、何を描こう？

1 色水を霧吹きに入れる

絵の具を水で溶いた色水を霧吹きに入れて、いろいろな色のスプレーを作っておきます。霧吹きは透明で中が見えるタイプがおすすめ。

2 雪にスプレーで絵を描く

雪の上にスプレーを使って絵を描きます。お皿にのせた雪にかけたり、全身を使って大きな絵を描いたりして楽しみます。スプレーを使うときに、ほかの子どもにかからないよう注意しましょう。

ポイント

・色水を子どもといっしょに作るのもおすすめです。
・子どもの描いた絵に保育者は共感していきましょう。

用意するもの

・絵の具　・霧吹き

年齢のアレンジ

3歳なら…

いろいろな色の色水を作って容器に入れておきます。お皿にのせた雪にスプーンで色水をかけて、かき氷やさんごっこを楽しみます。

季節あそび

冬：あしたはどうなっているかな？

年齢 1 2 3 4 5 歳児

氷を作ろう

人数 3人～

ねらい
- 水が氷になる変化を知る
- 氷に関する気づきや比較を通して、探究心を育てる

あそび方

ことばかけ
氷を作るお皿に、割りばしを入れて凍らせてみよう！
あしたの朝には、どんなふうになると思う？

アイスに
なってる
冷たーい

大きな氷の
おせんべいだよ

1 前日に水を用意しておく

製氷皿に水と短く切った割りばしを入れておきます。ほかにも、ハートや星などの形の製氷皿、葉っぱを入れたお皿、バケツなどに水を張っておきます。

2 氷を触る

翌朝、どんな氷ができているかを確かめ、氷を触ってみます。

3 氷を観察する

バケツの中にたくさん入っていた水は表面しか凍っていないこと、置いてある場所によって氷の厚さが違うことなど、氷を観察します。

ポイント

・冷凍庫に同じものを入れておき、戸外の氷と見比べるのも楽しいです。
・子どもの思いついたものをどんどん凍らせてみましょう。

用意するもの

・製氷皿　・割りばし　・バケツなど

年齢のアレンジ

2歳なら…

前もって保育者が園庭のいろいろな場所に水を入れた容器を置いておきます。翌朝、子どもといっしょに氷になっているものを探しましょう。

わぁー
キラキラ！

季節あそび

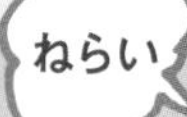

冬：部屋に雪を飾ろう

年齢 1 2 3 4 **5** 歳児

雪の結晶大発見

人数 1人～

ねらい
- 雪の形に興味を持つ
- 指先を使って細かいものを作る

あそび方

ことばかけ
雪って、どんな形をしているか知っているかな？
（図鑑を見せて）雪の形を折り紙で作ってみよう。

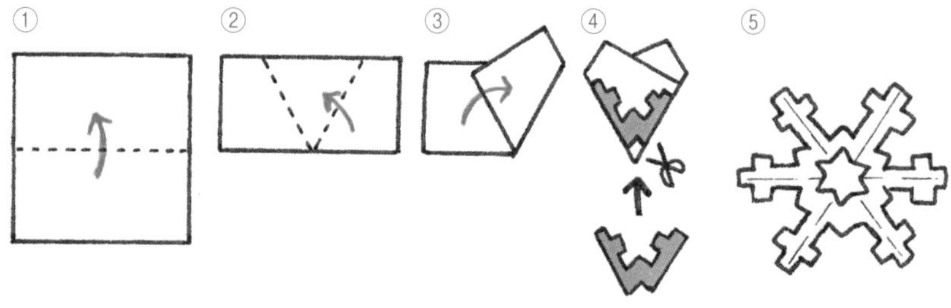

1 雪の結晶の写真を見る

図鑑の雪の結晶の写真を見て、結晶の形を観察します。

2 折り紙で雪を作る

折り紙を切って、雪の結晶を作ります。最初は、保育者が厚紙で型を作っておき、それにそって描いて切ると取り組みやすいです。

3 雪の結晶を飾る

雪の結晶を窓ガラスや壁にはって、保育室に飾ります。

ポイント

・雪の結晶を糸で小枝などに吊るし、モビールにして飾ってもすてきです。

用意するもの

・図鑑　・折り紙　・はさみ
・厚紙で作った型

あそびにプラス

雪の結晶を観察して

実際に雪が降っていれば、黒の色画用紙に雪をのせて観察してみましょう。雪をじっと見ると、いろいろな形の雪の結晶があることに気づきます。

季節あそび

冬：寒いときならではのあそび

年齢 1 2 3 4 5 歳児

冬の白い息シアター

人数 3人〜

ねらい
- 息が白くなることの不思議さに気づく
- 想像力を養う

あそび方

ことばかけ
きょうはとっても寒いね。先生の口から白い煙が出るから見てて。ハーッ（息を吐く）。

1 絵を用意する

保育者は画用紙に白い煙が出るもの（家や汽車の煙突、忍者の手元など）を描き、白い煙が出る部分に穴を開けておきます。

2 話をする

息を吐いて白くなる寒い日に、1の絵を持ちながら絵にちなんだ話をします。

3 絵の裏から息を吐く

煙が出てくるシーンになったら、絵の後ろから穴に口を当てて息を吐きます。

第8章 季節あそび

ポイント

・息が白くなる日と白くならない日があることに気づくよう、保育者が普段から声をかけていくのもいいでしょう。

用意するもの

・絵を描いた画用紙

年齢のアレンジ

2歳なら…

白い息を汽車の煙に見たてます。子どもと汽車になって、息を吐きながら自由に走り回ったり汽笛を鳴らしたりして楽しみます。

季節あそび

年齢 1 2 3 4 5 歳児

通年：生き物に興味を持つ
隠れているのは何かな？

人数 2人～

ねらい
- 虫などの生き物に興味を持つ
- クイズを楽しむ

あそび方

ことばかけ
これは、何だろうね？（子どもが答えたら）そう、石です。
この石の向こうには何か隠れてるよ、当ててくれる？

石の向こうに
何か隠れてるよ

きのうの
散歩で見たよ
何かな？

当たり！
テントウムシ

1 石のペープサートを出す

散歩に出かける前に虫の当てっこであそびます。石のペープサートを出します。

2 石の後ろから虫を見せる

子どもに問いかけながら虫のペープサートを少しずつ見せます。「庭にすんでいるよ」「きのうの散歩で見たよ」など、ヒントを出してもいいです。

3 虫のペープサートを出す

正解が出たら虫のペープサートを出し、子どもとおしゃべりを楽しみます。ペープサートは、チョウチョウやダンゴムシ、草花など、散歩で目にするものを作りましょう。

ポイント

・散歩先で見つけるもののペープサートを季節ごとに作っておくと、一年中楽しめます。

用意するもの

・石のペープサート
・虫や草花のペープサート

年齢のアレンジ

5歳なら…

子どもが散歩で出会ったものを題材に、自分でペープサートを作ってみましょう。子どもどうしで同じようにクイズを出し合っても楽しめます。

チョウチョ！

季節あそび

通年：散歩がとっても楽しくなる

どっちかな棒

年齢 1 2 3 4 5 歳児

人数 2人～

ねらい
- 散歩を楽しむ
- 散歩で目にする自然物に興味を持つ

あそび方

ことばかけ
きょうの散歩は、この棒が倒れるほうへ進みます。
どっちに倒れるかしらね～？

1 棒を立てる

道が分かれている場所や広い場所で、棒の先に手を当てて地面に立てます。「どっちかな？」と言いながら棒から手を離します。

2 棒が倒れた方向に進む

棒が倒れた方向を指さし「こっちだね！」と言い、そちらに進んでいきます。

3 子どもが棒を持つ

慣れてきたら子どもが棒を持って同じように行います。ほかの子に当ててしまわないように、子どもには扱いやすい短い棒を渡しましょう。

ポイント

・棒が子どもに当たらないよう、十分に注意しましょう。
・棒を倒す前に唱える呪文をみんなで考えるのも楽しいです。

用意するもの

・枝などの棒

あそびにプラス

散歩便利グッズ

散歩には、救急セット、携帯電話、着替え、トイレットペーパー、タオルなどを持っていきましょう。ほかに虫眼鏡や小さな図鑑、レジ袋などがあると便利です。

通年：何が見つかるかな？

年齢 1 2 3 4 5 歳児

人数 1人〜

バッグを持って散歩

✣ 散歩を楽しむ　✣ 四季折々の自然物に興味を持つ

あそび方

ことばかけ
みんなで作ったバッグを持って、散歩に行こうね！
（絵や写真を見せながら）こんなの見つかるかな？

1 バッグを作る

牛乳パックを切り取ります。パンチで側面に２か所穴を開け、スズランテープを通して結びます。ペンで模様を描いたり、丸シールをはって飾っても。

2 散歩に出かける

散歩に行く前に、その時期に拾える花びらや葉っぱ、木の実などの絵や写真を見せます。「きょうの散歩でこんなの見つかるかな？」と興味を引き出しましょう。散歩で見つけたものをバッグに入れます。

ポイント

・保育者は子どもの発見への共感を大切にしましょう。
・バッグは、遠足などで用意しておいても便利です。

用意するもの

・牛乳パック　・スズランテープ
・パンチ　・絵や写真

年齢のアレンジ

2歳なら…

バッグは保育者が用意しましょう。散歩で見つけた花びらや葉っぱ、木の実を自由に拾ってあそびます。口に入れないよう十分注意しましょう。

通年：どんな感じか表現しよう

年齢 1 2 3 **4 5** 歳児

木に触ってみよう

人数 2人〜

ねらい
- 木肌に触ってみる
- 感触をことばで表現する

あそび方

ことばかけ
先生、すごい木を見つけました。みんな来てください。
触ってみてくれる？　どんな感じがするかな？

どんな感じがするかな？
ちくちくしてる
ざらざら

1 木を触る

木肌に特徴のある木を選んで、みんなで触ってみます。

2 感触を表現する

どんな感じか問いかけ、子どもからことばを引き出します。「ざらざら」「ちくちく」「ごつごつ」「ひんやり」など、体験を通していろいろなことばを知る機会にもなります。

3 同じ感触を探す

木の感触を覚えて、同じような感触の木を探しに行きます。見つけたらみんなで触って感触を比べてみましょう。

ポイント

・感触だけでなく、においをかいでみてもあそびが広がります。
・木以外にも花や公園にあるものなど、いろいろなものを触って感触を表現してみましょう。
・木肌のトゲが刺さらないよう注意しましょう。

あそびにプラス

図鑑で調べよう

あそんだ後、図鑑を見て木について調べ直すのも楽しいです。木肌や葉っぱの色や形など、植物の細かな部分に注目するきっかけにもなります。

季節あそび

通年：植物をじっくり観察しよう

年齢 1 2 3 4 5 歳児

野の花摘みゲーム

人数 3人～

ねらい
- 植物の細かい部分に関心を持つ
- 形、数、色への興味を引き出す

あそび方

ことばかけ
さて、問題です。（指を出して数えながら）1、2、3、4。
4枚花びらがくっついてる花を探してきてください。

4枚の花びらの
花を探してね

正解！
1ポイントね

1 テーマを決める

保育者が「4枚の花びらの花」「とんがった形の葉っぱ」など、子どもに探してきてほしい植物の花びらや葉っぱの数や形を言います。

2 植物を探す

子どもは保育者が出したテーマに合う植物を探し、保育者の所へ持っていきます。

3 合っていたら1ポイント

テーマにぴったりのものを探せた人には1ポイント。たくさんポイントがもらえた人の勝ちです。見つけたものは、持ち帰って図鑑で調べてみるのも楽しいです。

ポイント

- 親子遠足などでも楽しめます。
- 花や葉は、実物ではなくカードにしたものを使って室内であそんでもいいです。

年齢のアレンジ

3歳なら…

「黄色の花」「ピンクの花」など、わかりやすいテーマにしましょう。ポイント制にはせず、子どもどうしで互いに見せ合ってあそびます。

黄色の花だよ

通年：クンクン、どんなにおい？

年齢 1 2 3 4 5 歳児

においおみくじ

人数 4人～

ねらい
- 植物に興味を持つ
- においを感じる力を育む

あそび方

ことばかけ

これは、においおみくじです。どんなのがあるかというと、（くじを出して）○○○においのもの。どんなものかな？

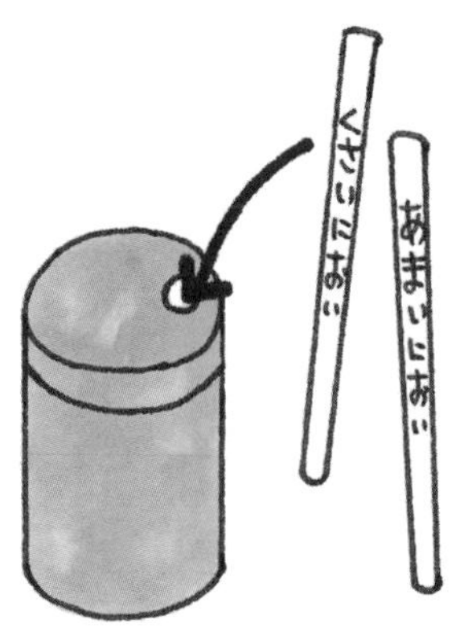

1 おみくじを作る

筒状のプラスチック容器のふたに穴を開けます。「あまいにおい」「くさいにおい」など、においの種類を書いた割りばしを入れます。

2 おみくじを引く

おみくじを引いて、そのにおいがするのは、どんなものなのか考えます。

3 テーマのにおいがするものを探す

おみくじで出たテーマのにおいがする花や草、葉っぱを探して、においをかぎます。

4 どんなにおいか確かめる

集めてきたものをみんなでかいでみます。どんなにおいがするのか、においを比べたりしましょう。

ポイント

- おみくじの内容をかえれば、遠足や園内探検などでも楽しめます。
- グループで探すのも盛り上がります。

用意するもの

- 割りばし
- プラスチック容器

年齢のアレンジ

3歳なら…

おみくじの内容を「赤い葉っぱ」「きれいな石」のように、色や形など見てわかるテーマにしましょう。季節に合わせて、花や葉っぱの色はアレンジを。

こんなときどうする?
あそびQ&A

Q かみついたり ひっかいたりする

みんなといっしょに仲よくあそんでいると思ったら、突然近くの子にかみついたりたたいたりする子がいます。ちょっとしたことでもすぐにかもうとするのでやめさせたいのですが、相手が痛がっているのを伝えてもよくわかっていないようです。(1歳児)

A

行動に出るのが自己主張の手段

乳児では、まだことばでうまく相手に伝えられないので、自分の気持ちをかんだりたたいたりして表現しがちです。ことばでのコミュニケーションまでの過程として、かんだりたたいたりのトラブルは、ことばがまだあまり出ない時期に集団でいると自然なことといえます。

保育者が代弁して繰り返し伝える

かむ、たたく行為自体は、小さい子にとって自己主張の方法の一つであり、本人には悪気はありません。かんだことを注意されるだけでは、どうして怒られたのか伝わっていないこともあります。

まず、かんだ子の理由を確認し「この車であそんでるのに○○ちゃんが取っていやだったのね」と気持ちに共感しましょう。そして、かまれた子に気づかせ「○○ちゃん痛かったね」と相手の気持ちを伝え、「やめてって言おうね」「貸してって言うんだよ」とコミュニケーション方法を伝えます。このやりとりを何度も繰り返すことで、少しずつことばによるコミュニケーションを身につけられるようになっていくのです。

環境面の配慮を十分にしよう

かみつきなどへの対応には、おもちゃの数が足りないのではないか、スペースが不十分なのではないかなど、保育の環境面の見直しも大切です。トラブルになりがちな子を離して少人数のグループに分ける、すぐに止められる位置で見守るなどのくふうをしましょう。

保育者の目からは突然かんだように見えても、子どもがサインを出していることもあるもの。こういう状況のときにかみついたという情報を保育者どうしで共有し、事前に止められるようにします。

Q 友だちとおもちゃの取り合いになる

自分のおもちゃが目の前にあるにもかかわらず、ほかの子のおもちゃばかりすぐに取り上げてあそびたがる子がいます。取られた子が今度は取り返そうとしてトラブルになり、結局ふたりとも泣いてしまいます。（1～2歳児）

A

ほかの子のものに興味がある

ほかの子のおもちゃを取り上げるのは、友だちへの関心が出てきた印でもあります。それまでひとりの世界であそんでいたのが、だんだん周りの子への興味が芽生え始めます。ほかの子に関心が出てくると、その子が使っているおもちゃに目がいき、そのおもちゃがほしくなってくることがあります。

それを別の子が使っている最中だという認識がまだないため、つい自分のものにしてしまいトラブルになります。

お互いの思いが食い違うことも

また乳児は、並んでいっしょに同じあそびをしているようでも、思い思いのあそびを独立して行っている段階です。なんとなく同じようなあそびをしてはいても、あそびのイメージを共有してはいないのでお互いの想定にずれがあることが多いもの。

片方のあそびでは電車のおもちゃはここに置いておくものであっても、もう片方の想定では動かしてしまうなどの違いが出てきます。保育者は間に入り、双方のイメージを伝え合いながら調整しましょう。

年齢別
あそびインデックス

1～5歳児の対象年齢別あそび一覧です。

●：メインの年齢のあそび
○：サブの年齢のあそび
★：アレンジの年齢のあそび

1歳児

2歳児

※(造形)：第１章　造形あそび、(導入)：第２章　導入あそび、(行事)：第３章　行事あそび、(製作)：第４章　行事製作、(室内)：第５章　室内あそび、(手・歌)：第６章　手あそび 歌あそび、(屋外)：第７章　屋外あそび、(季節)：第８章　季節あそびを示しています。

3歳児

年齢別　あそびインデックス

※造形：第１章　造形あそび、導入：第２章　導入あそび、行事：第３章　行事あそび、製作：第４章　行事製作、室内：第５章　室内あそび、手・歌：第６章　手あそび 歌あそび、屋外：第７章　屋外あそび、季節：第８章　季節あそびを示しています。

4歳児

年齢別　あそびインデックス

5歳児

※(造形):第１章　造形あそび、(導入):第２章　導入あそび、(行事):第３章　行事あそび、(製作):第４章　行事製作、(室内):第５章　室内あそび、(手・歌):第６章　手あそび 歌あそび、(屋外):第７章　屋外あそび、(季節):第８章　季節あそびを示しています。

【プラン・原稿執筆】(50 音順)

菊池優子（EFL Arena 英語講師）
子どもから大人までの英会話指導を実践。遠隔ワークショップで指導者の研修を実施。千葉市の小学校で英語活動などを担当。

高崎はるみ（あそび工房らいおんバス）
犬飼聖二率いる「あそび工房らいおんバス」のメンバーであり現役保育者。日常の保育経験を生かしたあそびを保育雑誌や書籍で多く発表している。

宮地明子
子どもたちの美術教室を主宰した経験を生かし、造形工作プランを保育雑誌に提供している。児童書への挿絵・表紙なども手がけ、個展などで作品を発表している。

横山洋子（千葉経済大学短期大学部こども学科教授）
国立大学附属幼稚園、公立小学校勤務ののち現職にて保育者の養成に携わる。保育雑誌や書籍でも多数あそびを発表している。

渡辺リカ（アトリエ自遊楽校）
“アトリエ自遊楽校”（仙台市）にて、「遊ぶこと」「美術すること」をコンセプトに、２歳～小学生の子どものあそびと創作活動を提案している。また、「あきらちゃん&リカちゃん」として全国各地で親子向けのコンサート活動も行う。

カバーデザイン＊谷由紀恵
カバーイラスト＊とみたみはる
本文デザイン＊谷由紀恵、行木志満、株式会社ライラック、有限会社ゼスト
本文イラスト＊浅羽壮一郎、市川彰子、いとうみき、大森裕子、小林真理、鹿渡いづみ、セキ・ウサコ、中小路ムツヨ、ナシエ、町田里美、みやれいこ
楽譜浄書＊株式会社クラフトーン
編集協力＊株式会社スリーシーズン
企画編集＊株式会社ユーキャン

正誤等の情報につきましては『生涯学習のユーキャン』ホームページ内でご覧いただけます。
https://www.u-can.co.jp/book

U-CANの保育スマイル BOOKS
ユーキャンのあそびなんでも大百科 第2版

2010年10月 8 日　初版　第1刷発行
2020年10月16日　第2版　第1刷発行

編　者　ユーキャン学び出版スマイル保育研究会
発行者　品川泰一
発行所　株式会社ユーキャン 学び出版
〒151-0053
東京都渋谷区代々木 1-11-1
Tel. 03-3378-2226
発売元　株式会社自由国民社
〒171-0033
東京都豊島区高田 3-10-11
Tel. 03-6233-0781（営業部）
印刷・製本　望月印刷株式会社

JASRAC　出 1009204-008

【参考文献】阿部フォード恵子
『New Let's Sing Together SONGBOOK』
アプリコット出版